一日一國家

読むだけで
世界地図が頭に入る本

世界地圖全解讀

前言

每天一分鐘，掌握全球情勢

只要看新聞，就能立刻獲得來自世界各國的資訊。或者，觀賞奧運或世界盃足球賽等國際運動賽事時，也能聽見每個國家的名字。現在這個時代，大家透過網路與海外資訊接觸的機會非常多，也會利用各種社群軟體與海外的人們聯繫。

然而，就算知道某個國家的名字，如果現在要你回答：「那是什麼樣的地方、居住著什麼樣的人？」「那裡有什麼樣的歷史與文化？」「為什麼會發生這樣的事件？」這類問題，卻又為何回答不出來呢？

「那到底是個什麼樣的國家？」——當你腦海中浮現出這個問題時，這本書能夠幫助你精準回答所有疑問。

本書將世界地圖分成約30個區域，在你俯瞰大區域地圖的同時，也會解說每個小區域的特徵。一口氣讓你汲取世界212個國家與地區（註）的資訊，將每個國家的特徵與他國之關係以簡單易懂的圖表彙整出來。

閱讀完感興趣的國家之後，可繼續閱讀鄰國以及周邊區域的內容。透過看見相鄰國家的共通點與相異點、與鄰近國家又有何關聯性等資訊，世界地圖便能在腦中清晰地勾勒出來。

另外，透過理解世界各國、各區域的重要主題，往後閱讀國際新聞時，就能夠快速釐清複雜的世界情勢。

地理學有一個稱為「景觀」的專業觀念。這並非單純指景色或風景，而是將該地生長的植物、生活的人、動物、氣候、地形等等，結合各種相關要素加以研究的觀點。

觀察者擁有何種知識，眼中的「景觀」也會跟著改變。如果擁有豐富的知識，所看見的景觀便會更加立體，接觸異文化時的發現與感動也會大大提升。日後如果有機會實際走訪一次當地，必定會有更深一層的感受。

請務必將此書作為認識世界的工具並加以利用，如果本書能幫助各位拓展知識層面的興趣、以更豐富的感情觀看世界，製作本書的同仁都會感到十分榮幸。

註：在國際運動賽事上，經常會看到使用「地區」參加的形式。「地區」是指非「國家」的場所，包括主張獨立卻不被國際承認為「國家」，以及歐美各國的海外領土，也被稱為「地區」。

・本書關於國名與各國的基本資訊，是以中華民國外交部官方網站與CIA的The World Book為主要參考依據。

・除非特別註明，本書中的「元」都是指「美元」。

・書中收錄的內容為2022年2月當時的資訊。

一日一國家
世界地圖全解讀

培養國際觀
最佳入門書

CONTENTS

第3章 非洲

西非

東非

中非

第4章 北美洲・中美洲

第5章 南美洲

第6章 大洋洲

第 4 章
北美洲・中美洲
→ P243
第 5 章
南美洲
→ P281
第 6 章
大洋洲
→ P303

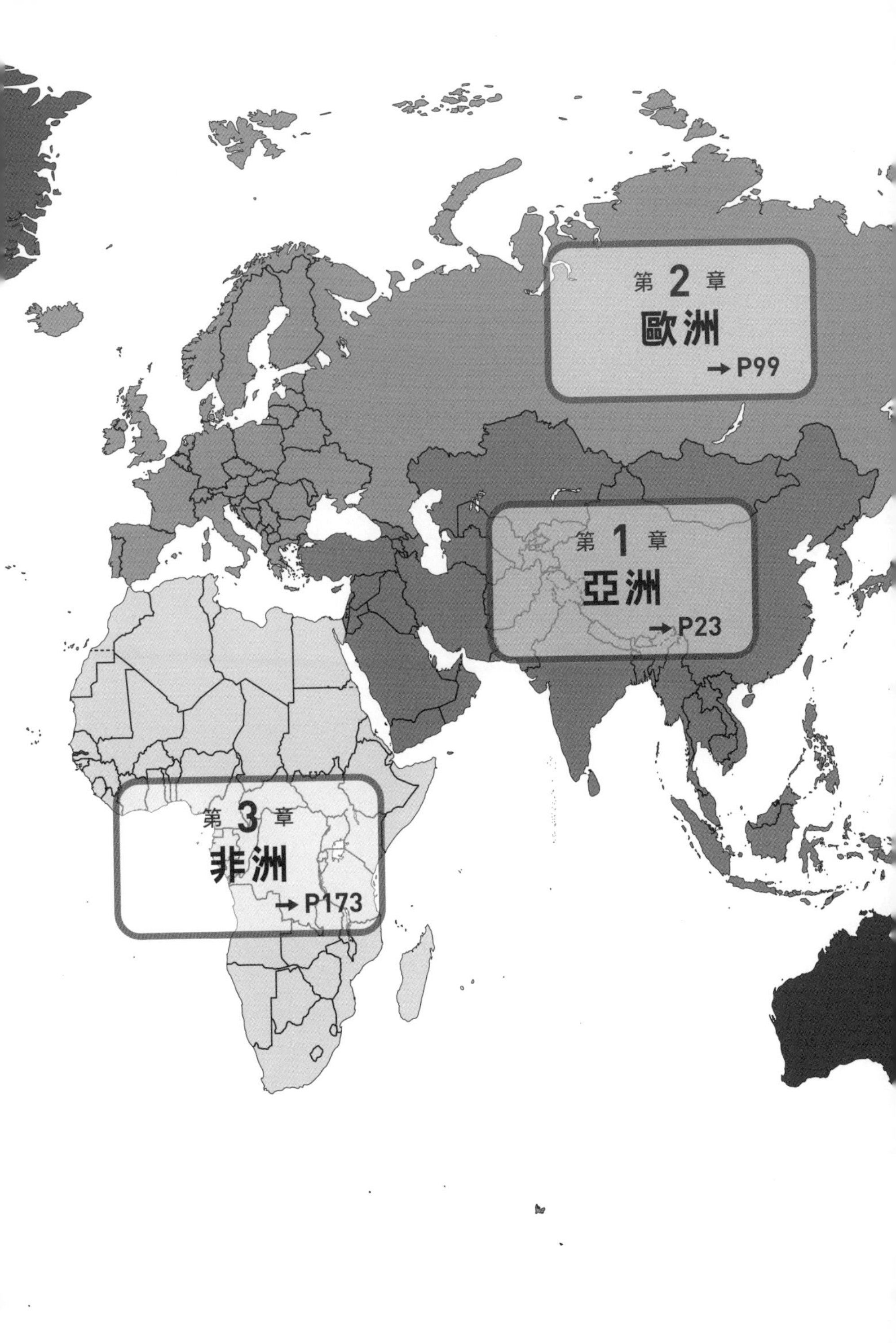

第 2 章
歐洲
→P99
第 1 章
亞洲
→P23
第 3 章
非洲
→P173

第 1 章

亞洲

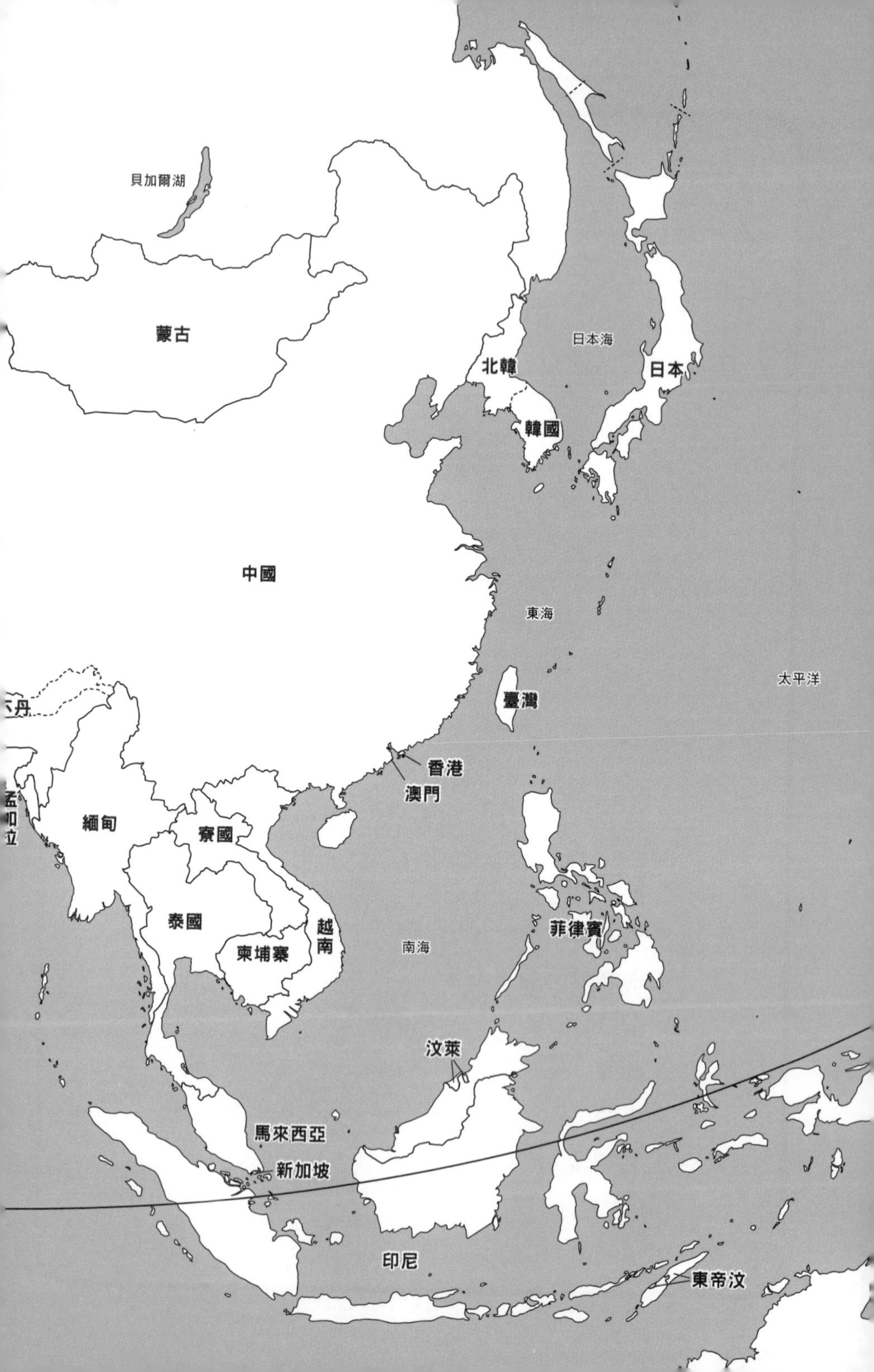
貝加爾湖
蒙古
日本海
北韓
日本
韓國
中國
東海
太平洋
臺灣
香港
澳門
緬甸
寮國
泰國
越南
柬埔寨
南海
菲律賓
汶萊
馬來西亞
新加坡
印尼
東帝汶

地中海
黑海
土耳其
喬治亞
裏海
鹹海
哈薩克
巴爾喀什湖
賽普勒斯
亞美尼亞
巴勒斯坦
黎巴嫩
敘利亞
亞塞拜然
烏茲別克
以色列
約旦
伊拉克
土庫曼
吉爾吉斯
塔吉克
伊朗
科威特
阿富汗
巴林
沙烏地阿拉伯
卡達
巴基斯坦
紅海
阿拉伯聯合大公國
尼泊爾
阿曼
葉門
印度
阿拉伯海
孟加拉灣
斯里蘭卡
馬爾地夫
赤道
印度洋

東亞

共通的文化與國家的分裂

東亞位處歐亞大陸東部，北起天山山脈、蒙古高原，南至雲貴高原；西起青藏高原、喜馬拉雅山脈；東至日本海、黃海、東海和南海，大致上來說是「西高東低」的地形。氣候因受此地形特色與海洋的影響，西部屬於乾燥的高山氣候，東部則是受季風影響的溫帶季風氣候。在如此豐富的地理條件下，孕育出東亞地區多樣化的自然環境，以及各地域具有特色的生活與文化。

●「漢字與儒教」的東亞文化圈

東亞地區是指中國、日本列島、朝鮮半島以及蒙古等地，這個地區在各種層面上都有著共通點。

東亞居民多屬於蒙古人種，其特徵為淡黃褐色的皮膚與黑色毛髮，外貌相似。雖然每個國家擁有獨自的特色，但歷史上都曾經使用過漢字，並以佛教和儒家思想為信仰支柱，共享著深受中國影響的文化。

這樣的文化，最初是在西元六世紀末形成的基礎。中國在隋唐時代確立中央集權

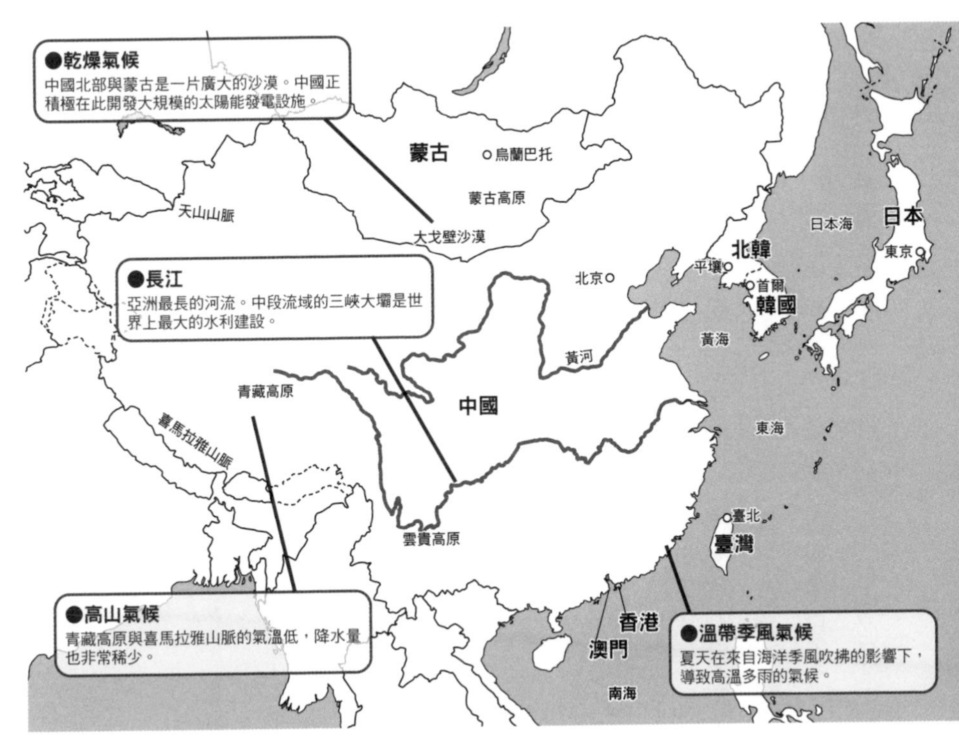

制，並形成了東亞文化圈。

資本主義國家與社會主義國家的分裂

在東亞地區，有好幾個因為政權分裂而背負著悲傷歷史與殘酷現實的地區。

二次世界大戰後，世界進入了資本主義陣營與社會主義陣營之間激烈對立的冷戰體制。

在中國，中國共產黨建立了社會主義體制的中華人民共和國，戰敗的國民黨撤退至臺灣。在朝鮮半島，北部的朝鮮民主主義人民共和國與南部的大韓民國也各自建國。

日本

世界最長壽國家的高齡化危機

全名：日本國
Japan

面積：37・8萬㎢　首都：東京
人口：1億2468・7萬人　貨幣：日圓
語言：日本語
宗教：神道教69%、佛教66・7%（多數人已將兩種宗教的習俗扎根，因此超過100%）

日本位在亞洲大陸的東北岸外側，在太平洋上呈弧狀分布，是南北綿延約三千公里的細長型列島。在西元四世紀左右被稱為「大和（日語讀音YAMATO）」，因中國以「倭國」稱之，便以「倭」作為「YAMATO」的漢字。其後，以「東方日出之國」為意的「日本」為記，並以「YAMATO」稱之，成為正式國號。「日本」便漸漸地以音讀作為固定用法。「日本」國號的日語讀音，直到現在「Nihon」與「Nippon」兩種讀法仍並存，根據2009年的內閣會議，宣告兩方說法皆可使用。

日本位處太平洋、北美、歐亞和菲律賓海四大板塊交會處，因此經常遭遇大規模的地震與火山噴發。加上近年來在全球暖化的影響下，颱風和暴雨的頻繁和規模擴大，使其成為世界領先的災害大國之一。

此外，雖然日本的人口總數排名世界第十一名、GDP第三名，平均壽命世界第一，可稱得上是「大國」。但是，GDP經濟成長率為0・27%（世界第167名），人口成長率為負0・2%（世界第11名），高齡人口比例28・7%（世界第1名），這些都是被稱為「大國」的日本目前必須面對的問題。（2019年資訊）。

韓國

全名：大韓民國
South Korea

面積：10萬㎢ 首都：首爾
人口：5171．5萬人 貨幣：韓元
語言：韓語（官方語言）
宗教：新教19．7%，佛教15．5%
鄰國：北韓

採取「選擇與集中」的經濟發展策略

大韓民國（韓國、南韓）於1948年建國，歷經韓戰與長期的軍事政權統治，在1993年的金泳三總統就職後，成立「文民政府」，逐步朝向民主化邁進。另一方面，與北韓仍持續著對立的關係，要實現民族統一並非易事。

1960年代後期，韓國導入來自美國與日本的資本與技術，開始發展勞力密集型態的出口導向產業。在每個產業類別之中，都有被稱為「財閥」的巨大企業集團領導者擔任核心。財閥受到政府保護之下快速成長，到了1980年代，韓國成為「新興工業經濟地區（NIEs）」中最有力的成員國之一。

但是，受到1997年亞洲金融危機的衝擊，倚賴出口產業的韓國，陷入嚴重的經濟危機。財閥為了在此危機中度過難關，將盈利能力低落的企業與事業加以整理並統合，將投資集中於競爭力與有望發展的領域中。透過「選擇與集中」的經濟策略，積極提升技術力、產品開發的能力與快速執行戰略，領先外資企業，在市場上佔有一席之地。

在這樣的策略之下，韓國孕育出現代汽車、三星電子與LG電子等領先全球的跨國企業，在汽車、半導體、電子產品、家電、資訊通訊設備等領域位居世界領導地位。

北韓（朝鮮）——深陷國際孤立的社會主義國

全名：朝鮮民主主義人民共和國
North Korea

面積：12．1萬㎢　首都：平壤
人口：2583．1萬　貨幣：朝鮮圓
語言：朝鮮語（官方語言）
宗教：佛教、朝鮮巫教、基督教、天道教
鄰國：俄羅斯、中國、韓國

第二次世界大戰之後，脫離日本殖民地統治的朝鮮半島，由蘇聯在北部、美國在南部進行軍事控制。1948年，北部接受了蘇聯的支援，成立朝鮮民主主義人民共和國（北朝鮮），而南部的大韓民國成立，從此形成分裂的國家。

北朝鮮經過韓戰，自1958年開始一黨領導體制，由朝鮮勞動黨以社會主義進行國家建設。此黨國體制的特點，是採取「金日成—金正日—金正恩」的世襲政權，以自力更生、自主外交、自主防衛的「自主路線」來建設國家。

例如，將大規模國營企業的重工業部門集中在主要城市，生產生活必需品的中小企業則分散配置在各區。這是為了建立區域內完整的生產系統，以確保萬一發生國家重大事件時，能夠維持國民最低限度生活。

自1990年代以來，隨著蘇聯、東歐等社會主義國家解體，北韓失去了友好的貿易市場，陷入了經濟困境。此外，加上一系列的恐怖攻擊行為，例如1987年大韓航空飛機爆炸案，以及2006年以來反覆進行的核子試爆，受到國際各國的經濟制裁，加深了北韓國際上的孤立。儘管朝鮮勞動黨大幅擴大國營企業的自主權與開放自由市場等措施來振興經濟活動，但實際上離穩定國民生活的目標還非常遙遠。

中國

推動巨大經濟圈構想的「一帶一路」

全名：中華人民共和國
China

面積：959．7萬㎢　首都：北京
人口：13億9789．8萬　貨幣：人民幣
語言：中文（官方語言）
宗教：民間信仰21．9％、佛教18．3％
鄰國：蒙古國、俄羅斯、越南、寮國、緬甸、印度、不丹、尼泊爾、巴基斯坦、阿富汗、塔吉克、吉爾吉斯、哈薩克

中華人民共和國位於亞洲大陸東部，國土面積為世界第四，人口為世界第一，GDP約14兆7318億元，位居世界第二（2020年資訊，2023年4月起，印度人口已超越中國），從各方面來看，都堪稱是實力堅強的世界「大國」。

第二次世界大戰後，中國擺脫了來自歐美列強與日本的統治，於1949年建立了以社會主義為體制的中華人民共和國。雖然在計劃經濟下確保了生產的穩定性，並保障了國民最低生活水平，但生產效率低下，勞工的工作意願也呈現低落狀態。

1978年，中國政府為了要振興經濟，開始實施大幅度的經濟改革，導入外資與市場經濟制度、擴大企業與農民經營自主權等，首先是開放便利的東部沿海地帶。1980年，廣東省的深圳、珠海、汕頭以及福建省的廈門被指定為經濟特區，並提供進出口企業的土地使用與稅收等各項優惠措施。之後，外資導入擴展到內陸地區，各地建設工業園區，並展開積極的企業招商活動。

憑藉大量廉價的勞動力，中國經濟急速發展。自改革開放以來的三十年間，年平均GDP成長了約9％，實現了驚人的增長，被譽為「世界工廠」。這般的經濟發展，不

只富裕了國民的生活，更讓國內形成了巨大的市場，來自外資企業的技術轉移與國內的資本累積也隨之增加。中國從過去的紡織、家電組裝等勞力密集的工作，轉變至電器、家電、電子儀器、資訊與通訊技術等技術密集型產業，並孕育出華為、聯想與海爾等世界級企業。

中國的全球戰略「一帶一路」是什麼？

中國在2010年擠下日本，成為GDP世界第二高的國家，但同時因為薪資水平的上升，勞力密集類工作的國際競爭力急速下滑。此外，由於國民的生活水準提升，連帶擴大了食品、資源以及能源的內需，確保穩定輸入供給的路徑也變得十分重要。

面對如此情況，中國國家主席習近平在2013年提倡連結中國與歐洲的廣域經濟圈構想——「一帶一路」。比擬過去連結中國與歐洲的絲路，陸域經濟圈以「一帶」、海域經濟圈則以「一路」為名，整合鐵路、道路、港灣等交通網絡，高舉了參與國投資與貿易的自由化。計畫開始之時，參加國約僅有50國，在這之後，中國在世界經濟版圖裡的存在感逐漸增強、擴大，於2019年已有123個參與國。

這項全球化戰略促成了中國企業的海外發展，不只是在工業方面，基礎建設、金融以及投資類別也持續擴大。範圍甚至延伸至其他洲，不僅擴及低薪資水平的東南亞（參

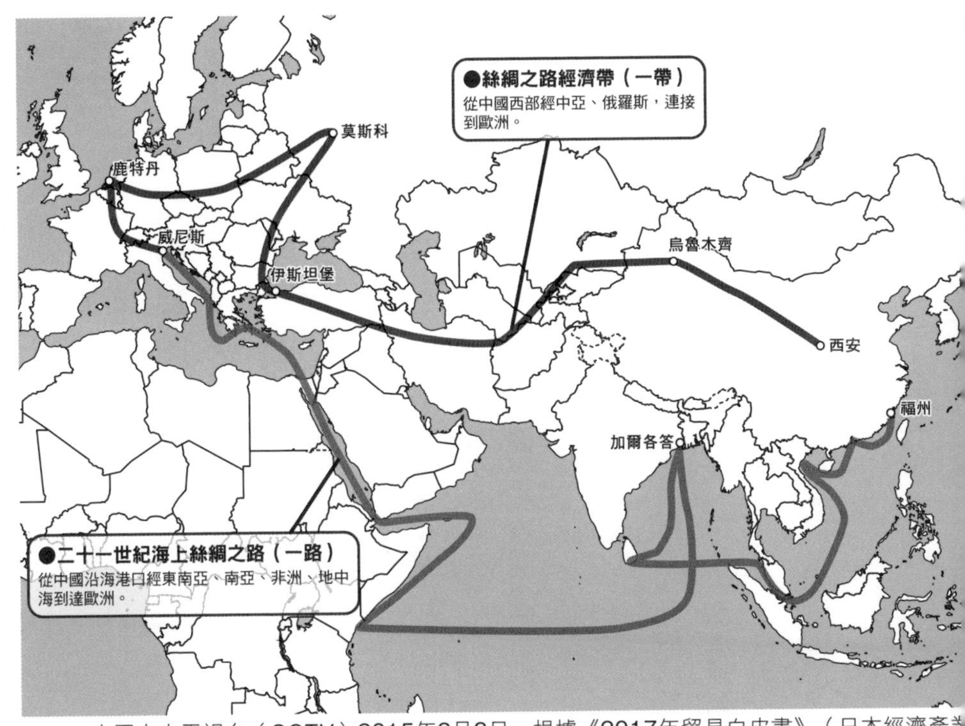

中國中央電視台（CCTV）2015年3月8日，根據《2017年貿易白皮書》（日本經濟產業省）製圖。

照第41頁柬埔寨）與產出能源資源的中亞（參照第89頁吉爾吉斯、第92頁土庫曼），更跨足非洲與南美等世界各地。

但是，「一帶一路」政策也帶來了一些國際上的負評。例如在2017年，斯里蘭卡因為無力償還中國所投資的漢班托塔港，不得不授予中國為期99年的港口營運權。透過對於發展中國家的貿易與投資，而強迫其進入「債務陷阱」，各國對於此「霸權戰略」有著根深蒂固的批判。

蒙古

全名：蒙古國
Mongolia

從計劃經濟到市場經濟的混亂局面

面積：156．4萬㎢　首都：烏蘭巴托
人口：319．9萬　貨幣：圖格里克
語言：蒙古語（官方語言）、哈薩克語
宗教：佛教53％
鄰國：俄羅斯、中國

位處亞洲大陸中部，國土約65％為草原地帶，南部為廣大的大戈壁沙漠。因為屬於內陸性乾燥氣候，冬季平均溫度低於零度。在如此嚴峻的自然條件下，不利於農業發展，因此以綿羊、山羊、牛、馬等畜牧業為主，喀什米爾及羊毛則為重要的出口產品。現在，煤炭、銅與稀有金屬等礦產約佔出口的80％（2019年資訊）。

1924年受到蘇聯的援助，建立了世界上第二個社會主義國家——蒙古人民共和國。1990年首都烏蘭巴托爆發示威活動，最終演變成民主化革命，1992年宣布放棄社會主義，改名為「蒙古國」，實行多黨制。從計劃經濟轉移至市場經濟的急轉彎，帶來了社會和經濟上的混亂。

在此之前，農業是由農畜牧合作社與國營農場負責，但農地與家畜私有化後，創造出大量的小規模農場。但是，由於生產流通系統尚未適應市場經濟化，許多農場相繼破產，無管制的過度放牧也對環境造成了破壞。結果，大量的失業者湧向都市，首都烏蘭巴托的人口，從1998年的65萬人，急增至2020年的160萬人。因移居者眾多，當地人民多以傳統的移動式住宅「蒙古包」生活，也因排水系統的不完善以及大量使用煤炭，造成了空氣污染等問題。

臺灣

全名：中華民國

Taiwan

面積：3．6萬km² 首都：臺北
人口：2357．2萬 貨幣：新台幣
語言：中文（官方語言）
宗教：佛教35．3％、道教33．2％
鄰國：中國

與中國政治上的對立和經濟上的連結

臺灣位於中國大陸東南部，由臺灣島和周邊島嶼組成，中央偏東側有海拔3000公尺以上的中央山脈縱貫南北。1895年，在甲午戰爭中戰敗的清朝將臺灣割讓給日本。第二次世界大戰後，臺灣雖已屬於國民黨政權（中華民國）的管轄，1949年因中華人民共和國的成立以及國民黨撤退來台，此後便開始了「兩個中國」的局面。

中國在穩步推進社會主義國家建設的同時，在1971年取代中華民國加入聯合國，許多國家因此與臺灣斷交，目前僅有12個國家與臺灣維持著邦交關係（2024年資訊）。臺灣與日本之間也沒有邦交關係，這是依循1972年所發表的中日共同聲明，臺日之間只限於所謂「非政府間的實務關係」，也就是民間層面的交流。

儘管臺灣與中國存在政治上的分歧，兩者之間的經濟聯繫卻日益加強。自1990年代以後，臺灣逐漸將工業從以出口為導向的製造業轉向技術密集型的電子產業，將組裝等勞力密集的製造產業外包、移轉到經濟開放的中國。2010年對中國的直接投資上看83．8％，雖然看似中台經濟已經一體化，但之後因於中國的薪資水平上升，以及當地企業的追趕，到了2019年，直接投資已下降至37．9％。

香港

全名：香港特別行政區
Hong Kong

面積：1108㎢
人口：726．3萬　貨幣：港幣
語言：中文（官方語言）、英文（官方語言）
宗教：佛教及道教27．9%
鄰國：中國

華僑華人網絡與自由放任政策下的發展

香港與中國廣東省相連，由香港島、九龍半島以及262個島嶼組成。以1840年開始的鴉片戰爭為契機，長期以來一直是英國殖民地，在1997年回歸中國後，香港成為了「香港特別行政區」。在回歸時，中國提出了「一國兩制」制度，《香港特別行政區基本法》規定在2046年為止的50年間，香港將保持原有的資本主義體制，賦予外交與國防以外的高度自治權。

直至1980年代初期為止，香港產業以製衣業等出口導向型工業為主，但因薪資水平提升與地價飆漲，迅速在國際市場喪失競爭力。中國在此時期開始認真推動改革開放政策，香港製造業的生產據點朝向中國移轉，在香港僅存生產管理與計畫開發的功能。其後，香港的產業構造便將重點轉移至金融、商業、運輸與通訊等金融業。

現在的香港，擔任著金融及貿易據點的重要角色。這可能是因為所謂的「華僑華人網絡」與「自由放任主義」的市場原則，促進了自由經濟活動。針對2019～20年席捲全港的「反送中」民主示威活動，中國在2020年通過了「香港國安法」，大幅限制了香港的政治自由和言論自由，也阻礙了香港的自由經濟活動。

澳門

全名：澳門特別行政區

Macau

博弈產業的發展與競爭激化

面積：28㎢

人口：63萬　貨幣：澳門幣

語言：中文（官方語言）、葡萄牙文（官方語言）、英文

宗教：民間信仰58．9％、佛教17．3％

鄰國：中國

位於中國南部珠江河口的西南岸，由連接廣東省珠海市的澳門半島、氹仔島以及路環島構成。自1557年葡萄牙在澳門取得租借權以後開始了實質統治，1887年被割讓成為殖民地。進入1980年代後，隨著與中國政府間交涉回歸的進展，於1999年歸還給中國，成為以「一國兩制」為基礎的「澳門特別行政區」。

支撐經濟的觀光業佔了GDP約80％（2019年資訊）。在這其中的博弈產業，在仍是殖民地時期的1847年合法化以來，便擁有約政府80％的財政收入。特別是在回歸後，因受美國博弈產業的招攬活化了業界，因而確立了博弈產業制度的完備、透明性與安全性，並建設複合式渡假中心，吸引中國的富裕階層而有了突破性的發展，2006年，澳門賭場的總營業額已超越美國拉斯維加斯，成為世界第一。

連結香港、澳門及珠海的「港珠澳大橋」於2018年完成，大大縮短了三地之間的距離，在此之前，來往香港與澳門原本需要搭乘一個多小時的渡輪，現在只需要三十分鐘，大大促進了觀光。另一方面，由於柬埔寨與菲律賓等鄰國也漸漸發展博弈產業，即使是澳門也無法掉以輕心。

東南亞

牽動世界經濟的生產基地

東南亞分為中南半島以及印尼、菲律賓等島嶼，氣候包括有雨季與乾季之分的草原氣候，以及高溫多雨的熱帶雨林氣候。東南亞與東亞不同，並沒有整體共通的文化圈。如同「印度支那半島（「中南半島」的舊稱）」此地名字面上所揭示的，此區因位處印度文化圈與中國文化圈之間，深受兩方文化的影響。若仔細看中南半島各國的宗教組成，許多國家融合了傳承自印度的大乘佛教，至今佛教徒仍佔多數。與中國有深刻淵源的越南，也傳入了儒教和道教，馬來半島的馬來西亞以南之地區，則有許多人信仰伊斯蘭教。

各種文化與宗教的相遇，交織而成多重複合的社會及文化，這就是東南亞。

「貿易自由化」與「外資企業的招攬」下發展經濟

ASEAN（東南亞國家協會）在1967年成立，是一個集合東南亞區域國家的國際組織，以穩定成員國之政治、經濟為宗旨。最初的成員國有印尼、馬來西亞、菲律賓、新加坡與泰國五國。1992年，效法歐盟等地區經濟整合的成功案例，設立

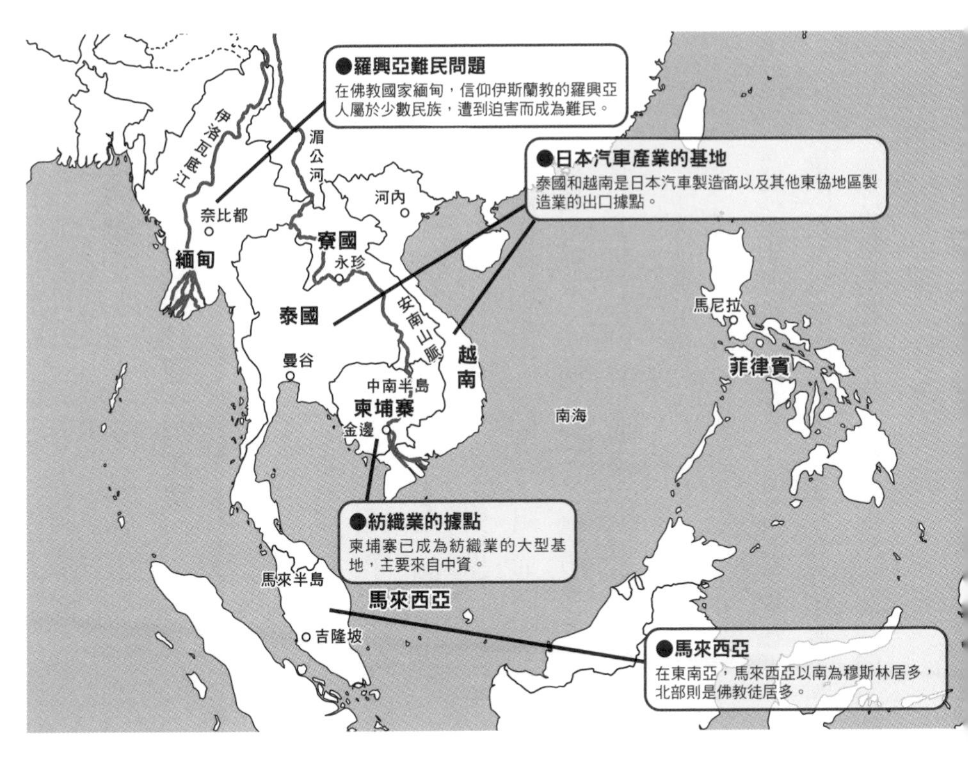

ASEAN自由貿易區，減少區域內的關稅與非關稅貿易障礙，朝向自由化貿易前進。

在全球化經濟急速進展的現在，日本與歐美企業紛紛將生產基地轉移至海外，東南亞地區在其中擔任了接棒的角色。各加盟國積極招攬國外企業並整備國內工業園區，同時也以招攬而來的企業作為核心，試圖活化國內企業。目前，東南亞地區已逐漸成長為牽引世界經濟的生產據點，ASEAN的加盟國也已增加至十國之多。

越南

利用外資導入發展的社會主義國家

全名：越南社會主義共和國
Vietnam

面積：33・1萬㎢　首都：河內
人口：1億279萬　貨幣：越南盾
語言：越南語（官方語言）、英語、法語、中文
宗教：天主教6・1%、無信仰86・3%（實際上，佛教已與儒教及道教融合，紮根在許多人心中。）
鄰國：中國、寮國、柬埔寨

位於中南半島東部，沿著安南山脈南北延伸1650公里的狹長國家，北部和南部有著迥異的自然環境，北部屬於亞熱帶氣候，南部則是熱帶氣候。

1887年與柬埔寨一同編入至法國領導下的印度支那聯邦，成為了殖民地。1945年，以印度支那共產黨為主的越南獨立同盟會宣布越南民主共和國（北越）獨立，1949年法國成立了與之對抗的傀儡政權——越南共和國（南越）。之後，法國由於戰敗而撤出越南，美國為了阻止北越的共產黨勢力，全力支持南越，導致泥淖般的內戰（越南戰爭）持續了許久。經過漫長的戰鬥，1973年簽訂巴黎和平協議，美軍撤退。1976年南北越統一，組成越南社會主義共和國。自此之後，越南共產黨便持續一黨統治的政權。

經濟方面雖長期停滯，但在1986年祭出促進經濟自由化的「革新開放」政策，成功吸引了外資企業，1990年代後期，日系企業大力在越南投資。最早是以勞力密集的輕工業部門佔多數，2000年後，開始大幅增加機車、家電等技術密集的產業。零件供給的相關企業也隨之而來，現在成為許多外資企業海外的主要生產據點。

柬埔寨

中國拓展海外市場的理想投資地

全名：柬埔寨王國
Cambodia

面積：18．1萬㎢　首都：金邊
人口：1730．4萬　貨幣：瑞爾
語言：柬埔寨語（官方語言）
宗教：佛教97．9%（國教）
鄰國：泰國、寮國、越南

柬埔寨位處中南半島南部，流經國土中央的湄公河與西北部的洞里薩湖周邊平原佔了約40%的國土面積。1992年被登錄為世界遺產的吳哥窟遺跡群，是由勢力龐大的吳哥王朝在十二～十五世紀時所建造。西方列強勢力在中南半島擴張的時代，1887年被編入法屬印度支那聯邦，成為法國的殖民地。

第二次世界大戰後，1953年雖以柬埔寨王國之姿獨立，1970年，由親美的右派發動政變，成立高棉共和國，進入了內戰狀態。經過在1975年、虐殺了一百萬人以上的紅色高棉時代，終於在1993年恢復君主立憲制，作為柬埔寨王國復活了。

主要產業是以稻米為主的農業，就業人口中約有50%為農業人口。此外，在製造業積極展露頭角的紡織業裡，其中擔任要角的便是中國企業。2019年，來自海外的實際投資大約有80%都是來自中國，其中的大部分即為紡織業。中國以這三點為目標：①薪資水平約為中國本地人的三分之一，②推進「一帶一路政策」，③將生產轉移到柬埔寨以迴避美中貿易摩擦（間接輸出），持續積極地在柬埔寨進行投資。

寮國

利用水力發電優勢驅動經濟成長

全名：寮人民民主共和國
Laos

面積：23・7萬㎢　首都：永珍
人口：757・4萬　貨幣：基普
語言：寮語（官方語言）、法語、英語
宗教：佛教64・7%、無信仰31・4%
鄰國：泰國、緬甸、中國、越南、柬埔寨

寮國為中南半島中央的內陸國，國土大部分皆為山地，西部與泰國接壤的國境間有湄公河朝南北向流經。1899年編入至法國統治的印度支那聯邦，第二次世界大戰後自法蘭西聯盟獨立，成立了「寮王國」，最終於1953年完全獨立。在這之後，便反覆處於左派、右派對立的內戰之中，1975年廢除王政，由人民革命黨建立奉行一黨獨裁體制的社會主義國家——寮人民民主共和國。

產業中心為農業，佔全國約70%的就業人口，因國土多數為山區，一般而言多為經營規模小，且為稻米為主的自給式農業。主要出口產品為電力、金礦與銅等礦產資源。在出口產品之中，電力是出口總額的第一名，約佔全體之23%（2019年資訊）。橫斷山岳的湄公河與多數支流河川的水力發電預估約有2・6萬千瓦的電力。早期的水力開發大多來自國外援助，以國家的公營事業型態運作，但在1990年代之後，民間獨立發電企業開始建設和營運，資金回流後向國家讓渡的模式成為主流。目前寮國國內的發電廠共有73間，擁有能在一年內產生約五百億千瓦的發電能力（2019年資訊）。電力有80%都輸出給泰國，近年來由於越南經濟發展顯著成長，也有增加出口到越南的趨勢。

緬甸

全名：緬甸聯邦共和國
Myanmar

從軍事政權到民主制度的國家建設

面積：67．7萬㎢　首都：奈比都
人口：５７０６．９萬　貨幣：緬甸元
語言：緬甸語（官方語言）、撣語、克倫語
宗教：佛教87．9％、基督教6．2％
鄰國：孟加拉、印度、中國、寮國、泰國

位於中南半島西部的緬甸，有來自北部高原的伊洛瓦底江與薩爾溫江並行流經南北，形成了平原。雖然緬族人佔全國人口的70％，實際上是擁有１３５個民族的多族群國家，因該國內經常發生種族之間的對立，使國家難以整合。即使是現在，居住於若開邦的羅興亞人仍飽受迫害，不得不逃往鄰國避難。

１８８６年，緬甸成為英國的領地，１９４８年以「緬甸聯邦共和國」之名獨立。獨立後即使陷入內戰，仍根據議會民主制施行政治，但在１９６２年，尼溫將軍奪取政權，開始了軍人獨裁統治。之後便爆發了全國化的民主運動，在１９９０年的總統選舉雖由翁山蘇姬領導的全國民主聯盟（ＮＬＤ）獲得壓倒性勝利，翁山蘇姬卻遭到軟禁，仍持續著軍事政權。真正實現民主政治的契機是在２０１１年，翁山蘇姬當選聯邦議會人民院議員。２０１６年，根據大選結果確立了ＮＬＤ政權，正式結束軍政府長達54年的統治，但緬甸國防軍又在２０２１年發動反對民主勢力的政變，並逮捕翁山蘇姬。緬甸獨立之後，緬甸政府從未全面統治過國家，長期陷入軍事獨裁統治。軍方作為握有集中政治、經濟結構的存在，可能會發生嚴重的軍事政變以及暴行。

泰國

東協十國的區域心臟

全名：泰王國
Thailand

面積：51・3萬㎢　首都：曼谷
人口：6948・1萬　貨幣：泰銖
語言：泰語（官方語言）、寮語、中文
宗教：佛教94・6％
鄰國：緬甸、寮國、柬埔寨、馬來西亞

位於中南半島的中央地帶，從北部至東北部為高地與台地地形，中央平原有昭披耶河流經，南部則為狹長的馬來半島北部。十九世紀以來，在西方列強的侵略之下，中南半島各國曾先後成為歐洲各國的殖民地，只有泰國仍守著獨立狀態。1782年成立了延續至今的卻克里王朝，展開與列強各國巧妙的外交戰略，1932年自絕對君主政權轉移至立憲君主制度，重整了國家政治體系。第二次世界大戰後，軍事與文人政權之間的衝突仍持續不斷，目前是2014年軍方在政變下所得來的軍事政權。在政治混亂之際，受到國民崇敬的國王介入仲裁，國王對政治以及國軍的影響力非常大。

主要產業為農業，佔了總就業人口約40％，稻米出口量為世界第二（2017年資訊）。在昭披耶河流域雖然培育了能夠與雨季水位上升時一同成長的稻米，但因生產性低落，產量大幅減少中。現在則是因為灌溉設施的整治，可生成第二期、第三期稻米，稻作收成量才大幅增加。

1980年代後期開始，因引進外資而發展了出口導向型工業。特別是汽車產業，泰國作為日系汽車的出口據點，在東協地區中擔任重要的核心角色。

馬來西亞

簡稱：大馬
Malaysia

馬來人與華人的經濟差距

面積：33萬㎢　首都：吉隆坡
人口：3351・9萬　貨幣：令吉
語言：馬來語（官方語言）、英語、中文
宗教：伊斯蘭教61・3%（國教）、佛教19・8%、基督教9・2%
鄰國：泰國、印尼、汶萊、新加坡

馬來西亞由馬來半島與婆羅洲島（加里曼丹島）北部組成，以伊斯蘭教為國教，是實施君主立憲制的聯邦國家。馬來西亞的國王每五年一任，由構成馬來西亞的十三個州之中，除去沒有君主的州以後，由九州之中的國王相互選出（實際上是輪流制）。國王是象徵性的存在，行政由內閣負責。

1824年在英荷條約簽署後成為英國的殖民地。1942～1945年歷經日本軍的佔領及英國的統治，在1948年成為英屬馬來亞聯邦。1957年以馬來亞聯邦獨立，1963年加入新加坡與英屬沙巴、英屬砂拉越，成立了聯邦國家馬來西亞。

國民有60%以上為馬來人（包括馬來裔與原住民族），但掌握經濟實權的卻是華人，因此華人與馬來人之間因經濟差距而產生的種族對立一直存在。為了解決此差距，1971年實施了讓馬來人享有特別優待的新經濟政策，在企業經營、金融、就業、教育與居住方面都享有特權。這項政策包括外匯管制、對外來投資的短期限制，由於妨礙自由市場的經濟發展而遭受諸多批判，目前逐漸朝向放寬規定的方向前進。不過，華人與馬來人之間的經濟差距，仍然是尚待解決的問題。

海洋東南亞

連結東西亞的「海洋交易要塞」

海洋東南亞是指從東南亞南部至東部的島嶼部分，又稱為「島嶼東南亞」。這個地區位處印澳板塊、歐亞板塊與菲律賓海板塊之交界處的沿線位置。在板塊交界處，相鄰的板塊會因為往不同方向移動而產生位移，因此地震與火山噴發頻繁。

2004年，印尼西部蘇門答臘島的西北邊發生芮氏規模9.1的印度洋大地震，並引發「南亞大海嘯」，是二十世紀以來世界第三大規模的地震，造成亞齊特區西岸約十三萬人死亡、約四萬人失蹤的嚴重災害。

● 宗教的傳播與擴大

夾在馬來半島與蘇門答臘島中間的麻六甲海峽，自古以來便作為中國、阿拉伯、波斯、印度等帆船交會的海洋交易要塞，被喻為「海上十字路口」，因此造成此地區的多元文化。

若觀察印尼的宗教傳播，西元前佛教自印度引進，四～五世紀時印度教與佛教同時傳播開來。到了八世紀時，阿拉伯商人帶來了伊斯蘭教（舊稱回教），並沿著海岸線由

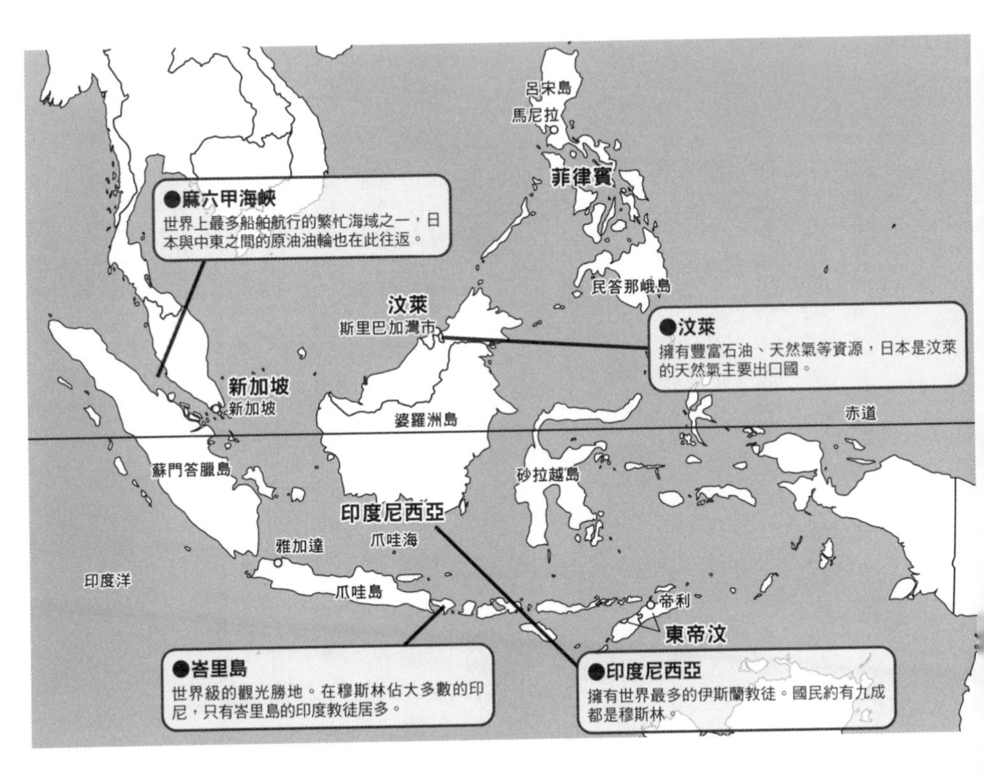

西向東緩緩擴大，十六世紀時，伊斯蘭教勢力幾乎遍佈整個印尼。現在，只剩峇里島留有曾經受到政府壓迫的印度教徒。

十四世紀時，菲律賓南部的民答那峨島多信仰伊斯蘭教，現在仍是以穆斯林（信奉伊斯蘭教的教徒）佔多數。十六世紀之後，在西歐列強殖民地化的情況下，基督教在未被伊斯蘭教滲透的島嶼進行傳教工作，雖然基督教的傳播在印尼受到了限制，在菲律賓倒是被廣泛接受。由好幾個島嶼形成、擁有多種族與多樣宗教的海洋東南亞地區，即使在現在，種族與宗教之間的對立仍尚未結束。

新加坡

產業結構優化的都市國家

全名：新加坡共和國
Singapore

面積：719㎢　首都：新加坡
人口：586．6萬　貨幣：新加坡元
語言：中文（官方語言）、英語（官方語言）、馬來語（官方語言）、坦米爾語（官方語言）
宗教：佛教31．1%、基督教18．9%、伊斯蘭教15．6%
鄰國：馬來西亞

新加坡位於馬來半島的南端，自古以來便作為東西貿易中繼站而十分繁榮，是由新加坡島與55個島嶼所組成的都市型國家。1824年成為英國的殖民地，1963年在馬來西亞獨立時，是以其中一州的身分加入，但其後因反對馬來人優待政策，在1965年以「新加坡共和國」的名稱獨立。

雖然身為小國，卻是世界少數的經濟大國，國民人均GDP為62721美元，在亞洲排名第三，僅次於卡達和澳門（2018年資訊）。獨立之後，新加坡以振興電機、電子產品等勞力密集型的出口導向產業為目標，積極納入低薪資的外籍就業人口。但是因為國內的勞動力不足，加上周邊原本低薪資水平國家的崛起，仰賴勞力密集型產業的經濟發展已達極限，因此自1980年代以來，便將產業結構高級化。為引進外資強化金融、資訊中心的機能，發展工業區的基礎建設，並在1981年啟用樟宜機場，作為亞洲最早的樞紐機場之一。

以產業結構優化作為國家戰略，並在國內大學與企業提供最先進研究開發環境的推波助瀾下，帶動了電子、電器、生醫、資訊科技、金融、服務業等經濟的發展。

汶萊

全名：汶萊和平之國
Brunei

靠石油收入支撐經濟的富裕之國

面積：5765㎢　首都：斯里巴加灣市
人口：47・1萬　貨幣：汶萊令吉
語言：馬來語（官方語言）、英語、中文
宗教：伊斯蘭教78・8％（國教）
鄰國：馬來西亞

汶萊位於婆羅洲（加里曼丹島）的海岸西北方，是一個面積約為臺灣六分之一的小國。中央地帶流經的林夢河區域為馬來西亞屬地，將國土一分為二。1906年淪為英國的保護國，1959年成為英國的自治領地。1963年在馬來西亞獨立之際，選擇留守於英屬領地，之後於1984年完全獨立。作為虔誠的伊斯蘭教國家，雖然採用以蘇丹（君主的稱謂）統治的君主立憲制，世襲的國王卻掌握法律最終決定權及法官任命權，身兼首相、國防部長、經濟部長與外交部長等職務，掌握極大的權利。

表面上是由於國王的專制政權而穩定了內政，但其實百姓富裕的生活是拜豐富的石油與天然氣等資源所賜。自1929年發現油田以來，已出產超過十億桶原油。

汶萊政府與荷蘭皇家殼牌（Shell）合作開採石油，天然氣則為政府與日本三菱重工、荷蘭皇家殼牌的合併公司共同進行採掘，生產出的天然氣大部分都輸出至日本。豐富的資源使國民免繳所得稅，也享有免費的教育與醫療，人均國民總收入在東南亞為第二名，僅次於新加坡，是富甲一方的石油王國。

菲律賓

從仰賴農業到BPO產業的轉換

全名：菲律賓共和國
Philippines

面積：30萬㎢　首都：馬尼拉
人口：1億1081・6萬　貨幣：菲律賓披索
語言：菲律賓語（官方語言）、英語（官方語言）、他加祿語
宗教：天主教80・6％、新教8・2％、伊斯蘭教5・6％

菲律賓由7107個島嶼組成，環繞於菲律賓海、南海、西里伯斯海之間，是一個海島國家。1571年受西班牙統治之後，在1898年美西戰爭後為美國統治，歷經1942年日本軍政府的支配，最終於1946年獨立。歷經三百年以上的西方國家統治，除了「菲律賓」是由西班牙王子腓力（即後來的腓力二世）所命名之外，人民的生活與風俗文化皆受到西班牙的影響，例如人民將原本名字改為西班牙風格的名字、普遍信仰基督教（國民信仰的92・7％）、採用英語為官方語言等等。

主要產業為農林漁牧業，佔了人口約24・3％（2018年資訊）。製造業則以豐富的低薪資勞動力為後盾，如電子產品的組裝與紡織業等，以勞力密集產業為主。

近年來急速發展的是以客服中心為業務的商務、製程、外資產業（BPO）。1990年代，BPO的主要負責國為印度。二十一世紀起，與印度同樣使用英文為官方語言的菲律賓，確立了BPO成長產業之地位。

優秀的英語能力、便宜的人力資源、青年族群的增加、資訊與通訊技術的革新，在全球化時代的促進之下，目前在客服中心之職業類別中，已於2014年超越印度。

印尼

世界上最多穆斯林人口的國家

全名：印度尼西亞共和國
Indonesia

面積：190．5萬㎢　首都：雅加達
人口：2億7512．2萬　貨幣：印尼盾
語言：印尼語（官方語言）、爪哇語、巽他語
宗教：伊斯蘭教87．2%、新教7%
鄰國：東帝汶、馬來西亞、巴布亞紐幾內亞

印尼由約17500個島嶼組成，是一個多民族國家。在東西長約5100公里、南北約4500公里的廣大國土中，擁有多達350個種族、總共約700種語言。在這樣的背景之下，經過巴布亞州、西巴布亞州、亞齊州的獨立運動後，國內便存在著嚴重的種族問題。七～九世紀為佛教、八～十五世紀為印度教的王國在此興盛，十三世紀成立了伊斯蘭王朝後，伊斯蘭教便在全國普及。1602年之後受荷蘭殖民統治，最終於1949年獨立。

產業仰賴稻米、棕櫚油與椰子等農業以及天然氣等天然資源，近年來積極導入外資，製造業比例約佔GDP之19．8%（2020年資訊）。

總人口之中有87．2%為伊斯蘭教徒，總數約兩億人，是世界上最大的伊斯蘭教國家。穆斯林只能依據「合乎伊斯蘭教法」（Halal）的規定進行飲食與起居。例如，禁止食用豬肉，允許食用牛、雞、魚、羊，但必須經過依教法規定的宰殺程序。衣著、化妝品也有生產的規定。以國內廣大的清真市場為據點，印尼政府的目標是成為供給世界伊斯蘭市場清真製品的大型生產據點。

東帝汶

二十一世紀最初的獨立國

全名：東帝汶民主共和國
East Timor

面積：1．5萬㎢　首都：帝利
人口：141．4萬　貨幣：美元
語言：德頓語（官方語言）
宗教：天主教97．6％
鄰國：印度尼西亞

位處印度尼西亞群島東部，由小巽他群島的帝汶島東半部及印尼領地西帝汶島之飛地（註）歐庫西區組成，面積約為臺灣的80％。主要產業為稻作與番薯類等農業，外銷咖啡佔比很大。2004年起，正式開發天然氣、石油等資源以支撐國家財政。

東帝汶是進入二十一世紀後第一個獨立的年輕國家。1701年，葡萄牙佔領全島之後，荷蘭將西帝汶佔為己有。依據1859年的里斯本條約，荷蘭與葡萄牙分別統治東西帝汶，經過1942年日軍的全島佔領，第二次世界大戰後，由葡萄牙收復了東帝汶統治權，而西帝汶則以印度尼西亞的一部分獨立了。

葡萄牙雖在1974年放棄東帝汶的主權，卻加深了東帝汶的獨立派與反獨立派之間的對立。印尼軍將獨立派加以鎮壓，在1976年宣布以第27州合併。但是獨立運動仍然持續進行，對立也變得更加嚴峻。東帝汶在1999年實施公民投票，約80％的公民選擇獨立。接受此結果的聯合國，在東帝汶設立了臨時行政機構，最終於2002年實現獨立。

註：飛地是指在某個國家境內有一塊主權屬於他國的領土。

南亞

多元種族與各式各樣的宗教

自北部的喜馬拉雅山脈開始，綿延至平原地帶的印度河與恆河平原經過的德干高原，印度洋的海岸線上的南亞擁有豐富的自然環境。南亞的氣候大致上可分為熱帶季風與副熱帶季風氣候，五～十月自印度洋吹入的西南季風帶來雨季，十一～四月從歐亞大陸吹來的東北季風影響之下則成為乾季。

另外，在印度半島北部的印澳板塊與歐亞大陸板塊碰撞之下，約在五千萬到四千萬年前造成印度大陸（現在的印度半島）沉沒，歐亞大陸以傾斜之姿形成了喜馬拉雅山脈。這樣的造山運動至今仍持續進行著，導致印度半島每年約以五公分的速度向北移動。

宗教與種族的多樣性

在這樣的位置與環境下，在南亞也有著多元的民族與文化。宗教方面包括印度教、伊斯蘭教與佛教，但依據各國的歷史文化，信仰比例有所不同。若仔細觀察各國的種族分布，北部、中部為印度、雅利安族；東北部為蒙古族；南部為達羅毗荼人居住，語言

則超過三百種以上。

以種族遷移的時間軸來看，來自西北方的印度、雅利安人是最後進入印度地區的民族，反而將先行至此的民族文化吸收並加以統治，最終蔓延開來。南亞典型的種姓制度，是雅利安人依據印度教輪迴轉世觀的基本教義，為了統治身為原住民的達羅毗荼人而制訂出的社會制度。

另一方面，被稱之為「紗麗」的女性服飾與使用多種辛香料的咖哩料理等，是南亞地區之中，不分國家與民族的常見共通點。

此外，英語在此地區十分普及，人民都有喝奶茶的習慣，是曾經受英國統治所帶來的影響。

印度 — 經濟快速成長與日益擴大的差距

全名：印度共和國
India

面積：328．7萬km² 首都：新德里
人口：13億3933．1萬 貨幣：印度盧比
語言：印度語（聯邦官方語言）、英語（準官方語言）、多數州的語言
宗教：印度教79．8%、伊斯蘭教14．2%
鄰國：巴基斯坦、中國、尼泊爾、不丹、緬甸、孟加拉

北部為喜馬拉雅山脈的山岳地帶，中央地區為恆河形成的恆河平原、南部為佔印度半島大部分地區的德干高原。氣候受到季風影響，位於阿薩姆地區的丘陵地帶，一個月甚至會降下三千毫米以上的降雨量。

受到近兩百年英國的殖民地統治，1947年與巴基斯坦分裂而宣布獨立。獨立之後，為了克服國內的貧窮狀態，以社會主義制度為方向，以計劃經濟、管制外資、國營企業來推動工業化，之後印度的鋼鐵與石油化學等基礎工業與消費生產部門，皆逐漸往國產化邁進，在1977年達成糧食自給的目標。

自由經濟之下的外資企業

但是，由國家主導的保護主義經濟制度，也帶來了生產性低下及生產技術改革停滯不前的問題。因此，進入1980年代後，便改以朝向自由經濟化、放寬外資的管制為方向。1981年時，日本鈴木公司進軍印度，作為外資與政府的合資企業來提供生產小客車的技術，這就是汽車產業發展貢獻中的其中一例（現已成為「馬魯蒂鈴木公

司」，為日本鈴木的子公司）。進入1990年代後，放寬對外資的管制，讓自由經濟活動成為可能。

印度的資訊與通訊技術產業也在這時期開始起飛，在邦加羅爾與海德拉巴建設軟體工業園區，在印度理工大學也孕育出許多優秀的IT工程師。剛開始是利用作為準官方語言的英語以及與歐美的時差優勢，讓印度人擔任客服中心之要職，但同時也漸漸優化了IT解決方案與顧問服務的產業。

如今，來自印度的工程師活躍在世界各地，例如畢業自印度理工大學的桑德爾・皮查伊成為谷歌公司執行長，印度的GDP已經增長到世界第五位（2019年資訊）。

不受種姓制度影響的資訊與通訊技術產業

雖然印度經濟在各方面皆快速成長，但貧富差距卻相當大。相對於誕生在中產階級家庭的富裕階層，貧困階層的一日薪資不到1・9美元，約佔總人口的10％（約1・4億人）（2017年資訊），雖然識字率已達到74・4％（2018年資訊），但跟世界各國相比，依然是相當低的比率。雖因經濟發展貧困率下降，但大約80％的財富仍掌握在10％的人口手中，經濟差距仍在不斷擴大。

隨著經濟發展而產生改變的，也包含了印度的種姓制度。種姓制度是印度教徒在職業、結婚與飲食等生活全方面，必須傳承某一特定階層的生活方式。人在誕生時，作為依照職業所連結的社群（迦提，梵語：Jati），在其中尋求生存。

但是，自資訊與通訊技術產業起飛之後，產生了許多無法分類的職業類別，加上都市化的進展促進人民的移動，遵循自己所屬的種姓與生活習慣的意識，在都市地帶的中心漸漸變得稀少。

現在種姓制度在印度雖已不再扮演決定性的角色，但此社會階級制度的變化，在不同地區卻有極大的差別。在許多農村之中，仍遵循著傳統的種姓制度與殘留下來的風俗習慣。即使在大城市裡，種姓制度在婚姻方面依然有著重要的意義。

近代以來，由於追求平等與平權，印度政府對於社經地位較不利的低階種姓，給予很多政策上的優待措施，例如對於入學、就業與選舉等享有一定的優先權，此舉也引來強烈的反差別待遇等批判。因此，種姓制度的存在，仍有著分裂社會的危險性。

孟加拉

歷經二次獨立的孟加拉人之國

全名：孟加拉人民共和國
Bangladesh

面積：14・8萬㎢　首都：達卡
人口：1億6409・9萬　貨幣：塔卡
語言：孟加拉語（官方語言）、英語
宗教：伊斯蘭教89・1%、印度教10%
鄰國：印度、緬甸

位於恆河三角洲，國名為孟加拉語「孟加拉人的國家」之意，經歷了兩次獨立才走到了今天。第一次是在1947年的印巴分治，由於人數較多的印度教徒與人數較少的穆斯林之間的對立惡化，英國統治下的印度解體，其中孟加拉地區被分割為西孟加拉地區（歸印度自治領地）與東孟加拉地區（歸巴基斯坦自治領地）。東孟加拉地區稱為「東巴基斯坦」，今日的巴基斯坦當時稱為「西巴基斯坦」。

第二次獨立，是在1971年自西巴基斯坦獨立。相對於西巴基斯坦以旁遮普人為主，東巴基斯坦大多數由孟加拉人組成。第一次獨立之後，對於西巴基斯坦的經濟統治與偏重西側實施的政策愈來愈不滿，孟加拉人以民族認同為基礎，實現了孟加拉的分離獨立。

目前主要支撐經濟的是紡織業。2020年度的出口品項之中，光是紡織品便佔了85・6%。服裝產業的時尚汰換快，重視品項多元且少量生產的體制，加上本來就擁有勞力密集的產業體質，因此薪資水平只需要約中國五分之一的孟加拉，自1970年代就吸引了來自韓國與香港的投資，紡織品的出口在1990年代已來到了50%的市佔率。近年來，更取代了人事費用高漲的中國，陸續吸引日本企業進駐。

不丹

全名：不丹王國
Bhutan

以國民幸福為目標的君主立憲國

面積：3．8萬㎢　首都：辛布
人口：85．7萬　貨幣：努爾特魯姆
語言：宗喀語（官方語言）、不丹語、尼泊爾語
宗教：藏傳佛教75．3％、印度教22．1％
鄰國：中國、印度

位於喜馬拉雅山脈東段南坡的不丹，國土有一半以上為海拔兩千公尺的高地，多數國民信仰藏傳佛教。不丹的風俗習慣長期都受到西藏的影響，在1907年由烏顏•旺楚克掌握全國，成為第一任的不丹國王。

1910年成為英國的保護領地，1947年在印度獨立後，外交權也一併由英國移交給印度管理。此時的不丹持續著鎖國政策的國家運營方式，但在1971年加入聯合國後，漸漸地調整至近代國家的體制。1990年代末期，轉移至民主社會制度，2008年首次舉辦大選，由人民直接選出國民議會議員，在實行憲法的前提下，從王權轉移至以議會制民主主義為基本的君主立憲制。

除了農業和觀光業，沒有其他產業。因為市場規模小，幾乎所有的消費和生產都必須仰賴進口。即使經濟相對落後，前不丹國王吉格梅•辛格•旺楚克卻提倡國民的幸福程度不應過度重視經濟成長，而應以「國民幸福總值」來衡量。他提出：①經濟成長與開發，②保護文化遺產以及傳統文化的傳承與振興，③自然環境的保育與永續發展，④清廉的統治等四個概念，強調提升國民幸福感的重要性。

尼泊爾

被喜馬拉雅山脈圍繞的山岳國家

全名：尼泊爾聯邦民主共和國
Nepal

面積：14．7萬㎞² 首都：加德滿都
人口：3042．4萬 貨幣：尼泊爾盧比
語言：尼泊爾語（官方語言）
宗教：印度教81．3％、佛教9％
鄰國：中國、印度

尼泊爾擁有世界最高峰8848公尺的聖母峰，境內八千公尺以上的高山群峰連貫，國土約有80％為山岳與丘陵地帶。南部與印度國境接壤的特萊平原屬於肥沃的平原區域，約有50％的人口居住於此。1951年實行王政復辟後，1990年受到蘇聯和東歐革命的民主化運動影響，也推行了民主化制度。在此之後，持續著政黨間的對立與動盪不安的政局，2008年廢除君主政體，轉型為聯邦民主共和制度。

尼泊爾為農業國。農業佔GDP的27．1％，就業人口約有三分之二從事農業（2019年資訊）。但是，因為在北部的山岳、丘陵地區佔了約國土總面積的八成，農業用地只有約國土的28％，半數以上的農民皆屬於農地面積未滿五十公畝的小農。農業的中心位於南部特萊平原，主要種植稻米與小麥等作物。另一方面，丘陵地區則經營混合型農業，利用狹小的農地種植玉蜀黍與番薯等，同時也飼養家畜。

為了彌補仰賴零星農業的產業結構，尼泊爾每年有數十萬人到馬來西亞與中東地區尋求勞務工作，這些移工從海外匯款回家的收入，就佔了尼泊爾每年GDP的25％左右（2019年資訊）。

斯里蘭卡

長達二十五年的民族紛爭

全名：斯里蘭卡民主社會主義共和國
Sri Lanka

面積：6．6萬㎢　首都：斯里賈亞瓦德納普拉科斯特
人口：2304．4萬　貨幣：斯里蘭卡盧比
語言：僧伽羅語（官方語言）、坦米爾語、英語
宗教：佛教70．2%（國教）、印度教12．6%、伊斯蘭教9．7%

隔著印度東南端的保克海峽，位於印度洋的島國。北部和沿海為平原地形，南部為山岳、丘陵地帶。1948年作為大英國協的「錫蘭自治領」獨立，其後在1972年完全獨立，更名為「斯里蘭卡共和國」，1978年改稱為現在的「斯里蘭卡民主社會主義共和國」。在錫蘭語中，斯里蘭卡是「美好神聖的土地」之意。

十九世紀中葉的殖民地時期，當時咖啡種植園因發生「咖啡銹病」，嚴重打擊了咖啡產業，作為其替代作物而引進了紅茶。現在於斯里蘭卡高原地帶所栽培出的錫蘭紅茶，生產量已來到世界第二（2019年資訊）。

西元前時期，從北印度移居的佛教徒僧伽羅人建立了國家，卻被從印度南部往北方移動的印度教徒坦米爾人入侵了。之後的殖民時代，作為開墾勞動力的坦米爾人大量移入，使坦米爾人的人口大幅增加。獨立之後，政府以僧伽羅語作為官方語言以及將佛教訂立為國教的政策，更激化了雙方之間的對立。1983年，反政府武裝勢力「坦米爾伊斯蘭解放之虎（LTTE）」發起北部與東部的分離主義運動，在全國進行武力鬥爭，直到LTTE被鎮壓的2009年為止，已持續了二十五年之久的內戰。

馬爾地夫

全名：馬爾地夫共和國
Maldives

瀕臨國土滅絕危機的印度洋島國

面積：298㎢　首都：馬列
人口：39．1萬　貨幣：拉菲亞
語言：迪維希語（官方語言）、英語
宗教：伊斯蘭教遜尼派（國教）

位於斯里蘭卡西南方約七百公里的馬爾地夫，由二十六個環礁以及約一千兩百個島嶼組成，被稱為漂浮在印度洋上的「花環群島」。阿拉伯人在十二世紀將伊斯蘭教傳入後，便以伊斯蘭教立國，之後進入葡萄牙、荷蘭的統治時期，在1887年成為英國的保護領地。1965年作為主權國家獨立，1968年廢除蘇丹的王室世襲制度，轉型為共和國。

因為食品與工業製品大部分皆仰賴進口，相對於出口的1．8億美元，進口的29．6億美元已大幅將其超越（2018年資訊）。主要出口產業為鮪魚、鰹魚之漁業以及水產加工業，約佔出口總額60％以上。

支撐經濟的重要命脈為觀光業，佔了GDP的20％。1972年開始在珊瑚礁環繞的美麗海洋下開發渡假勝地，採取「一島一渡假飯店」的建設方式。在2018年迎接來自中國、德國與英國等約一百五十萬人次的觀光客。但是，因境內地形平坦，最高海拔僅有2．4公尺，目前瀕臨地球暖化造成之海平面上升所帶來的國土滅絕危機（海平面只要上升一公尺，便會失去80％的國土），對觀光業的危害難以計算。

巴基斯坦

孕育古代文明的伊斯蘭國家

全名：巴基斯坦伊斯蘭共和國

Pakistan

面積：79・6萬㎢　首都：伊斯蘭馬巴德

人口：2億3818・1萬　貨幣：巴基斯坦盧比

語言：烏爾都語（國語）、英語（官方語言）

宗教：伊斯蘭教（國教）96・5％（遜尼派85－90％、什葉派10－15％）

鄰國：印度、中國、阿富汗、伊朗

巴基斯坦西與伊朗接壤，東與印度比鄰，國土包括西部與北部的山岳地帶，以及孕育出印度河流域文明的印度河流域平原，在灌溉設施相當完備的印度河流域，栽培著稻米、小麥、棉花與蔗糖。

國名由烏爾都語之中的「Pak（神聖、乾淨的）」與「stan（國家、地方）」組合而成，也是構成國家的五個地名——旁遮普省、阿富汗省（現在的開伯爾普什圖省）、克什米爾、信德省的開頭第一個文字，加上俾路支斯坦的「斯坦」（P＋A＋KI＋S＋TAN）。巴基斯坦與鄰國印度之間，因為克什米爾地方的歸屬問題而衝突不斷，自１９４７年以來已發生了三度大規模的戰爭，現在軍事上仍持續著緊張狀態。

巴基斯坦是運動用品的主要生產國，其中手工縫紉的足球更佔全球市場的70％～80％。在英國殖民時代，不忌諱採用牛皮縫紉的穆斯林與低廉的勞動力，成為巴基斯坦球類生產的開端。１９７０～８０年代，由於生產工程技術的革新，皮革的縫紉作業變得容易操作，便開始僱用便宜的童工。１９９０年代中期，殘酷的童工事件已成為世界性的問題，儘管政府試圖明令禁止雇用童工，但童工問題至今仍尚未解決。

西亞

自然環境嚴峻，資源豐富的穆斯林世界

西亞以古代美索不達米亞文明發源地為名，是猶太教、基督教、伊斯蘭教的聖地。其中伊斯蘭教在此地區握有龐大勢力，人們的日常生活皆遵循伊斯蘭教的嚴格紀律，這也包含了經濟、文化與政治層面。

大部分地區都屬於乾燥氣候，人民長期在處處受限的沙漠或半沙漠環境下生活。雖然在大河流經的地方形成了都市，但人們一直還是以傳統的方式在綠洲進行灌溉農業與遊牧為生。

不間斷的紛爭與內戰

在這樣的環境中誕生的民族，便是「大公國」，大公國是由酋長（Emirate）統治的地區，類似於君主國。這個地區有大公國及其接管的王國，但從二十世紀開始，一些國家開始推動現代化和民主化，成為共和國。另外一些國家存在與西方民主不同的政治和社會體制，同時在共和國中延續著獨裁體制，也經歷了共和國中的獨裁統治、改革和紛爭。

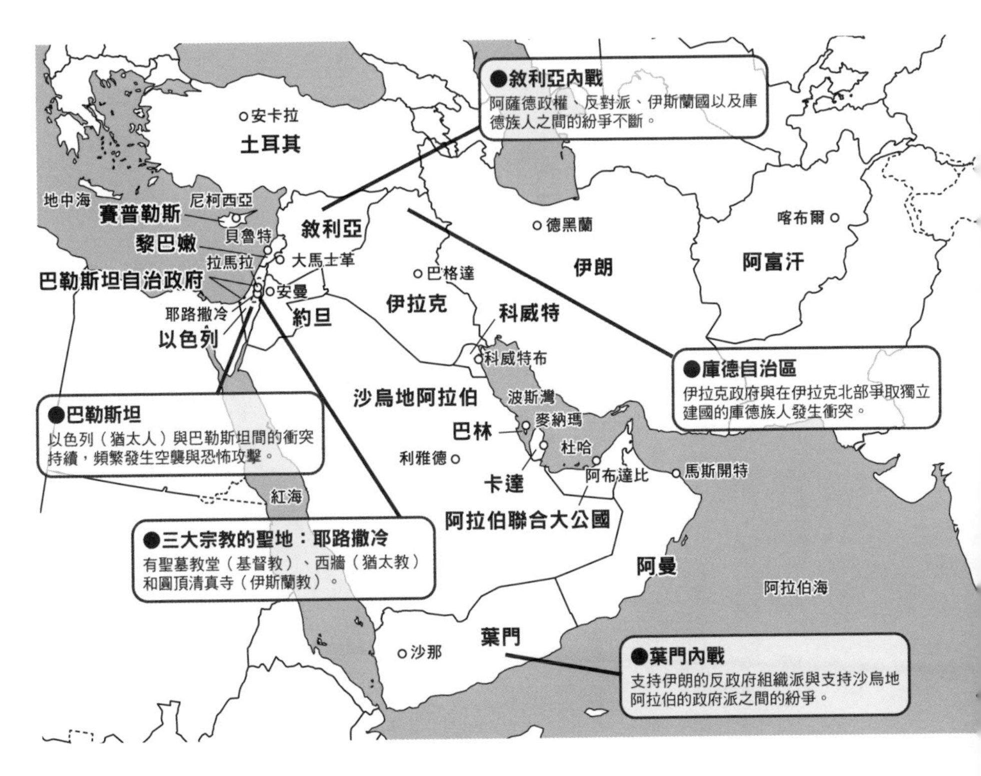

位處連結歐洲、亞洲、非洲的地帶，在歷史上是東西交易路線的要塞。自古以來，見證了巴比倫、波斯、鄂圖曼土耳其等大帝國之興衰。

特別是統治領土橫跨西亞、北非到東歐的鄂圖曼帝國，在十九世紀後期開始衰退，此地區更成為歐洲列強爭奪霸權的舞台。

作為此區和平之鑰的巴勒斯坦問題，便是在這樣的背景下誕生的。第二次世界大戰之後，由於美國的介入以及伊斯蘭極端主義的動作不斷，種種糾纏不清的關係，使各地的戰爭與糾紛未曾停歇。

仰賴石油的波斯灣各國

西亞地區的最大特徵，當然就是豐富的石油資源了。在歐美國家的投資之下，早在1930年代就開始了石油開採。為了對抗歐美石油公司的壟斷，伊朗、伊拉克、科威特、沙烏地阿拉伯等波斯灣沿岸的產油國，在1960年代成立石油輸出國組織（OPEC），對於國際原油價格握有巨大的影響力。

波斯灣沿岸各國的石油蘊藏量為全球的45％，石油生產量約佔30％。對於波斯灣各國而言，石油收入極為重要，在嚴峻的自然環境下，能夠擁有富裕的國家財政以及高水準國民所得便是因為石油資金。同時，在以中東戰爭與波斯灣戰爭為始的西亞衝突中，石油利益與對立經常是糾纏在一起的。

另外，在人口相對稀少的西亞地區之中，因為支撐國家建設與產業發展的是外籍勞工，國家的人口結構也會因此產生偏移。

現在，西亞各國皆積極以脫離對石油的依賴與永續發展為目標，正進行著海水淡化等將沙漠轉變為農地的工作、城市建設、產業多元化以及設立渡假村與金融中心。

阿富汗

受伊斯蘭基本教義統治的國家

全名：阿富汗伊斯蘭共和國
Afghanistan

面積：65・2萬㎢　首都：喀布爾
人口：3746・6萬　貨幣：阿富汗尼
語言：達利語（官方語言）、普什圖語（官方語言）、土耳其各語系
宗教：伊斯蘭遜尼派85—90%、什葉派10—15%
鄰國：土庫曼、烏茲別克、中國、塔吉克、巴基斯坦、伊朗

位於亞洲大陸中央的內陸國。國土大部分為山岳及高原，氣候乾燥。是世界上最貧窮的國家之一，在亞洲之中是新生兒死亡率最高、識字率最低的國家。男女之間的識字率差距大，則是由於穆斯林社會中兩性差距的結果。

十九世紀末成為英國的保護領地，１９７０年代雖轉為共和體制，但隨著政變而成立社會主義路線的政權。因前蘇聯的軍事干預，持續進行與反政府組織之間的戰爭，但在蘇聯軍撤退之後，政權也隨之崩壞。在此期間連續的內戰已使國家疲憊不堪。

此後，全國的戰爭仍持續著，１９９４年成立的塔利班迅速擴大勢力，並施行嚴格的伊斯蘭律法。塔利班大部分的成員都是普什圖人，而阿富汗多種民族的存在阻礙了國家的統一與穩定。當時的塔利班政權甚至下達「滅佛令」，摧毀曾經是世界上最高佛像的巴米揚大佛。

２００１年，美國遭受多起恐攻事件，以美軍為主的多國部隊攻擊了與激進派有關的塔利班政權，並在阿富汗駐留軍隊。２０２１年８月，美軍宣布撤出阿富汗，與此同時塔利班政權復活，再次掌握了全國政權。

伊朗

全名：伊朗伊斯蘭共和國
Iran

信奉什葉派的大國

面積：164．8萬㎢　首都：德黑蘭
人口：8588．9萬　貨幣：里亞爾　語言：波斯語（官方語言）、亞塞拜然語、庫德語等等　宗教：伊斯蘭教（國教）99．6％（什葉派90－95％、遜尼派5－10％）
鄰國：土庫曼、阿富汗、巴基斯坦、亞塞拜然、亞美尼亞、土耳其、伊拉克

北方為裏海，南方面朝波斯灣，國土大半為高山與高原。氣候乾燥，擁有廣闊的沙漠。北部厄爾波耳士山脈周邊地震頻繁，經歷過多次嚴重災害。

經濟方面，擁有世界首屈一指的石油與天然氣埋藏量，以此為主要出口產業。農業與畜牧業興盛，其中椰棗、番茄、蘋果與葡萄等生產量是世界頂尖的。為了解決沙漠地區的用水問題，伊朗人發明了「坎兒井」（下水道），將高處山地水源引向低處且途中水分不會蒸發，有效運輸到農地與村落。

國民雖多數為波斯人，也有許多亞塞拜然人與庫德人。二十世紀起，從英國的保護國轉移成為王國，在1935年將國名從「波斯」改為「伊朗」。1963年，親美的巴列維國王發起以脫離伊斯蘭為目標的「白色革命」，而該國佔多數的伊斯蘭什葉派，在1979年發動「伊朗革命」，爆發反對國王的群眾運動。愈演愈烈的反美運動與美國大使館人質事件後，伊朗與美國關係便開始惡化。隔年開始，與伊拉克展開長達八年的戰爭。伊朗持續進行提煉濃縮鈾的活動，雖然一度與主要國家間達成核能問題的協議，但之後卻以美國退出「伊朗核協議」為由，又再次展開鈾濃縮活動。

土耳其

連結歐洲與亞洲的穆斯林世界

全名：土耳其共和國
Türkiye

面積：78．4萬㎢　首都：安卡拉
人口：8248．2萬　貨幣：土耳其里拉
語言：土耳其語（官方語言）、庫德語、阿拉伯語
宗教：伊斯蘭教99．8%（大半數為遜尼派）
鄰國：保加利亞、希臘、喬治亞、亞美尼亞、亞塞拜然、伊朗、伊拉克、敘利亞

位處聯繫歐洲與亞洲之地，橫跨連結黑海與地中海的兩個海峽（博斯普魯斯海峽與達達尼爾海峽），國土座落於歐洲與亞洲之間。伊斯坦堡橫跨在博斯普魯斯海峽之間，是土耳其最大的城市。自古以來便以各式各樣的帝國繁榮興盛，十三世紀建立的鄂圖曼帝國，統御歐洲、亞洲、非洲等領域，作為伊斯蘭盟主延續至二十世紀初。因為第一次世界大戰戰敗，土耳其深陷國土分割的危機中，1923年以伊斯蘭現代主義為根基建立共和國，朝向現代化發展。

庫德族問題成為加入聯合國的障礙

土耳其十分重視與歐美之間的關係，現在的目標為加入歐盟。因為紛亂的中東情勢，再加上與俄羅斯及歐美各國之間的關係不穩定，積極展開與周邊各國的外交活動。

境內有25～30%的少數民族，但其中庫德人就約佔總人口的兩成，居住在伊朗、伊拉克與敘利亞的國界一帶，一直在爭取庫德斯坦的獨立建國。土耳其政府對於庫德斯坦實施嚴厲鎮壓，遭受國際批評，特別是在交涉加入歐盟時更被視為負面因素。

連結中亞與歐洲的「巨大石油線」

２００６年，為了運輸在裏海沿岸產出的石油，經過亞塞拜然的巴庫以及喬治亞的第比利斯，位於地中海東部位置的土耳其港至傑伊漢約一千八百公里，完成了ＢＴＣ石油管道。這是由美國與歐盟主導的輸油路線，目的是避開俄羅斯與伊朗領土來輸送裏海的石油。不採取最短路徑的亞美尼亞，也不選擇路線最便宜的伊朗，其中包括了土耳其與俄羅斯，以及亞塞拜然與亞美尼亞之間的複雜政治因素。ＢＴＣ石油管道作為連結歐亞與歐美間的運輸路徑，帶來全球石油供應的多元化。

在亞洲這一側的國土幾乎為丘陵與高原，在地殼運動興盛的地帶經常發生地震。特別是１９９９年的西北部大地震導致了巨大的災害。２０２０年，又因愛琴海地震受到災害。

以世界遺產知名的卡帕多奇亞，因為火山活動而產生的獨特洞穴地形令人嘆為觀止，聚集了許多觀光客。擁有傳統的農業國特徵，因地中海型氣候而盛產番茄與葡萄，煤炭、鉻鐵礦等地下資源也相當豐富。往德國等歐洲各國輸出了許多農工勞動者，這些移工從海外匯回來的薪資成為經濟支柱。

賽普勒斯

全名：賽普勒斯共和國
Cyprus

因民族對立而南北分裂的首都

面積：9251㎢
首都：尼柯西亞
人口：128．2萬　貨幣：歐元
語言：南方為希臘語（官方語言），北方為土耳其語（官方語言）
宗教：南方為希臘東正教，北方為伊斯蘭教

地中海東部的島國，自西元前開始便是交通要塞。據說是阿芙蘿黛蒂（維納斯）的誕生地，留有許多希臘、波斯與羅馬統治下的時代遺跡。自十六世紀成為鄂圖曼帝國的領土，十九世紀英國取得了統治權，進入二十世紀後成為殖民地。

賽普勒斯民族以希臘與土耳其人居多，是因為1960年獨立時希臘人與土耳其人的介入。獨立之後，因兩民族之間的對立開始內戰，聯合國和平部隊便在此駐紮。1974年以希臘人發動的政變為契機，土耳其以此為由出兵入侵，之後土耳其在北部成立了「北塞普勒斯土耳其共和國」，南部則是希臘人佔多數的「南塞普勒斯」。但是，目前承認北塞普勒斯為國家的，只有土耳其一國。

在南北部的界線有聯合國設立、被稱為綠線（Green Line）的緩衝區。首都尼柯西亞便是在綠線之上被分為南北部，也是兩國指定的首都。

在全島為地中海型氣候的影響下，進行傳統的果樹栽培與畜牧業。目前，塞普勒斯的東地中海地區無論作為金融中心或渡假勝地皆相當成功，加劇了與北賽普勒斯的經濟差距。

伊拉克

全名：伊拉克共和國
Iraq

面積：43．8萬㎢　首都：巴格達
人口：3965萬　貨幣：伊拉克第納爾
語言：阿拉伯語（官方語言）、庫德語（庫德斯坦自治區）
宗教：伊斯蘭教（國教）95—98％（什葉派64—69％、遜尼派29—34％）
鄰國：沙烏地阿拉伯、科威特、敘利亞、土耳其、伊朗、約旦

中央政府與庫德人自治區的對立

位在阿拉伯半島的東北部，國土幾乎皆為乾燥氣候，流經中央地帶的底格里斯河與幼發拉底河沿岸，孕育出了古代的美索不達米亞文明。支撐經濟的是蘊藏量與生產量皆世界首屈一指的石油。曾經因戰爭頻繁與國際的經濟制裁，導致石油的生產量下降，目前已逐漸恢復中。

西元八世紀時，阿拉伯帝國的阿拔斯王朝營建新都巴格達而繁榮一時，現在是伊拉克的首都。進入二十世紀後雖成為英國的委任統治地，但在之後獨立，並於第二次世界大戰後更改為共和體制。1968年復興黨政權成立，1979年開始，薩達姆・海珊正式掌權後，便制定了獨裁體制政權。

1980年起與伊朗展開為期八年的戰爭，1990年入侵科威特引起了波斯灣戰爭，聯合國安理會實施經濟制裁，伊拉克被國際孤立。2003年受到美國攻擊，更使政權解體。之後在持續不休的內戰中，伊斯蘭國在伊拉克快速擴張，由美軍主導的聯合志願軍隊便開始征討伊斯蘭國，並於2017年結束任務。伊斯蘭國被攻陷後，惡化了北部庫德自治區與伊拉克中央政府的對立，庫德人的獨立運動仍持續進行中。

敘利亞

世界最大難民問題的「敘利亞危機」

全名：敘利亞阿拉伯共和國
Syria

面積：18・7萬㎢　首都：大馬士革
人口：2038・4萬　貨幣：敘利亞鎊
語言：阿拉伯語（官方語言）、庫德語
宗教：伊斯蘭教（國教）87%（遜尼派74%、阿拉維派、伊斯馬儀派、什葉派13%）
鄰國：土耳其、伊拉克、約旦、以色列、黎巴嫩

敘利亞被土耳其及伊拉克等五國環繞，西鄰地中海。地中海附近雖為溫和的氣候，但內陸地帶為廣大的沙漠。在國土的中央，則有來自土耳其的西亞最長河流——幼發拉底河。

曾經是鄂圖曼帝國的領土，後來經歷了法國委任統治，在1946年獨立。1971年，阿塞德自政變開始掌權後，便持續著阿塞德家族的獨裁統治。在與以色列的第三次中東戰爭中佔領戈蘭高地以來，與以色列之間即為對立關係。隨後又介入黎巴嫩的內戰，並擁護著傾向敘利亞的政權。

在內政方面，自2011年開始接連爆發的「阿拉伯之春」反政府示威活動以來，國內的反對派便遭受鎮壓。歐美、俄國與周邊各國的干涉與國內伊斯蘭國勢力惡化了內戰，造成「敘利亞難民危機」，導致超過六十萬人死亡或失蹤，五百萬名以上的難民逃往國外，以及六百萬以上人民在國內流離失所。

產業方面，雖發展地中海型氣候的農業與內陸地區的畜牧業，自1989年也開始出口石油，但是長期的內戰狀態與歐美國家施予的經濟制裁，國內依舊混亂不堪。

黎巴嫩

根據三派宗教分配政治權力

全名：黎巴嫩共和國
Lebanon

面積：1萬㎢　首都：貝魯特
人口：526．1萬　貨幣：黎巴嫩鎊
語言：阿拉伯語（官方語言）、法語、英語
宗教：伊斯蘭教遜尼派31．9％、什葉派31．2％、基督教32．4％
鄰國：敘利亞、以色列

位處地中海東岸，東北部為敘利亞，南部為以色列。細長的國土裡南北有山脈縱橫，夏天高溫乾燥、冬天為溫和的地中海型氣候。因擁有聯繫伊斯蘭文化圈與歐洲的地理位置，以民族來說是阿拉伯人的國度，宗教方面則混合著伊斯蘭教及基督教的各教派。因此發展出教派分權的政治體制，總統從天主教的馬龍尼禮教會、首相從遜尼派、國會議長從什葉派等各自選出。

受到鄂圖曼帝國管轄之後，1920年代開始作為敘利亞的一部分，成為法國的委任統治區，1943年獨立並加入阿拉伯聯盟。第二次世界大戰後，以作為貿易中繼點與金融中心為傲。但是，伊斯蘭教教徒與親歐洲的基督教教徒的主權爭奪戰從未停歇，1975年至1990年持續發生著內戰，在此期間國家的經濟狀況疲憊不堪。內戰結束後，由於敘利亞的軍事介入，敘利亞的軍隊仍駐守在黎巴嫩，在中東戰爭中從約旦流入的巴勒斯坦游擊隊與以色列軍隊也駐留在此。

在2000年代，雖然敘利亞軍和以色列軍隊已經撤退，但受到2011年敘利亞內戰情勢以及國內什葉派武裝組織真主黨的動向影響，仍持續著不穩定的情勢。

以色列

Israel

長期與巴勒斯坦戰鬥的猶太人之國

面積：2・2萬㎢
首都：耶路撒冷（具爭議性，未獲許多國家承認）
人口：878・7萬　貨幣：新謝克爾
語言：希伯來語（官方語言）、阿拉伯語、英語
宗教：猶太教74％、伊斯蘭教18％
鄰國：黎巴嫩、敘利亞、約旦、巴勒斯坦

西側朝向地中海，南端為延續紅海的亞喀巴灣。圍繞在阿拉伯人與伊斯蘭文化圈之間，形同孤島一般的猶太人之國。耶路撒冷是猶太教、基督教與伊斯蘭教的聖地。

西元前繁榮的王國滅亡之後，在羅馬帝國的統治之下，猶太人便往世界各地離散。十九世紀開始，被稱為「猶太復國主義」的祖國回歸運動興盛，在第一次世界大戰期間，統治巴勒斯坦的英國便表明支持以色列人建立國家。

第二次世界大戰後，聯合國提出將巴勒斯坦分為猶太人國家與阿拉伯人國家，於是建立了作為猶太人國家的以色列。但是阿拉伯方強烈反對，爆發了中東戰爭，直到1973年共發生了四次戰爭。之後雖然與埃及、約旦締結和平條約，但仍持續佔領在中東戰爭中獲得的戈蘭高原。

1993年與巴勒斯坦解放組織簽訂關於巴勒斯坦自治區的暫定自治協議（奧斯陸協議），此後雙方的衝突仍持續著，實際上此協議早已瓦解。

在資源稀少的環境下，發展鑽石加工業與資訊通信、精密機械、醫藥品等高科技產業，提高了國民的生活水準。

巴勒斯坦

與以色列之間的百年恩怨

全名：巴勒斯坦自治政府
Palestine

面積：6220㎢　政府所在地：拉馬拉
人口：490．6萬　貨幣：新謝克爾
語言：阿拉伯語
宗教：伊斯蘭教（遜尼派）為多數
鄰國：以色列、約旦、埃及

位於以色列領地內的加薩走廊及約旦河西岸地區。加薩走廊地區面朝地中海，西部與埃及接壤，約旦河西岸地區則與約旦接壤。

十六世紀以來便受鄂圖曼帝國統治，第一次世界大戰時鄂圖曼帝國崩解，英國隨即表明支持此地居民建立阿拉伯人的國家；另一方面，英國也向猶太人承諾將協助建立猶太人的國家（貝爾福宣言）。第二次世界大戰後，聯合國成立了「巴勒斯坦專門委員會」，提出將巴勒斯坦依照猶太人與阿拉伯人分割為兩個國家，猶太人同意，但阿拉伯人反對，因此猶太人在以色列建國時，有許多巴勒斯坦人成為難民而逃離家園。

從此之後，以色列與阿拉伯各國之間便爆發了中東戰爭，1964年成立的巴勒斯坦解放組織，針對以色列的攻擊與侵佔展開了名為「巴勒斯坦大起義」的活動。1993年雖達成和平協議，且設立了臨時自治政府，但之後的戰爭仍持續進行中，2002年以後，以色列在邊界修建了長長的隔離牆。

主要產業為農業，生活必需品需仰賴以色列的輸入，因經濟封鎖造成的物資不足與失業問題，使人民的生活陷入困境。

巴勒斯坦問題的歷史

猶太人的祖國回歸運動（十九世紀以來）

猶太人在世界各地受到迫害，以建立猶太人國家為目標的猶太復國主義逐漸蔓延開來。

英國的密約（1915年～1917年）

第一次世界大戰期間，英國人向阿拉伯人（巴勒斯坦人）與猶太人雙方承諾在此地區建立國家。

以色列建國（1948年）

第二次世界大戰後，聯合國提出將猶太人與阿拉伯人的土地分割。阿拉伯人反對，以色列獨立。

四次中東戰爭（1948年～1973年）

以色列與阿拉伯各國之間的對立白熱化，爆發四次中東戰爭。

巴勒斯坦臨時自治政府的設立（1994年）

1993年締結和平協議（奧斯陸協議），隔年成立巴勒斯坦臨時自治政府。

現在

實際上的和平協議已瓦解，來自伊斯蘭軍隊的空襲與激進派組織的恐怖攻擊頻繁發生。

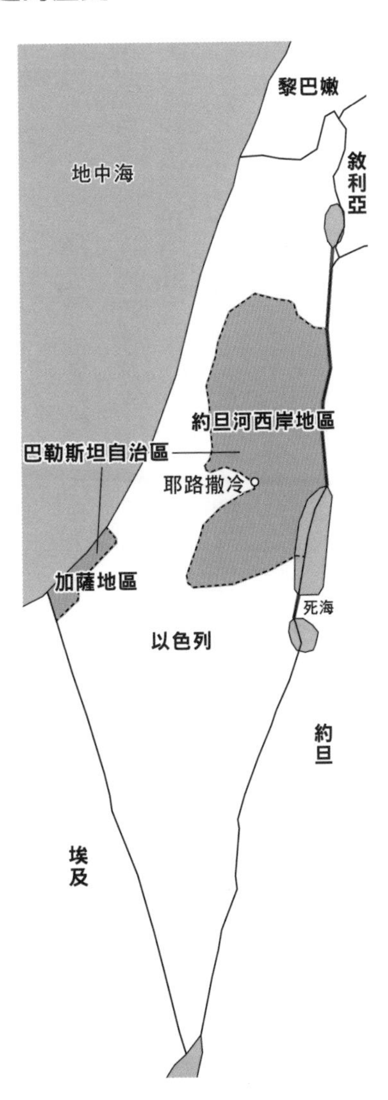

約旦

接受大量敘利亞難民的國家

全名：約旦哈希米王國
Jordan

面積：8・9萬㎢　首都：安曼
人口：1091萬　貨幣：約旦第納爾
語言：阿拉伯（官方語言）、英語
宗教：伊斯蘭教（國教、主要為遜尼派）97・1％
鄰國：敘利亞、沙烏地阿拉伯、以色列、巴勒斯坦

國土東部是從阿拉伯半島延伸過來的沙漠西端，西部則為約旦河（以色列與巴勒斯坦的國境）及其東側的高原。匯入死海的約旦河形成了細長的地溝地帶，擁有海平面以下的海拔，稱為「約旦河大裂谷」。西南端有一小部分開口，通往紅海的亞喀巴灣。

在鄂圖曼帝國統治之後，1919年接受了英國的託管，二次大戰後，於1946年獨立。作為阿拉伯國家參與中東戰爭，在第三次中東戰爭中敗北，因此失去了約旦河西岸地區。因與夾在約旦河之間的巴勒斯坦相鄰，在第三次中東戰爭後便流入許多巴勒斯坦難民。對於同時湧入的游擊隊勢力，在1970年代實行了驅逐政策。

約旦是阿拉伯地區除海灣國家之外，政局最穩定的國家之一，1994年與以色列建立了外交關係，在中東地區的和平扮演著重要角色。雖然在2000年代實現了經濟成長，但在2008年後受到全球金融危機的影響，陷入了財政困境。

約旦一直以來實施廣納周邊國家難民的支援政策，但近年來因收容敘利亞難民而成為一大負擔。經濟方面，觀光是約旦的主要收入來源，特別是登錄世界遺產的古城佩特拉與死海，每年都吸引大量遊客來訪。

沙烏地阿拉伯

掌握國際石油供給的巨大影響力

全名：沙烏地阿拉伯王國
Saudi Arabia

面積：215萬km²　首都：利雅德
人口：3478.4萬　貨幣：沙烏地里亞爾
語言：阿拉伯語（官方語言）
宗教：伊斯蘭教（國教；遜尼派85－90%，什葉派10－15%）
鄰國：科威特、伊拉克、約旦、葉門、阿曼、UAE、卡達

擁有阿拉伯半島約八成的廣大領土，其中大部分為沙漠。仰賴綠洲農耕的同時，也是人們遊牧生活的中心地帶，在伊斯蘭世界中是嚴格遵守律法的國家。擁有伊斯蘭教的兩大聖地──麥加與麥地那；創始者穆罕默德將麥加定為聖殿，伊斯蘭教最神聖的聖地「克爾白」也位在麥加的禁寺內，每年從世界各地湧入三百萬名的信徒至此朝聖。

遵從伊斯蘭教遜尼派瓦哈比主義的戒律，除了禁酒與禁食豬肉，禮拜、齋戒以及女性的行動都有嚴格的規定。在政教合一的基礎下，由王室家族統治，沒有憲法與國會，但在1990年後，設立了諮詢評議會，致力於擴大女性的參政權。

石油的蘊藏量、生產量皆為世界第一，天然氣也在全球名列前茅。利用豐富的資源進行國家建設，以石油收入進行海水淡化工程，在沙漠開墾農地，以提升糧食自給率。作為石油輸出國組織與阿拉伯石油輸出國組織的核心角色，對國際石油供需擁有龐大影響力。在葉門內戰之際進行了軍事干預並居於主導地位，重視與波斯灣沿岸以及與歐美之間的合作關係。另一方面，沙烏地阿拉伯與伊朗是對立關係。擺脫仰賴石油與外籍移工的勞動力經濟，是目前國家所面臨的一大課題。

科威特

全名：科威特國
Kuwait

石油基金豐富的高福利國家

面積：1・8萬㎢　首都：科威特市
人口：303・2萬　貨幣：科威特第納爾
語言：阿拉伯語（官方語言）、英語
宗教：伊斯蘭教（國教）74・6％、基督教18・2％
鄰國：伊拉克、沙烏地阿拉伯

夾在伊拉克與沙烏地阿拉伯之間，位於波斯灣開闊地帶的大公國。國土幾乎為沙漠，是植物難以種植的貧乏土地。

十八世紀自阿拉伯半島移居的遊牧民族在此定居。二十世紀時成為英國的保護領地，1938年時發現至今仍維持著世界頂級產量的布爾干油田。第二次世界大戰後，於1961年獨立。

1990年伊拉克侵略並佔領了科威特，隨後多國聯軍介入，發展成波斯灣戰爭。最後，伊拉克承認了科威特的主權，但據說伊拉克入侵科威特，正是為了獲取科威特的石油收入。

石油的蘊藏量、生產量為世界數一數二，被稱為「浮在石油上的島國」，國家經濟發展高度依賴石油。出口總額約九成是石油、石油製品與天然氣。

國民有九成以上為公務員，社會福利完善，教育及醫療皆免費，生活水準很高。另一方面，勞動力有三分之二仰賴外籍勞工。致力於將石油收入投入海外投資，以金融立國為目標，並透過農業開發努力提升糧食自給率，推動產業多元化發展。

巴林

漂浮於波斯灣的小島國

全名：巴林王國
Bahrain

面積：７６０㎢　首都：麥納瑪
人口：１５２．７萬　貨幣：巴林第納爾
語言：阿拉伯語（官方語言）、英語
宗教：伊斯蘭教73．7％、基督教９．３％
鄰國：沙烏地阿拉伯

位於阿拉伯半島東部，由巴林島等大小島嶼組成的大公國。國土面積只有臺北市的２．５倍，全境皆為沙漠。曾作為貿易中繼站與珍珠產地而興盛一時。１９８６年建立與沙烏地阿拉伯之間的海上大橋，全長25公里，透過陸路與阿拉伯半島相連。

十八世紀時，雖然從阿拉伯半島移居的阿勒哈利法家族建立王朝並統治至今，但在十九世紀末時，巴林王國成為英國的保護領地。第二次世界大戰後，１９７１年宣布獨立，儘管設置了議會，實際上還是由酋長進行獨裁統治。

２００２年更改為王國制度，成立立法院並賦予女性參政權。２０１１年爆發反政府示威活動，巴林國王提出與各界展開「國民對話」以化解危機，朝向民主化進展。儘管王室信奉伊斯蘭教遜尼派，但國民多數為什葉派，因此也有政治不穩定的一面。

１９３２年開始生產石油並支撐著經濟，在波斯灣各國中是最早發展石油的國家。與此同時，巴林也朝向石油提煉與提煉鋁等產業的多元化發展。另外也強化作為金融中心的角色，並積極拓展觀光業。

卡達

因石油收入名列世界最高國民所得國家

全名：卡達國
Qatar

面積：1．2萬km²　首都：杜哈
人口：248萬　貨幣：卡達里亞爾
語言：阿拉伯（官方語言）
宗教：伊斯蘭教65．2％、印度教15．9％、基督教13．7％
鄰國：沙烏地阿拉伯

位於阿拉伯半島東部，突出於波斯灣卡達半島的大公國。因國土為沙漠，土壤貧瘠而植物稀少，全境海拔都在一百公尺以下。

十八世紀開始，來自阿拉伯半島內陸地帶的居民移居至此後，十九世紀由阿勒薩尼家族為君王，成立了卡達酋長國。在二十世紀雖成為英國的保護國，但在1971年宣告獨立。卡達在重視對美關係的同時，也關心波斯灣對岸之伊朗等國的外交策略。

1940年發現並開發石油資源，以此為建設國家的基礎。現在則將石油資源枯竭的問題納入考量，一邊將重點轉移至石油化學等產業培育、開發擁有世界頂級儲藏量的天然氣。人均國民所得位居世界前列，國民享有免費的醫療與教育。在富裕的財政基礎上，吸引了來自南亞各國的勞工，移工佔比高達總人口數的九成。與此伴隨而來的結果是人口比例極不平衡，人口結構有85％為勞動年齡人口，男性人口遠遠高於女性居民也是一大特徵。

近年來，卡達致力於開發高級渡假村、舉辦國際會議以及世界盃足球賽等大型活動，積極地向世界宣示國家的存在。

阿拉伯聯合大公國

簡稱：阿聯
United Arab Emirates
(UAE)

資源豐富的阿布達比與觀光立國的杜拜

面積：8・4萬㎢　首都：阿布達比
人口：985・7萬　貨幣：迪拉姆
語言：阿拉伯（官方語言）
宗教：伊斯蘭教（國教）76%、基督教9%
鄰國：阿曼、沙烏地阿拉伯

位於阿拉伯半島東部地區，面向波斯灣的國度。由阿布達比與杜拜等七個大公國組成的聯邦制君主國，一般簡稱為UAE（阿聯酋）。國土幾乎全為沙漠，面向波斯灣的荷姆茲海峽是交通要塞。

十九世紀，在此取得優勢的英國，為了確保通往印度殖民地的航線，與波斯灣各國的酋長勢力，簽署了海上休戰協定，此區域在十九世紀末成為英國的保護領地。雖然在1971年以首長聯邦國獨立，但在這其中擁有多數油田的阿布達比具壓倒性優勢，其次是積極發展觀光業和金融業的杜拜。阿拉伯聯合大公國重視與波斯灣各國、特別是沙烏地阿拉伯之間的關係，也與歐美之間保持合作關係。

擁有世界頂級的石油與天然氣的儲藏量，在豐富的石油收入之下，人均國民所得高，醫療與教育皆為免費。現在以脫離石油依存經濟為目標，致力於發展產業的多元化、海外投資以及成為流通據點等等。杜拜從1980年代開始便積極進行觀光開發，發展飯店業以及航空業，並打造高級飯店與觀光相關設施，現在已成為中東地區一年逾兩千萬以上遊客來訪的觀光大國。

阿曼

眺望阿拉伯海的沙漠國家

全名：阿曼王國
Oman

面積：31萬㎢　首都：馬斯開特
人口：369．5萬　貨幣：阿曼里亞爾
語言：阿拉伯語（官方語言）、英語
宗教：伊斯蘭教85．9%
鄰國：UAE、沙烏地阿拉伯、葉門

位於阿拉伯半島東南部，北方是波斯灣出海口的荷姆茲海峽，海峽突出的半島頂點為飛地。國土幾乎為沙漠，但南方受到印度洋吹來的季風影響而時有降雨。

西元前時代，阿拉伯人南下在此定居，因海洋貿易而繁榮一時。十八世紀時，領土延伸至東非與巴基斯坦沿岸，最終因帆船交易的衰退、蘇伊士運河的開通而式微。從十九世紀末開始，受到英國保護統治的同時也實施了鎖國政策。1970年的阿曼政變，國王被廢黜而流亡，王子卡布斯即位後便發起重大改革，轉向為開放政策，並於隔年加入聯合國。重視與波斯灣沿岸各國的外交，也與美國維持著合作關係。雖然以伊斯蘭律法為基礎制定王法，但在1990年代開始設置議會及實施普選等，執行民主改革與民主化政策。

1964年發現石油，便從農業與畜牧為主的經濟轉移至以開採石油與天然氣為輸出主力的經濟。目前以脫離仰賴石油的經濟為目標。

國民約有半數為印度裔、巴基斯坦裔與非洲裔，由於勞動力十分仰賴外國人，現在正努力推動鼓勵雇用阿曼人的政策。

葉門

教派鬥爭引發一場無止盡的內戰

全名：葉門共和國
Yemen

面積：52・8萬㎢　首都：沙那
人口：3039・9萬　貨幣：葉門里亞爾
語言：阿拉伯語（官方語言）
宗教：伊斯蘭教（國教）99・1％（遜尼派65％，什葉派35％）
鄰國：沙烏地阿拉伯、阿曼

位在阿拉伯半島西南部、西部面向紅海出海口，隔著紅海與亞丁灣與非洲東北部國家相對。紅海沿岸為狹窄的平原，其背後為高原綿延，國土雖幾乎為沙漠，但在阿拉伯半島中屬於降雨量多的地區。首都沙那是內陸高原，沿岸地區的海港城市亞丁是東西方貿易的中繼站；以咖啡豆品牌為名的港口城市摩卡，作為對岸衣索比亞咖啡豆的出口港而繁榮。在古代，這個區域有「幸福的阿拉伯」之稱號。

進入二十世紀，在現今國土面向紅海的範圍，以王國之姿建立了北葉門，之後成為「阿拉伯葉門共和國」。另外，自十九世紀開始成為英國領地的亞丁，在1967年由馬克思主義派系奪得南葉門的政權，以「葉門人民民主共和國」之名獨立。雖然在1990年南北統一為葉門，但在2011年，民間武裝組織與反總統派系爆發衝突，經過阿拉伯區域各國的軍事介入與聯合國的斡旋，才終於停止內戰，制定了新體制。

2015年以後，民間武裝組織再次與政府發生衝突，演變成一場遜尼派與什葉派之間的「代理戰爭」。支持遜尼派臨時政權（葉門政府）的沙烏地阿拉伯為避免葉門落入什葉派手中，與援助什葉派武裝組織的伊朗開戰，內戰仍持續進行中。

中亞

蘇聯時代殘留的負遺產，歐亞的交叉點

中亞各國大致上位於廣大歐亞大陸的中央地帶，擁有許多共通點。由於自然環境多屬於乾燥地帶，一直以來便從事駱駝、山羊、綿羊和馬等傳統畜牧業維生。東部有被稱為世界屋脊的帕米爾高原與天山山脈相連，豐富的雪水形成河川與溪流滋潤大地，在河川沿岸及綠洲形成村落，提供農業灌溉用水。

從中亞也被稱作突厥斯坦（意為「土耳其人的土地」）可得知，除了塔吉克斯坦（波斯語系）之外，此區大多數的國家都使用土耳其語系，因此多數國民也信仰伊斯蘭教。

在歷史上，自古以來即為連結歐洲與亞洲絲路之間的要塞，可以說在各方面上都是歐洲與亞洲交會的地點。

●受蘇聯時代影響的國家

中亞各國的最大共通點之一，是直到現在都受到前蘇聯及俄羅斯的強烈影響。1971年的俄羅斯革命使中亞地區首當其衝，各國在1924年之後陸續以蘇聯的加盟共

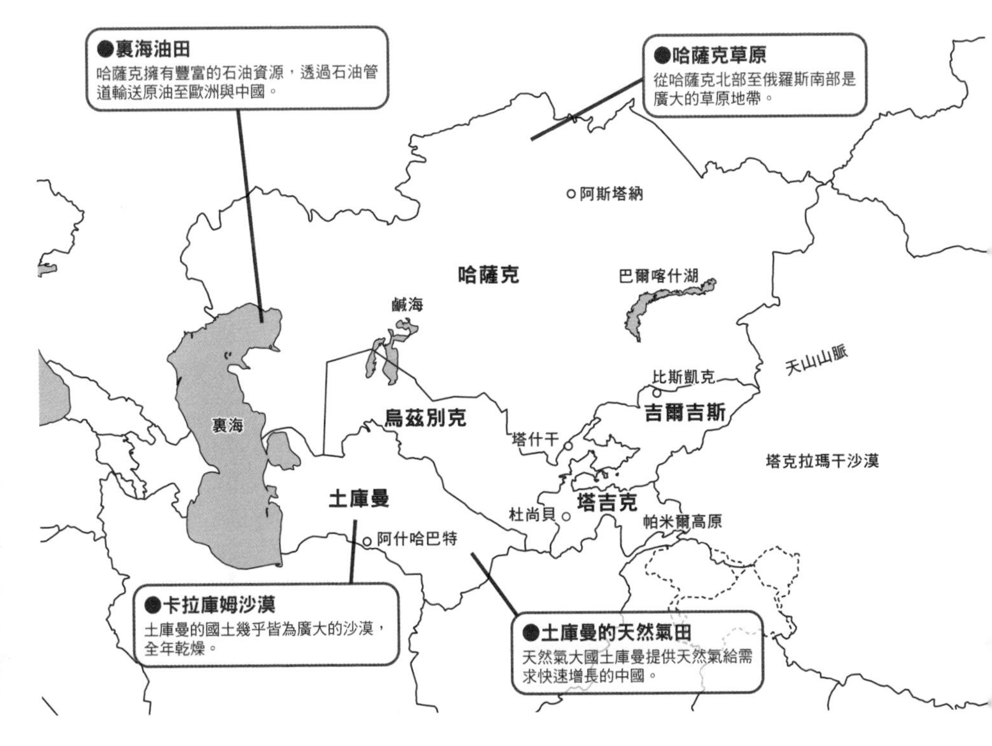

和國之姿建國。

在蘇聯時代，中亞以計劃經濟為基礎進行了自然改造計畫，透過建設運河等大規模開發灌溉設施，成功增加棉花與小麥的產量。

但是，因為大規模的鹽害與過度取水，導致鹹海縮小、過度依賴單一作物與礦產資源的產業結構，以及仰賴來自俄羅斯的經濟結構等等，即使在1991年社會主義體制瓦解，蘇聯時代留下的負遺產仍難以抹滅。

哈薩克

中亞最大的產油國

全名：哈薩克共和國
Kazakhstan

面積：272．5萬㎢　首都：阿斯塔納
人口：1924．6萬　貨幣：堅戈
語言：哈薩克語（國語、官方語言）、俄語（官方語言）
宗教：伊斯蘭教70．2％、基督教26．2％
鄰國：俄羅斯、中國、吉爾吉斯、烏茲別克、土庫曼

東接阿爾泰山脈，西面裏海，北臨西西伯利亞平原，南有克茲勒固姆沙漠與天山山脈支脈，中央地帶則從裏海低地延伸到哈薩克平原，是世界面積最大的內陸國。

擁有豐富的石油、天然氣和稀有金屬等資源，特別是石油產出為全世界的2．4％，佔了同國出口額的61．9％（2018年資訊）。主要的油田位於裏海周邊位置。蘇聯解體後，經濟陷入混亂，當時即迅速導入外資企業進行油田開發。尤其是北裏海海平面上發現的卡沙干油田，埋藏量是全世界排名第五。主要開發商為中國、日本、美國和歐洲等國的合資公司Agip KCO。所產出的原油，分別通過管道運送至俄羅斯、歐洲及中國。

哈薩克南部的拜科努爾太空發射場，是世界第一座太空發射中心。1961年，蘇聯太空人尤里．加加林乘坐「東方一號」太空船首次進入太空，成為世界第一位太空人而聞名。即使是現在，俄羅斯仍每年以1．15億美元向哈薩克租借太空基地與整個城鎮，接受與發射他國的太空梭，成為宇宙開發的重要基地。

吉爾吉斯

全名：吉爾吉斯共和國
Kyrgyzstan

對中國的經濟依賴日益加劇

面積：20萬㎢　首都：比斯凱克
人口：601．9萬　貨幣：索姆
語言：吉爾吉斯語（官方語言）、俄語
宗教：伊斯蘭教90％（遜尼派為多數）、基督教7％
鄰國：烏茲別克、哈薩克、塔吉克、中國

國土大部分面積皆為山岳，東北部為天山山脈與其支脈阿賴山脈，境內約90％都在海拔一千五百公尺以上。農地不超過國土面積的7％，森林面積只有4％，主要產業為畜牧業、礦業與農業（小麥、棉花、菸草等），尤其黃金的生產量佔出口總額約一半。在這之中，庫姆托爾金礦山（Kumtor）就佔了國內黃金生產量的97％，此礦場佔GDP的比例約為10％（2019年資訊）。

1991年以「吉爾吉斯坦共和國」之名獨立，1993年改稱為「吉爾吉斯共和國」。獨立之後，為了挽救弱勢的經濟基礎，一邊從中國進口食品及化學纖維製品再銷往俄羅斯與哈薩克，一邊將勞工送往俄羅斯當農工，透過轉移貨物與人力來獲得收入。海外移工收入佔GDP的28．6％（2019年資訊）。另一方面，國內的產業發展卻呈現落後狀態。在這樣的情況下，中國的存在感卻與日俱增。中國在2015年時擠下俄羅斯，成為吉爾吉斯最大的貿易輸入國，目前主要透過道路、發電廠以及管線工程等基礎建設的投資作為核心，穩固了兩國之間的連結。如此一來，光是對中國的債務就佔了外債總額的46．2％，對中國的經濟依賴度仍持續攀升中（2019年資訊）。

塔吉克

世界上海拔最高的國家

全名：塔吉克共和國
Tajikistan

面積：14．4萬㎢　首都：杜尚貝
人口：899．1萬　貨幣：索莫尼
語言：塔吉克語（官方語言）、俄語
宗教：伊斯蘭教遜尼派95％、什葉派3％
鄰國：烏茲別克、吉爾吉斯、中國、阿富汗

塔吉克的大部分國土由被喻為「世界屋脊」的帕米爾高原以及與其相連的高原與山脈組成，平均海拔高度三千公尺，是世界上最高的山岳國家。該國民族與其他中亞各國不同，大多數是波斯民族的塔吉克人（約佔80％）。

雖然在1991年的蘇聯解體下完成獨立，但自1992年起，塔吉克共產黨派政府與包含伊斯蘭教派在內的反政府勢力爆發內戰。國內混亂的情勢持續到了1997年，約有一百二十萬人成為難民。此後，鄰國的阿富汗的情勢也不穩定，面臨著恐怖攻擊、武器氾濫與毒品流入等嚴重問題。

塔吉克與吉爾吉斯一樣都是低所得國家，每年有許多人到俄羅斯等鄰國尋求工作，移工從海外匯款回家的收入約佔該國GDP的三分之一，支撐著該國的經濟（2017年資訊）。主要產業為棉花種植與鋁工業。在蘇聯時代的計劃經濟下，透過整治錫爾河等主要河流的灌溉設施，大規模種植棉花，至今仍是重要的出口產品。鋁是利用帕米爾高原豐富的水資源進行水力發電，以從中取得的廉價電力進行精煉，佔出口總額的一半以上（2017年資訊）。不過，現在鋁的原物料鋁土礦在國內並無生產，需要進口。

烏茲別克

縮小十分之一的鹹海

全名：烏茲別克共和國
Uzbekistan

面積：44・7萬㎢　首都：塔什干
人口：3084・3萬　貨幣：索姆
語言：烏茲別克語（官方語言）、俄語、塔吉克語
宗教：伊斯蘭教88％（幾乎為遜尼派）、東正教9％
鄰國：哈薩克、吉爾吉斯、塔吉克、阿富汗、土庫曼

位處乾燥的內陸國，東部為連接帕米爾高原的高地，西部至中央地帶則是克茲勒固姆沙漠。在蘇聯時期的1960年代，中亞地區為了種植棉花，實施了大規模灌溉和土地改良工程（自然改造計畫），結果讓烏茲別克廣大的旱地成了大片的棉花田，蘇聯約65％的棉花都來自烏茲別克。1991年獨立後，雖致力於擺脫對單一作物的依賴，但現在棉花的產量仍維持在76萬噸（全球第八名）、佔出口農產品總量的16・2％（2018年資訊）。

境內有曾經是世界面積第四大的湖泊鹹海，如今面積已縮小至原本的十分之一。由於從東部山區的阿姆河與錫爾河流入豐沛的水源，鹹海曾經以豐沛的水量為傲，但從1960年代中期開始成為灌溉用水的取水地，面積迅速縮小。1970年代末期，漁獲量幾乎為零，到了1990年代末期，鹹海的鹽分濃度已上升到大多數的水中生物都無法存活的程度。人們雖然採取了調整水壩建設等措施讓鹹海復活，但在蘇聯解體後，鹹海問題不再是「國內問題」，而是涉及流域各國之間水資源分配的「國際問題」，要調解各國之間的利益衝突絕非容易之事。

土庫曼

全名：土庫曼共和國
Turkmenistan

世界頂級的天然氣儲藏量

面積：48．8萬㎢　首都：阿什哈巴特
人口：558萬　貨幣：馬納特
語言：土庫曼語（官方語言）、俄語、烏茲別克語
宗教：伊斯蘭教93％、基督教6．4％
鄰國：哈薩克、烏茲別克、阿富汗、伊朗

位於裏海東岸，國土幾乎被卡拉庫姆沙漠覆蓋，除了與阿富汗及伊朗接壤的邊境地帶外，其餘皆屬於沙漠氣候。蘇聯時期，乾燥的大地由阿姆河的分支卡拉庫姆運河灌溉，與其他中亞各國一樣，主要農業是種植棉花，目前棉花仍是重要的出口農產品。

土庫曼的經濟仰賴天然氣與石油生產，特別是天然氣蘊藏量位居世界第四（2019年資訊），約佔土庫曼出口總額的一半。主要的油田集中於國內東部位置。在2006年至2007年間發現的加爾克內什氣田，位於國土的東南部，擁有世界第二大的天然氣儲藏量。

開採的天然氣透過管線進行出口。中國作為天然氣的最大出口國，近年來其地位愈來愈不容忽視。隨著經濟發展與環境問題日漸惡化的同時，中國對於天然氣的需求急速擴大，在2009年完成了一條連結土庫曼到廣東省的油管。2015年，中國的天然氣輸入有超過50％都來自土庫曼。然而，雖然中國的天然氣的需求有進一步的成長，來自土庫曼的天然氣輸入量正在減少當中，但目前土庫曼仍然是約佔30％的主要供給國。

高加索

紛爭不斷、多民族交織的地區

高加索在俄羅斯語的發音是「kaskas」。這裡連結了黑海與裏海之間的高加索山脈周邊區域，山脈的南方有三個主權獨立的國家——亞塞拜然、喬治亞以及亞美尼亞。山脈的北側有幾個隸屬於俄羅斯的共和國。位於俄羅斯與伊斯蘭文化圈之間，透過黑海與東歐相連。

高加索山脈為五千公尺等級的山岳，此處為地殼活動相當活躍的地區，因此火山活動與地震相當頻繁，同時也是石油和其他稀有礦產資源的產地。此外，在溫和的氣候之下，農業十分發達。

長達千年的種族與宗教糾葛

在這個小小的地區裡，廣納多元的語言及民族。例如，使用斯拉夫語系的俄羅斯人、使用伊朗語系的奧塞提亞人、擁有獨自文字的亞美尼亞人、使用土耳其語系的亞塞拜然人，以及使用高加索語系的喬治亞人與車臣人都生活在這裡。

在宗教方面，則包括伊斯蘭教遜尼派與什葉派、東正教與天主教等，民族與宗教複

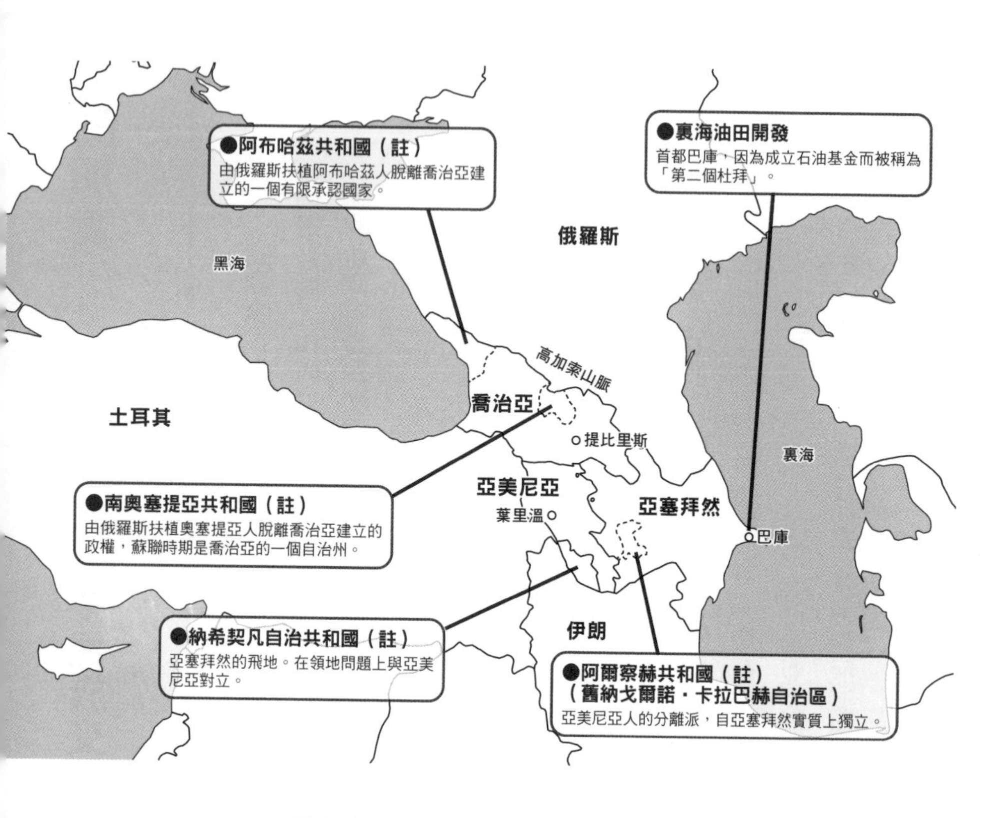

雜地交織著。

高加索區域的國家，都有著被各個大國殖民的歷史，但進入二十世紀後，隨著蘇聯的誕生，這些國家也成為蘇聯直轄的加盟共和國。

最終，在蘇聯解體、各成員國獨立的前後時期，各地卻相繼爆發了民族衝突，而這些紛爭的原因之一，正是複雜的種族分佈。

註：阿布哈茲共和國、南奧塞提亞共和國、納希契凡自治共和國以及阿爾察赫共和國皆為主權上具有爭議的國家，並未獲聯合國和世界上大部分國家承認其主權。

亞塞拜然

面向裏海的油田開發國

全名：亞塞拜然共和國
Azerbaijan

面積：８・７萬km²　首都：巴庫
人口：１０２８・２萬　貨幣：馬納特
語言：亞塞拜然語（官方語言）、列茲金語、俄語、亞美尼亞語
宗教：伊斯蘭教（主要為什葉派）97・3％
鄰國：俄羅斯、伊朗、亞美尼亞、喬治亞

東臨世界最大的鹽湖裏海，南側為伊朗，北邊與俄羅斯接壤。國土中央有庫拉河流經，其兩側為山岳地形。是一個歷史上曾受到阿拉伯與波斯統治的伊斯蘭教國家。

隨著十九世紀俄羅斯的勢力擴張，在進入二十世紀時獨立，之後成為蘇聯的加盟共和國。１９８９年發表獨立宣言，１９９１年自蘇聯獨立。獨立之後加入獨立國家國協，在維持與俄羅斯關係的同時，對於裏海的石油開發領域則向歐美各國靠攏，另一方面也重視與伊朗之間的關係，因為亞塞拜然與伊朗同屬伊斯蘭教什葉派佔多數的國家。亞塞拜然與亞美尼亞之間的衝突不斷，紛爭的原因有二，一是因為亞美尼亞要求將亞美尼亞人較多的納戈爾諾・卡拉巴赫自治區併入亞美尼亞，二是為了保護在亞美尼亞領土之下的亞塞拜然飛地（納希契凡自治共和國）。

在經濟方面，十分仰賴裏海沿岸的石油。首都巴庫早在十九世紀便開始開發周邊的油田，是當時全球最大的油田。１９６０年代，由於人們擔心石油枯竭，在１９９０年代便開始開發海上油田，巴庫漸漸變得繁榮起來，甚至被稱為是「第二個杜拜」。在２００６年，完成了從巴庫出發，不經俄羅斯即可延伸至土耳其地中海岸的石油管道。

喬治亞 Georgia

從俄羅斯獨立後關係持續惡化

面積：7萬㎢ 首都：提比里斯
人口：493・4萬 貨幣：拉里
語言：喬治亞語（官方語言）、俄語、亞美尼亞語、亞塞拜然語
宗教：喬治亞正教（國教）83・4%、伊斯蘭教10・7%
鄰國：俄羅斯、亞塞拜然、亞美尼亞、土耳其

位於高加索山脈的南側，西臨黑海。國土有80%為山岳地帶，城市建立在河流與黑海沿岸。以前曾使用俄語音譯的國名「格魯吉亞」，後來與俄羅斯關係惡化，在喬治亞政府的要求之下，正名為「喬治亞」。

經歷過許多大國的統治，包括波斯、鄂圖曼帝國以及俄羅斯帝國，十九世紀被俄羅斯吞併，在二十世紀時獨立，加入了獨立國家國協。但是，在一個以高加索族喬治亞人佔多數的國家，擁有大量伊朗裔的南喬治亞要求獨立，因此展開了戰爭。由於俄羅斯支援南奧塞提亞獨立而進行軍事干預，因此與俄羅斯之間的關係惡化，2009年時脫離獨立國家國協。同樣位在俄羅斯國境附近的阿布哈茲共和國，以及位於土耳其國境、伊斯蘭教色彩強烈的阿爾察赫共和國也因為爭取獨立問題而產生紛爭。正試圖斷絕與俄羅斯之間的關係，以加入歐盟（EU）與北大西洋公約組織（NATO）為目標前進。

在農業方面，除了穀物之外，也生產水果與茶葉，特產是紅酒。喬治亞作為葡萄酒的發源地聞名全球，自古傳承的陶甕釀酒法「Qvevri」，已被聯合國教科文組織列為非物質文化遺產的一部分。

亞美尼亞

與亞塞拜然及土耳其的對立關係

全名：亞美尼亞共和國
Armenia

面積：3萬㎢　首都：葉里溫
人口：301．2萬　貨幣：德拉姆
語言：亞美尼亞語（官方語言）、雅茲迪語、俄語
宗教：亞美尼亞使徒教會92．6％
鄰國：喬治亞、亞塞拜然、伊朗、土耳其

位於高加索山脈南方，雖屬於氣候乾燥的內陸型高山國家，但國土約有40％的牧場與牧草地，其中約有兩成可用於農耕與水果種植。在西元前成立古代王國，西元四世紀時成為世界上第一個將基督教定為國教的國家。十六世紀時，成為鄂圖曼帝國與波斯爭奪的對象，十九世紀時俄羅斯加入這場爭奪戰，歷史上接連受到大國的統治，在二十世紀獨立，隨後成為蘇聯的加盟共和國。與周邊國家一樣，1991年後自蘇聯獨立，於同年加入獨立國家國協。

雖然在外交上採取親俄政策，但在經濟上十分重視與歐美、中東與亞洲各國的關係。另一方面，因為要求鄰國亞塞拜然將亞美尼亞人較多的納戈爾諾・卡拉巴赫自治區併入亞美尼亞，以及納希契凡自治共和國的領土問題，與亞塞拜然之間的衝突不斷。除此之外，二十世紀初期亞美尼亞人受到鄂圖曼帝國迫害，與土耳其也存在著對立關係。

作為地殼運動活躍的地區，火山活動與地震頻繁，在1988年大地震中有兩萬人以上罹難。生產多種礦產資源，特別是鉬礦、銅礦以及金銀等貴金屬類支撐著經濟。鑽石加工也是聞名世界的產業。

第 2 章

歐洲

芬蘭
俄羅斯
愛沙尼亞
拉脫維亞
立陶宛
羅斯
白俄羅斯
烏克蘭
裏海
伐克
摩爾多瓦
利
羅馬尼亞
黑海
塞爾維亞
蒙特內哥羅
保加利亞
科索沃
北馬其頓
阿爾巴尼亞
希臘
地中海

冰島
挪威
瑞典
經度0度
北海
丹麥
波羅的
愛爾蘭
英國
荷蘭
波蘭
德國
比利時
盧森堡
捷克
大西洋
列支敦斯登
法國
奧地利
瑞士
斯洛維尼亞
克羅
聖馬利諾
波士尼
赫塞哥
安道爾
摩納哥
義大利
葡萄牙
西班牙
梵蒂岡
直布羅陀
馬爾

歐洲聯盟框架下的組織

● EU（歐盟） 歐洲各國政治經濟的整合體

勞力、貨物、服務、資本皆可自由流通，使用統一貨幣、統一對外的通商政策等，共同推進政治與經濟方面的事務。

● NATO（北大西洋公約組織） 歐洲各國與北美的軍事聯盟

第二次世界大戰之後，在冷戰加劇的情況下，歐洲各國形成了軍事聯盟。制定成員國的國安與防衛合作。

● CIS（獨立國家國協） 由前蘇聯成員國組成的國家聯盟

蘇聯解體時形成的組織。作為主要核心成員國的俄羅斯，希望加強獨立國家國協的團結，但由於各國間的利害關係無法達成一致，該組織有形同虛設的趨勢。

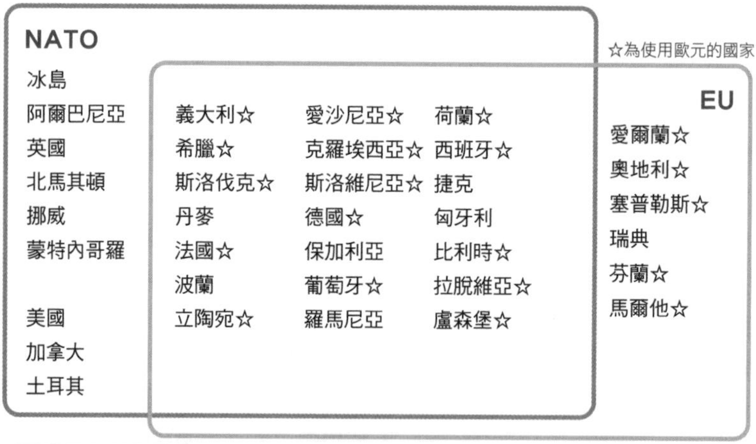

☆為使用歐元的國家

NATO

冰島
阿爾巴尼亞
英國
北馬其頓
挪威
蒙特內哥羅

美國
加拿大
土耳其

NATO與EU

義大利☆	愛沙尼亞☆	荷蘭☆
希臘☆	克羅埃西亞☆	西班牙☆
斯洛伐克☆	斯洛維尼亞☆	捷克
丹麥	德國☆	匈牙利
法國☆	保加利亞	比利時☆
波蘭	葡萄牙☆	拉脫維亞☆
立陶宛☆	羅馬尼亞	盧森堡☆

EU

愛爾蘭☆
奧地利☆
塞普勒斯☆
瑞典
芬蘭☆
馬爾他☆

CIS

亞塞拜然　亞美尼亞　烏茲別克　哈薩克
吉爾吉斯　塔吉克　白俄羅斯　摩爾多瓦
俄羅斯　土庫曼（準會員國）

根據日本外務省官網資料為基準製作（2022年2月）

俄羅斯

世界上面積最大的多民族國家

全名：俄羅斯聯邦
Russia

面積：1709・8萬㎢　首都：莫斯科
人口：1億4232・1萬　貨幣：盧布
語言：俄語（官方語言）
宗教：基督教58・4%（俄羅斯東正教53・1%）
鄰國：挪威、芬蘭、愛沙尼亞、拉脫維亞、立陶宛、波蘭、白俄羅斯、烏克蘭、喬治亞、亞塞拜然、哈薩克、中國、蒙古、北韓

俄羅斯是一個幅員遼闊的聯邦制國家，面積佔世界陸地的八分之一，東西橫跨一萬一千公里。透過白令海與亞洲、歐洲相連，延伸至與北美洲相望的位置。整體地形是由古代地質時代形成、被稱為「台地」的穩定構造組成。南部的中亞與東邊的堪察加半島則是火山與地震頻繁的地區。

如果將俄羅斯分為東邊的歐洲側和西邊的亞洲側，大致上會以沿著東經60度南北走向的烏拉山山脈為界線。烏拉山山脈是一條古老的平緩山脈，形成於兩億八千萬年前，西側則是廣闊的歐洲平原。歐洲俄羅斯簡稱為「歐俄」，擁有包括首都莫斯科在內的許多大都市，人口密度高，產業也隨之密集。

從氣候角度來看，大致上依照緯度而形成各式各樣的自然樣貌，從北極圈開始，有著永久凍土帶的苔原地區、針葉林等森林地區，以及靠近沙漠的乾燥地帶。

從蘇維埃聯邦到俄羅斯

十五世紀末時成立的莫斯科公國不斷發展，十八世紀建立的俄羅斯帝國將國土擴展

到遠東。進入二十世紀，在俄羅斯革命發生後，建立了世界上第一個社會主義國家——蘇維埃社會主義共和國聯盟。

作為現今俄羅斯前身的蘇聯，歷經第二次世界大戰、重工業及農業集體化，也進行了核能與航太的開發工程，因此躍身為與美國平起平坐的世界超級大國，同時也成為東西方冷戰的東側基地。在進入1980年代後，蘇聯經濟陷入了僵局，為了打破停滯的社會主義經濟，開始了一場名為「開放政策」的改革。但是，這項改革在促進自由化與民主化的同時，卻讓蘇聯的經濟陷入混亂。

1991年蘇聯解體，原本構成

聯邦的各國紛紛獨立，前蘇聯各國組成了以俄羅斯為中心的獨立國家國協（CIS）。往市場經濟轉移的同時，也使集體農場走向工會化與企業化，國有企業實現了民營化，新的民間企業紛紛成立。自2000年以來，提倡「振興俄羅斯往昔榮景」的各國政權，在國內外皆採取了強硬的姿態。

人口約有八成是俄羅斯人，南部地區有土耳其人與高加索人，東部則是以蒙古人為主的少數民族。因蘇聯所屬的國家與地區有著嚴重的民族問題，與烏克蘭之間的衝突不斷，對北高加索的車臣自治共和國以及蘇聯所屬的喬治亞也進行了軍事干預。

豐富的石油與天然氣等資源

俄羅斯擁有多種礦物資源。在蘇聯時期，工業區是透過連結國內資源的生產區而形成的。2000年以後，石油與天然氣的出口支撐著經濟，隨著外資企業的擴張，導致尖端產業與汽車產業的發展，俄羅斯在2010年代被稱作是「金磚四國（BRICs）」的其中一國。

農業方面，由於氣候寒冷乾燥，大部分土地都不適合用於農耕，全國農業用地不超過一成，但在西部與南部的中心地帶，小麥、大豆、蔬果等生產量卻達到世界一流的水平。現在，國內有不少企業經營的農場，以及被稱作「達恰」的小型個人農園。

東歐

維持與俄羅斯關係的國家VS接近歐盟的國家

東歐位於連結歐洲與亞洲、歐洲與俄羅斯之間的位置。歷史上，東歐位於古羅馬帝國的邊緣地帶，對於後世文化的影響因各國而異。此外，這裡也是歐洲列強、鄂圖曼帝國和俄羅斯帝國相互鬥爭的地方。在如此的歷史背景下，除了斯拉夫民族佔多數，亞洲和拉丁語系的民族也在此生活著。

宗教方面，東部與南部（烏克蘭、白俄羅斯、羅馬尼亞、摩爾多瓦、保加利亞）以東正教為多數，西部（波蘭、斯洛伐克）為天主教，靠近德國的國家（匈牙利）為新教、近穆斯林文化圈（保加利亞）則是伊斯蘭教。另外，有的國家（捷克）無宗教信仰者佔多數，或許是受到社會主義思想的影響。

此區是歐洲、俄羅斯、亞洲的交會處，擁有多民族、多元宗教，更混合著多元文化的地區。

●蘇聯解體後，東歐各國開始建立新國家

以其他角度來看東歐地區，這裡位在歷史上第一個社會主義國家——前蘇聯的周邊

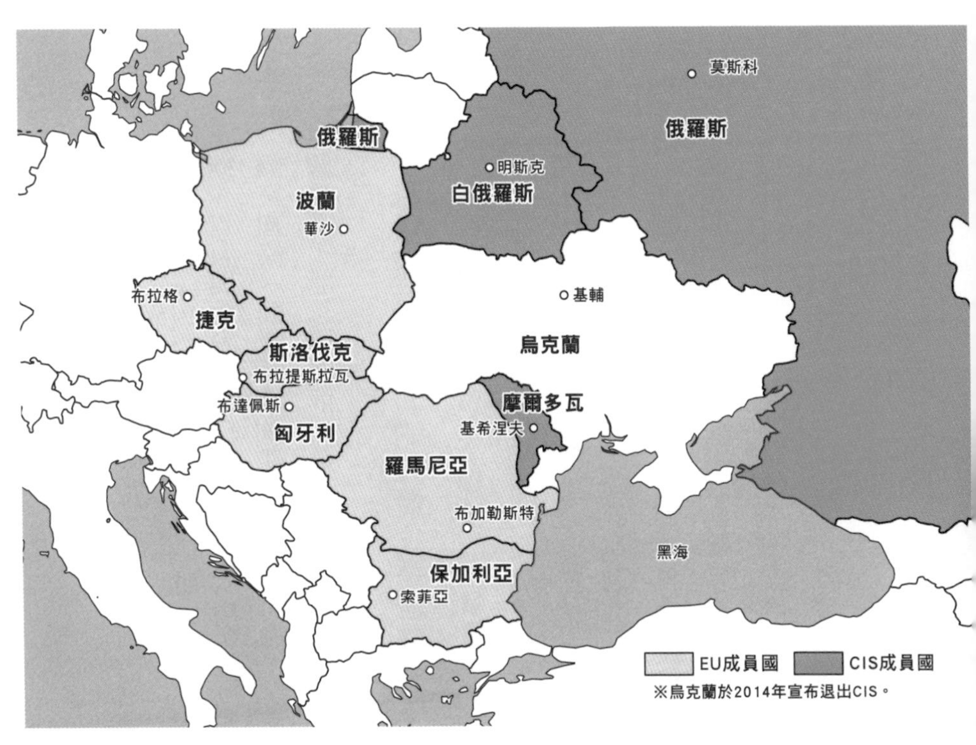

地帶，在蘇聯的變遷影響下，各國的政治體系也有所轉變。觀察現在的東歐各國與蘇聯的關係，可看出大致上分為兩類：一類是組成蘇聯的加盟共和國，另一類是深受其影響的社會主義國家。後者在軍事上依循華沙公約組織、經濟上透過經濟互助委員會（COMECON）與蘇聯一體化。

最終，社會主義制度內部的各種問題開始暴露出來，在1980年代末期，蘇聯的聯邦內各國與同盟國皆發表不干涉宣言，在蘇聯解體後，各國便開始組織建立新的國家。雖然有許多國家走向了非社會主義化，但也有一些國家維持了社會主義體制。有些民選出來的國家領導人繼續實行獨裁政治，也有國家轉型為市場經濟導向，因此在政治上與經濟上皆處於不穩定的狀態。

在這之中，有些國家仍十分重視與俄羅斯之間的關係，有些國家則選擇向歐盟靠攏，也有與兩者皆保持良好關係的國家。每個國家的立場，都反映在加入或是退出獨立國家國協（蘇聯解體後創建的國家聯盟）以及是否加入歐盟和北約。然而現實是，任何國家都不能忽視與俄羅斯的經濟關係，包括能源供應等領域。

尋求廉價勞動力的外資企業進駐

歷經四十年社會主義經濟的東歐各國，無論在生活水準、技術水準或生產體制等方面，都與西歐各國有著顯著的差距。這是因為薪資水準相對較低，以及歐美與亞洲企業為了尋求便宜且優質的勞動力而轉移生產基地所致。在歐盟這樣的統一市場之下，能找到生產成本低廉的地區，成了吸引企業進駐的一大魅力。

進入東歐的外資產業類別，最初主要是機械組裝等勞力密集的產業，現在已逐漸轉移至資訊與通訊技術產業等知識密集型領域。造成產業轉移的原因，不但反映了薪資水平的上升與人力不足，也意謂著該地區正在培養擁有高度技術的人才。

白俄羅斯

歐洲最後的獨裁國家

全名：白俄羅斯共和國
Belarus

面積：20・8萬㎢　首都：明斯克
人口：944・2萬　貨幣：白俄羅斯盧布
語言：白俄羅斯語（官方語言）、俄語（官方語言）、烏克蘭語
宗教：白俄羅斯正教48・3％、無宗教41・1％
鄰國：俄羅斯、烏克蘭、波蘭、立陶宛、拉脫維亞

全國幾乎位於廣闊的東歐平原，約40％是森林、40％是農地與牧場。注入黑海的聶伯河與流入波羅的海的河川流經國內，因此水上交通盛行。東側為俄羅斯、西側與波蘭接壤的內陸國，雖屬於大陸性寒冷氣候，但因為來自波羅的海的西風暢通無阻，以緯度來說，西部仍可說是溫暖濕潤。

白俄羅斯是獨立國家國協的創始會員國之一，抱持著與俄羅斯一起建立統一國家的想法，寄託於俄羅斯之下發展政治與經濟。1991年獨立後舉辦總統選舉，1994年上任的總統仍持續著獨裁政權。

經濟方面，還殘存著舊有國營企業的經濟管理體制，仰賴廣大的農地與石油等資源，以及蘇聯時代的技術支撐著經濟。農業方面，黑麥、馬鈴薯與亞麻等產量為世界最高的國家之一，也盛行畜牧業與酪農業。工業方面，曳引機、家電以及汽車等機械類與化學肥料的生產活躍，近年來IT產業也備受矚目。1986年，鄰國烏克蘭北部邊境的車諾比發生核災事故，放射性物質隨南風吹拂擴散至全國各地，造成大規模的損害。

烏克蘭

Ukraine

與俄羅斯之間的緊張局勢不斷升溫

面積：60．4萬㎢　首都：基輔
人口：4374．6萬　貨幣：格里夫納
語言：烏克蘭語（官方語言）、俄語
宗教：基督教為多數
鄰國：白俄羅斯、俄羅斯、波蘭、斯洛伐克、匈牙利、羅馬尼亞、摩爾多瓦

北部因來自北大西洋吹入的西風而氣候濕潤，南部則為降雨量少的乾燥型氣候。突出於黑海的克里米亞半島是典型的地中海氣候，冬天溫暖而夏季炎熱乾燥。除了流經國土中央的聶伯河外，另有其他大河縱橫交錯，利用豐富的水資源發展河運交通。國土有七成以上為農地，特別是聶伯河流域為黑土（黑鈣土）地區，是世界糧倉之一。另外，因煤炭與石油等能源以及鐵礦等礦物資源豐富，重工業也很發達。

原本為蘇聯的加盟共和國之一，1991年獨立。由於經濟實力雄厚，自蘇聯時期是僅次於俄羅斯的第二大國，也與俄羅斯維持緊密的關係。獨立國家國協創立時期雖是加盟國，但2014年俄羅斯根據當地公投的結果，宣布將克里米亞自治共和國併入俄羅斯，自此與俄羅斯的關係惡化。烏克蘭於同年便表明要脫離獨立國家國協。緊張的局勢持續，在2022年2月，俄羅斯侵門踏戶，對烏克蘭展開軍事攻擊。

為了擺脫對俄羅斯能源採購的依賴，烏克蘭正採取從俄羅斯轉向歐洲和美國的政策，並以加入歐盟為目標。1986年，烏克蘭北部與白俄羅斯邊境的車諾比發生了核災事故。

波蘭

全名：波蘭共和國
Poland

擁有分割與滅亡歷史的國家

面積：31．3萬㎢　首都：華沙
人口：3818．6萬　貨幣：茲羅提
語言：波蘭語（官方語言）、德語
宗教：基督教85％
鄰國：俄羅斯、立陶宛、白俄羅斯、烏克蘭、德國、捷克、斯洛伐克

除了南部的喀爾巴阡山脈之外，全國大部分的地區都是平原。西北部靠近波羅的海的地區受西風吹拂，氣候相對溫暖，東部及南部則為寒冷氣候。由於地理位置等因素，歷史上屢次因各國勢力入侵而分裂或滅亡。十八世紀時，國家曾三度被列強瓜分而遭到滅國。在這樣的歷史下，雖然有許多波蘭人移居到世界各地，但他們皆對祖國懷有強烈的熱愛。

第二次世界大戰後，波蘭被納粹德國佔領，在蘇聯的影響下成為社會主義國家，但因追求自由的社會運動興盛，1980年以一場工人罷工為契機，創立了獨立自治工會「團結」。之後工會因非法而被取締，但在1989年再次復活，創建了該地區第一個非社會主義政權。為了重返歐洲，於1999年加入北約，2004年加入歐盟。

國土約有五成面積為農地，是世界上黑麥、燕麥、馬鈴薯與甜菜等農產品的主要生產國之一。礦產資源也十分豐富，包括煤炭、銅礦與銀礦。通往俄羅斯與歐洲的輸送路線幾乎沒有地形障礙，因為擁有適合工業發展的土地與品質優越的勞動力，因此許多外資企業正積極地向波蘭擴張。

捷克

全名：捷克共和國
Czechia

遺留中世紀傳統建築物的美麗街道

面積：7．9萬㎢ 首都：布拉格
人口：1070．3萬 貨幣：捷克克朗
語言：捷克語（官方語言）、斯洛伐克語
宗教：無宗教34．5%、天主教10．4%
鄰國：波蘭、斯洛伐克、奧地利、德國

位於東歐中央地帶的內陸國家，以山脈為界與鄰國接壤。東邊為原先是同一國家的斯洛伐克，由東部的摩拉維亞丘陵地區和西部的波希米亞地區組成。首都布拉格所在的波希米亞地區為盆地地形，有易北河上游的伏爾塔瓦河（德語為莫爾道河）流經。

第二次世界大戰後，捷克被納粹德國佔領，在蘇聯的影響下成為社會主義國家。1968年發起「布拉格之春」的自由化運動，卻遭受華沙公約的軍隊鎮壓。1969年起實行聯邦制，成為「捷克社會主義共和國」和「斯洛伐克社會主義共和國」兩個共和國。1989年開始進行反共產運動（天鵝絨革命），在1993年與斯洛伐克分離成為兩個國家，之後便加入了北約與歐盟。

捷克擁有煤炭等礦產資源，重工業相當發達。1995年成為東歐第一個加入經濟合作暨發展組織（OECD）的國家。特別是機械與汽車等相關產業蓬勃發展，自實施新體制以來，外資企業也積極進入。另一方面，以皮爾森啤酒聞名於世的釀造方式，波希米亞水晶等傳統產業也相當興盛。都市景觀方面，捷克擁有美麗的溫泉區及星羅棋布的歷史遺跡，布拉格歷史區被登錄為世界文化遺產，觀光也是重要產業。

斯洛伐克

因民族與文化的不同自捷克獨立

全名：斯洛伐克共和國
Slovakia

面積：4・9萬㎢　首都：布拉提斯拉瓦
人口：543・6萬　貨幣：歐元
語言：斯洛伐克語（官方語言）、匈牙利語、羅馬尼亞語等
宗教：天主教62％、無宗教13・4％
鄰國：波蘭、烏克蘭、匈牙利、奧地利、捷克

西邊與曾經是同一國家的捷克接壤，是一個內陸國家，首都布拉提斯拉瓦位在國家最西端，非常靠近奧地利的邊境。國土有八成為海拔七百五十公尺以上的山岳與丘陵，平原地帶沿著多瑙河流域延伸，與匈牙利接壤。森林面積佔全國的40％。

第一次世界大戰後誕生的捷克斯洛伐克，在第二次世界大戰期間被納粹德國佔領，但戰後在蘇聯影響下成為社會主義國家。1969年，捷克與斯洛伐克雖改變為聯邦制，但其實兩國之間存在著民族與文化的差異性。

在宗教方面，與目前無信仰者較多的捷克不同，斯洛伐克的天主教徒佔總人口的60％以上。此外，斯洛伐克曾受匈牙利統治，因此匈牙利人口約佔總人口的一成，並存在著匈牙利文化。因此，在向非社會主義制度過渡的時期，1993年，斯洛伐克與捷克和平分離，斯洛伐克成為獨立國家。

雖然是傳統的農業國，但近年來，特別是在西部地區，以外資企業為主，汽車和電子設備正逐漸成為重點產業。經濟方面，與德國及捷克擁有密切的關係。在2004年加入北約與歐盟，2009年正式使用歐元。

匈牙利

Hungary

東歐民主化的先驅

面積：9・3萬㎢　首都：布達佩斯
人口：972・8萬　貨幣：福林
語言：匈牙利語（官方語言）、英語、德語等
宗教：天主教37・2％、喀爾文教派11・6％
鄰國：斯洛伐克、烏克蘭、羅馬尼亞、塞爾維亞、克羅埃西亞、斯洛維尼亞、奧地利

位於東歐的中心，國土的中央地帶有多瑙河流經，綿延至匈牙利平原。氣候為大陸性氣候，冬天相當寒冷，夏天卻有超過20度的氣溫。

在這片斯拉夫民族居多的地區，自東方遷來的馬扎爾人在十世紀末時創建了亞洲民族的王國。雖受到鄂圖曼帝國與哈布斯堡王朝的統治，但在二十世紀初時獨立建國。第二次世界大戰時以軸心國參戰，戰後受到蘇聯的佔領，並在蘇聯的影響下轉型為社會主義體制的人民共和國。１９５６年，為訴求民主化而發起「匈牙利革命」，因蘇聯的介入而慘遭鎮壓。自早期便積極改革，１９８９年拆除了西邊與奧地利國境之間的鐵絲網，成為東歐民主化的先驅。１９９９年加入北約，２００４年加入歐盟。

國土約有五成為耕地，除了種植水果、蔬菜與小麥外，畜牧業也相當盛行。另外，工廠集中在北部鄰近德國和奧地利的地區，以汽車相關製造業為主，但觸角也逐漸伸向ＩＴ產業，在外資企業的擴張之下，人力不足的問題也逐漸浮現。１９９１年，日系企業鈴木汽車成第一家進駐東歐的公司，創立了「馬扎爾鈴木公司」。

摩爾多瓦

全名：摩爾多瓦共和國
Moldova

面積：３．４萬km²　首都：基希涅夫
人口：３３２．４萬　貨幣：列伊
語言：羅馬尼亞語（官方語言）、俄語、烏克蘭語
宗教：希臘正教90．１％
鄰國：烏克蘭、羅馬尼亞

俄語與土耳其語系住民的分離主義運動

夾在烏克蘭與羅馬尼亞之間的內陸國，國土大半為聶斯特河及普魯特河之間的丘陵地，因位處俄羅斯與土耳其之間，曾經是兩方相爭之地，並接受俄羅斯的統治。

第二次世界大戰之後，以國名「摩爾達維亞」作為組成前蘇聯的社會主義國家，１９９１年將國名變更為「摩爾多瓦」。對歷史上有深厚淵源的鄰國羅馬尼亞有強烈的歸屬感，１９８９年將蘇聯時期使用的西里爾字母改為拉丁字母，２０１３年更將官方語言更改為羅馬尼亞語。另一方面，東部俄羅斯人居多的「德左共和國」以及南部土耳其人居多的「加告茲自治區」也出現了爭取獨立的運動。

摩爾多瓦是延續自烏克蘭黑土帶的農業國，葡萄酒尤其著名，是主要的出口產品。經濟方面，與羅馬尼亞之間的關係深厚，是該國最大的貿易夥伴國，經濟上也互相連動著。另一方面，因仰賴俄羅斯端輸入大量能源，與俄羅斯之間關係匪淺。在如此的背景之下，儘管摩爾多瓦在１９９１年起即為獨立國家國協的成員國，但也以加入歐盟為目標。

羅馬尼亞

Romania

東歐唯一的拉丁語系國家

面積：23．8萬㎢　首都：布加勒斯特
人口：2123萬　貨幣：羅馬尼亞列伊
語言：羅馬尼亞語（官方語言）、匈牙利語、羅姆語
宗教：東正教81．9%
鄰國：烏克蘭、摩爾多瓦、保加利亞、塞爾維亞、匈牙利

東部面向黑海，東鄰烏克蘭，西邊是匈牙利，南與巴爾幹半島接壤。兩大山脈以東西與南北的方式橫貫，周圍是廣闊的平原。多瑙河及其支流有如將整個國家包圍一般流經全國，孕育出豐富的水資源。

在斯拉夫民族眾多的東歐國家中，是唯一一個拉丁民族，國名來自羅馬人與斯拉夫民族共同建國的歷史。氣候雖溫暖，但夏天與冬天的溫差大，常年有降水。

第二次世界大戰時原先為軸心國陣營，後以同盟國陣營參戰。戰後雖與周邊各國一同成為了社會主義國家，但走獨立路線，在「布拉格之春」事件中拒絕參與華沙公約組織軍的行動。自1965年以來，總統實行了獨裁的強權政治，但這個以社會主義為名的獨裁政權在1989年解體，並在1990年代轉型為非社會主義體制。2000年代加入了北約與歐盟。

除了生產石油和天然氣外，各種工業也蓬勃發展，1990年以來，外資企業紛紛進駐。除了汽車相關的製造產業，資訊與通訊技術相關產業也逐漸增長，薪資水平也大幅上漲。另外，也是盛產穀物、蔬果與向日葵等產品的農業大國。

保加利亞

世界第一的玫瑰油生產國

全名：保加利亞共和國
Bulgaria

面積：11・1萬㎢ 首都：索菲亞
人口：691・9萬 貨幣：列弗
語言：保加利亞語（官方語言）、土耳其語、羅姆語
宗教：東正教59・4%
鄰國：羅馬尼亞、土耳其、希臘、馬其頓、塞爾維亞

位於巴爾幹半島的東部，東臨黑海，與土耳其及巴爾幹半島各國接壤。多數人民信仰東正教，但也有人信奉伊斯蘭教，人口約有一成為土耳其人。國土中央有巴爾幹山脈橫貫，北邊是與羅馬尼亞接壤的多瑙河沿岸平原，南邊是色雷斯平原。南部受地中海型氣候影響，夏季炎熱乾燥，北部地區夏季降水較多。

十四世紀起受鄂圖曼帝國統治，二十世紀初期獨立。第二次世界大戰時以軸心國參戰，戰後被蘇聯佔領，１９４６年在蘇聯的影響下，政體轉移至社會主義體制的國家。自１９８９年共產黨垮台以來，改革運動取得了進展。雖然經濟改革經歷了一些困難，但在２０００年代加入了北約與歐盟，現在與歐盟的貿易關係進展順利且趨於穩定。外交政策上，與歐美及日本互動良好，也重視俄羅斯與巴爾幹各國的關係。

除了穀物類，也有大量水果、菸草與向日葵等農產品，煤炭、石油以及礦產等資源開發也是重要產業。近年來，與周邊各國一樣，進入保加利亞的外資企業數量不斷增加。據說保加利亞是西里爾字母與優格的發源地，並且生產了世界上約七成的玫瑰精油（用於製造香水）。

波羅的海三小國

因蘇聯解體而自俄羅斯獨立的三國

波羅的海三小國位於歐洲東北部的波羅的海沿岸，從北到南依序為愛沙尼亞、拉脫維亞與立陶宛。

這片土地曾經被冰河覆蓋，受到冰河侵蝕而地表削減，形成了一片平緩起伏的低地，產生了許多湖泊與濕地。尤其是立陶宛，擁有約三千座湖泊。

國土幾乎屬於亞寒帶，夏天涼爽。內陸地區則為大陸性氣候，冬天十分寒冷。愛沙尼亞與拉脫維亞約國土的一半、立陶宛約三分之一皆被森林覆蓋，特別是在寒冷涼爽的愛沙尼亞與拉脫維亞，可以看見許多針葉林。

橫跨三國、共兩百萬人參與的「歌唱革命」

歷史上，愛沙尼亞與拉脫維亞和北歐國家與德國有著密切聯繫，立陶宛則與波蘭之間的關係匪淺，這三國都與俄羅斯有深厚的淵源。1940年波羅的海三小國被併入蘇聯，自鄰近國家湧入許多移民，大大改變了波羅的海三小國的種族構成。

因此，保衛原住民文化的行動在這三個國家發酵，演變成1980年代後期的獨立

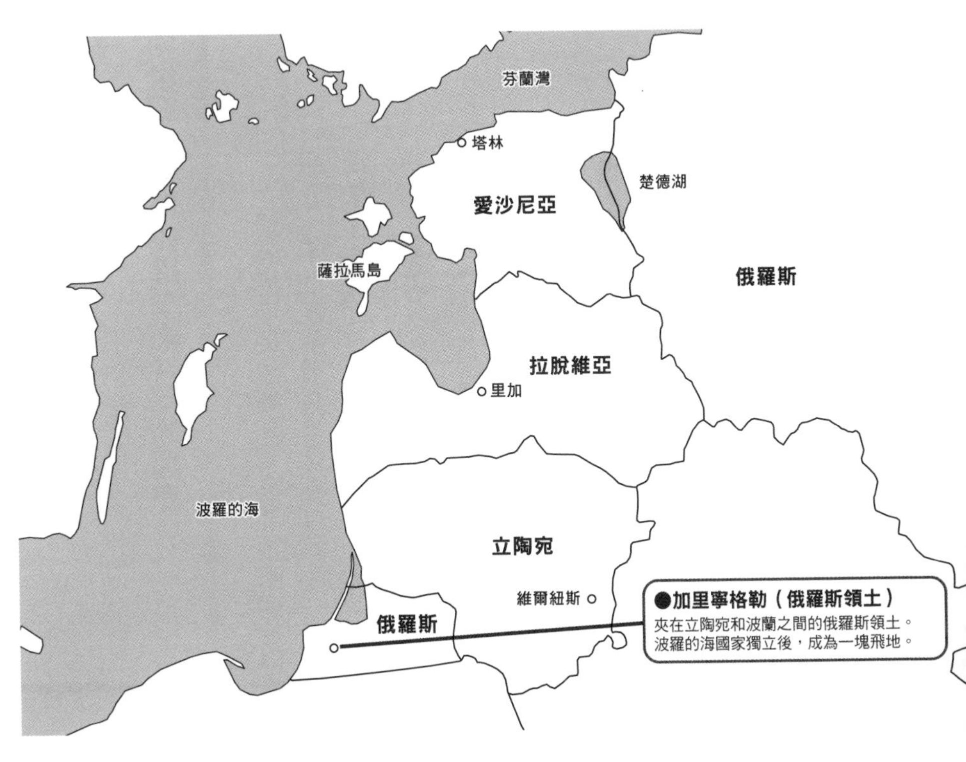

運動。1989年，自愛沙尼亞的首都塔林開始，通過拉脫維亞的首都里加，再到立陶宛首都維爾紐斯，總共有超過兩百萬人手牽著手組成了「人鏈」，全長約六百公里，眾人以唱歌的方式訴求獨立，最終於1991年實現獨立後，便以「歌唱革命」為名流傳於世。

此後，這三個國家同時進入北約、歐盟以及經濟合作暨發展組織（OECD），貨幣為歐元，同時也成為在歐洲國家間出入境無需接受檢查的申根公約區。

愛沙尼亞

全名：愛沙尼亞共和國
Estonia

中世紀街道與先進技術共存的國家

面積：4．5萬㎢　首都：塔林
人口：122萬　貨幣：歐元
語言：愛沙尼亞語（官方語言）、俄語
宗教：正教16．2％、路德福音教派9．9％
鄰國：俄羅斯、立陶宛

愛沙尼亞位於歐洲東北部，面朝波羅的海，是波羅的海三小國中最北之國。全國大部分地區為眾多湖泊與濕地的平原，氣候穩定。經濟自由度高，在金融、保險業方面由外資佔據大半市場，經濟上相當仰賴外資，出口產品多為機械類。國內生產油頁岩，主要用於發電，是火力發電比例高達71％（2019年資訊）的國家。

農業方面，盛產小麥與馬鈴薯。近年來積極培育IT產業人才，在IT技術的發展下，經濟也跟著成長。幾乎所有的行政服務皆電子化，故有「電子國家」之稱。

首都塔林面向波羅的海，城牆包圍起來的舊城裡有塔樓與教堂等眾多歷史遺跡，保留了中世紀遺存的樣貌，已列入世界歷史遺產。

自1991年從蘇聯獨立以來，一直以回歸歐洲並加入北約、歐盟為最大的外交目標，並分別於2004年3月及5月實現。基本外交政策是與歐盟共享價值觀，並促進橫跨大西洋的堅韌同盟關係。

拉脫維亞

全名：拉脫維亞共和國
Latvia

前蘇聯各國與歐洲連結的貿易據點

面積：6．5萬㎢　首都：里加
人口：186．3萬　貨幣：歐元
語言：拉脫維亞語（官方語言）、俄語、立陶宛語
宗教：路德福音教派36．2%、天主教19．5%、正教19．1%
鄰國：愛沙尼亞、俄羅斯、白俄羅斯、立陶宛

拉脫維亞位於歐洲東北部，在波羅的海三小國的正中央。國土大部分地區地勢低平，擁有被森林圍繞的湖泊與濕地。西部平坦，自中央開始往東部為低窪的丘陵。國土中央有道加瓦河流經，擁有綿延不斷的田園風景。

在道加瓦河的河口、以波羅的海沿岸發展的首都里加，是波羅的海三小國中最大的都市。老城兩旁保存了十三世紀遺留至今的華麗建築物，被稱為「波羅的海的巴黎」。農業以畜牧業為主，工業則是以化工及木材加工業為主，其中木材及其加工品是主要出口商品。

從俄羅斯輸送石油的管線橫貫國土東西，擁有最大貨物運輸量的文茨皮爾斯港，也成為了石油輸出港口。1992年加入國際貨幣基金組織（IMF）及世界銀行，1999年加入世界貿易組織（WTO）、2004年加入北約及歐盟。里加和文茨皮爾斯兩個港口已被指定為自由貿易港，是獨立國家國協與西歐各國之間的石油相關製品及煤炭等中轉貿易的樞紐。位於首都的里加國際機場擁有波羅的海國家中最多的航線和旅客數量，是該地區最重要的機場。

立陶宛

全名：立陶宛共和國
Lithuania

面朝波羅的海，自然資源豐富的國家

面積：6．5萬㎢　首都：維爾紐斯
人口：271．2萬　貨幣：歐元
語言：立陶宛語（官方語言）、俄語、波蘭語
宗教：天主教77．2%
鄰國：拉脫維亞、白俄羅斯、波蘭、俄羅斯

立陶宛位於歐洲東北部，面朝波羅的海。國土全境平坦，森林約佔了三分之一，有為數眾多的湖泊與濕地，波羅的海沿岸的庫爾斯潟湖為世界遺產。

主要產業為煉油、食品、飲料生產以及傢俱製造。自古以來便以琥珀的產地聞名，琥珀可加工後製作成飾品。1992年加入國際貨幣基金組織（IMF）、2001年加入世界貿易組織（WTO）。立陶宛過去約有八成能源供應必須仰賴俄羅斯，但自2020年以來，液化天然氣有50%從挪威進口，37%來自美國，開始改變依靠俄羅斯的貿易體質。

在第二次世界大戰期間，當時外派至此的日本外交官杉原千畝，為六千五百名逃避德國納粹黨追捕的猶太人發放了簽證，拯救了他們的性命。為了表揚杉原的功績，在首都維爾紐斯有一條被命名為「杉原之路」的道路，位在第二大城考那斯的日本領事館也建立了杉原紀念館。維爾紐斯的老城區擁有許多古老的建築和街道，已被列為世界遺產。

1990年宣布獨立後，在2004年加入北約與歐盟。

北歐

充滿自然美景與完善社會福利的幸福國度

本書的北歐，是指以斯堪地那維亞半島為主的歐洲北部各國。挪威、瑞典和芬蘭東北部皆位在斯堪地那維亞半島，芬蘭的其他地區則為半島的根部。半島的中央地帶有斯堪地那維亞山脈橫貫，大西洋側有因冰河侵蝕作用形成的峽灣（Fjord，在挪威語為「海灣」之意），面向波羅的海的南側是湖泊眾多的平坦地形。另外，丹麥是由日德蘭半島與周邊島嶼組成的國家。

氣候方面，因位在高緯度地區，屬於涼爽的亞寒帶氣候，但西海岸和斯堪地那維亞山脈以南，受到北大西洋的暖流影響，氣候相對溫暖。北極圈一帶，在極度寒冷的冬季可以看到北極光，夏季可以看到太陽永不落下的永晝現象。

維京人從八世紀左右開始，對歐洲歷史產生了約三百年的深遠影響，他們以丹麥、挪威和瑞典為基地，自海上擴張到整個歐洲，為歐洲大陸帶來了北歐文化。除了芬蘭，北歐各國皆為君主立憲制，芬蘭則為共和制度，語言為烏拉爾語系。

北歐各國的共通點，不僅在醫療與年金方面都擁有完善的社會福利，男女在生育和工作場合也享有平等的權利，成為支撐國家的重要支柱。

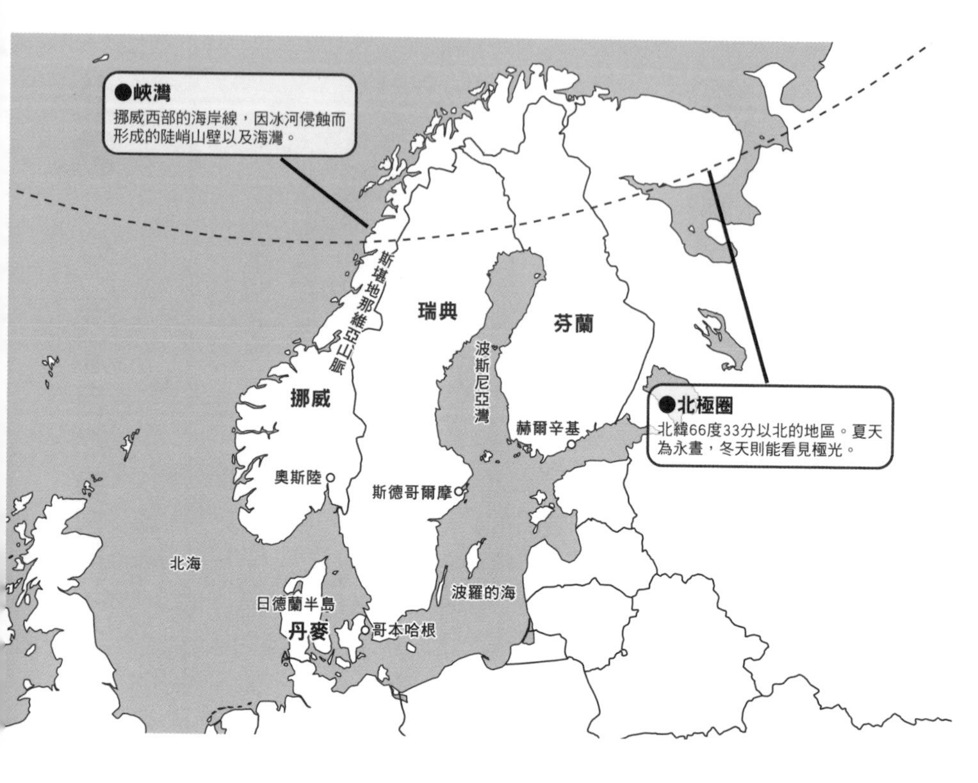

挪威和丹麥為聯合國的創始會員國，瑞典在聯合國成立的一年後（1946年）加入聯合國，芬蘭則是在1955年加入聯合國。北歐五國重視以聯合國為主的多國間交流合作，不僅向伊朗・伊拉克軍事觀察團等聯合國維持和平部隊（PKO）派遣重要成員，也積極參與北約與歐盟主導的國際和平活動。不過，目前挪威仍未加入歐盟，挪威、瑞典、丹麥也沒有導入歐元。

芬蘭

全名：芬蘭共和國
Finland

促進女性社會參與程度的森林湖泊之國

面積：33・8㎢　首都：赫爾辛基
人口：558・7萬　貨幣：歐元
語言：芬蘭語（官方語言）、瑞典語（官方語言）、俄語等
宗教：路德福音教派67・8％
鄰國：瑞典、挪威、俄羅斯

芬蘭為斯堪地那維亞半島最東邊的國家，與俄羅斯接壤。以「森林與湖泊之國」聞名，是世界上森林比例最高的國家，約有18・8萬個湖泊。創作嚕嚕米系列的藝術家朵貝・楊笙誕生於首都赫爾辛基，姆明谷的世界正是發想自芬蘭的大自然。北部羅瓦涅米市的聖誕老人村，有「聖誕老人」會寫信給全世界的孩子。

芬蘭是女性社會參與十分進步的國家，2019年，當時34歲的桑娜・馬林成為全世界最年輕的總理，她已經是芬蘭史上第三位女總理。女性積極參與政壇，十八名內閣成員中有九名是女性。經濟方面，過去曾經以造紙、紙漿等木材相關以及金屬為主要產業，但自1990年代後期開始，以全球通訊設備公司諾基亞為代表的尖端科技產業成為經濟核心。

擁有高生活水準，2018年起，連續四年蟬聯聯合國發布的幸福度排行榜第一名。擁有充實的社會保障體系，對於生育與教養孩子的補助尤其完善，除了懷孕津貼、母親津貼、父親津貼、父母津貼和兒童津貼外，從懷孕到就學前的兒童及其家庭，可以到各地區名為「Neuvola」的婦幼保健中心接受助產員及護理師的協助。

挪威

絕美峽灣綿延，歐洲最北的漁業大國

全名：挪威王國
Norway

面積：32・4萬㎢　首都：奧斯陸
人口：551萬　貨幣：挪威克朗
語言：挪威語（官方語言）、薩米語、芬蘭語
宗教：挪威國教會（路德福音教派）68・1%
鄰國：瑞典、芬蘭、俄羅斯

佔據斯堪地那維亞半島西側，國土大部分地區位於山脈西坡，因此地形特徵是山脈、冰河與峽灣眾多，平地稀少。

儘管自古以來便是名列世界前茅的漁業國家，但由於過度捕撈導致海洋資源枯竭，捕撈量自1970年代達到高峰後開始減少。因此開始限制漁獲量與漁獲尺寸，只能捕撈高價值的魚類，之後終於使海洋資源回復，也提高了收益。日本對挪威的貿易之中，進口品有28・6%為鮭魚與鱒魚，12%為鯡魚（2020年資訊）。因峽灣地形適合水產養殖，1990年代開始大力發展鮭魚和鱒魚的養殖業。

電力幾乎使用水力發電，耗電量較大的鋁精煉、矽膠和化肥等工業發達。1970年代開始開發北海油田，成為石油出口國。石油收入用於「挪威政府養老基金」，這是世界上最大的政府主權基金之一，用於國家未來可能會增加的公用退休金。

2008年，在挪威本土與北極點之間的斯瓦爾巴群島，開設了以半永久方式保管食用植物種子的世界種子銀行。這裡展示並冷凍了來自世界各地約四千個物種、九十三萬個品種的種子，這是為了應對氣候變遷和戰爭所做的準備。

瑞典

舉行諾貝爾獎頒獎典禮的高福利國家

全名：瑞典王國
Sweden

面積：45萬㎢　首都：斯德哥爾摩
人口：1026．2萬　貨幣：瑞典克朗
語言：瑞典語（官方語言）、英語、芬蘭語等
宗教：瑞典國教會（路德福音教派）57．6%
鄰國：挪威、芬蘭

位於斯堪地那維亞半島東側，西邊與挪威接壤，東臨波斯尼亞灣與波羅的海。主要產業包括以富豪汽車聞名的機械工業、化學工業、林業以及資訊與通訊技術等，以高技術水平為後盾的出口產品支撐著經濟。國土約有六成為森林，品質優良的針葉木作為家具及建築用料輸出，另外紙漿和造紙產業也非常發達。

雖然北部基律納礦山、耶利瓦勒礦山的鐵礦石等地下資源相當豐富，但因波斯尼亞灣在冬天會結冰，因此需要以海運的方式運送至鄰國挪威的不凍港那維克港。然而，如今破冰船已經發展起來，波斯尼亞灣的呂勒奧港也成了貿易港口。

1901年，根據發明炸藥的瑞典化學家阿爾弗雷德．諾貝爾的遺言設立了諾貝爾獎，並以他的遺產作為基金。目前，該獎項授予在物理學、化學、生物學、醫學、文學、和平以及經濟學這六個領域中取得傑出成就的個人。

國民人均所得高，社會福利制度也是世界最高水準。特別是懷孕及生產費用全部免費，且法律規定男女需共同分擔家事與育兒，因此在已開發國家中是出生率最高的國家之一。

丹麥

增進綠能活用的高福利先進國

全名：丹麥王國
Denmark

面積：4．3萬km²　首都：哥本哈根
人口：589．4萬　貨幣：丹麥克朗
語言：丹麥語（官方語言）
宗教：路德福音教派（國教）74．7%
鄰國：德國

丹麥由平坦的日德蘭半島與周邊眾多島嶼所組成。國土約六成為農業用地，由於生產量達到國內消費糧食的三倍之多，出口產品之中的18．5%是食品（2020年資訊）。透過設立農業合作社，實現了高度組織化與效率化的農業生產，同時也朝高科技邁進中。特別是酪農業蓬勃發展，起司、奶油等乳製品在國際上具有很強的競爭力。

作為一個環境先進國家，以1973年的石油危機為契機，引發了從進口原油轉型至綠色能源之替代方案的轉變，利用該國四面環海的優勢，填海造陸發展風力發電，成功將54．7%的發電量改由風力發電。此外，在丹麥北海區域發現的油田（1981年開始採掘）產出的原油與天然氣，也實現了能源的自給自足。

自十九世紀末就建立了完善的社會保障與社會福利制度，是世界聞名的高福利、高稅收國家。國民繳納的稅收約佔其收入的一半，消費稅也高達25%。與福利相關的財政來源與決定權在於地方政府，因此能夠提供貼近當地需求的公共服務。

創造出《美人魚》與《賣火柴的小女孩》等童話故事的安徒生，便是出生於丹麥，他的作品已從丹麥語被翻譯成一百六十種語言。

西歐

世界最大經濟共同體歐盟的核心地帶

西歐中部為北德平原及法國平原等廣闊的平坦地形。萊茵河與多瑙河流經數國，已締結條約的國家之間可以乘船在河流上自由通行。南部的阿爾卑斯山有海拔四千公尺的山岳連貫，南側是地中海。

西海岸的氣候，受到流經沿岸的北大西洋暖流與常年吹拂的西風影響，使高緯度的西海岸成為夏季涼爽、冬季溫暖的海洋型氣候。阿爾卑斯山以南的地中海沿岸則為夏天炎熱乾燥、冬天溫暖多雨的地中海型氣候。因此，西歐在夏季成為世界知名的觀光勝地，吸引了許多觀光客造訪，包括居住在天氣陰雨連綿的英國與德國等國家的人民。

日耳曼語系、拉丁語系、斯拉夫語系的民族

語言與民族分佈有著密切的關係，在歐洲使用多種語言。若以民族大致分類的話，可區分為以下三大民族：日耳曼語系（英國、德國、荷蘭、北歐各國）、拉丁語系（法國、義大利、西班牙）、斯拉夫語系（東歐），在瑞士與比利時等國家則使用多種官方語言。

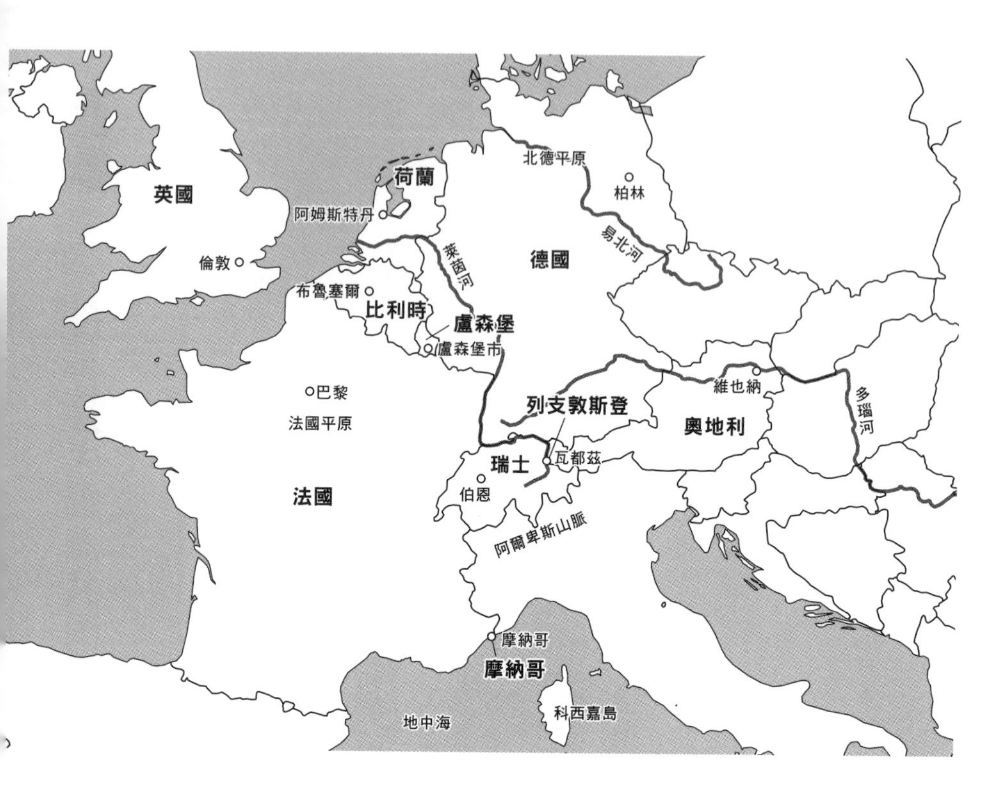

歐洲許多城鎮與村莊都是以教堂為主建造而成，教堂前通常有廣場，許多信徒會聚集於此，此區大多數信仰基督教。日耳曼語系為新教、拉丁語系為天主教、斯拉夫語系則信奉東正教。

第二次世界大戰後，歐洲國家為了防止戰爭重演，同時也為了對抗美國與蘇聯等大國，出現了以經濟成長為目標的合作運動，於1993年創立了歐盟。歐盟促進了人力、商品、服務和資金的自由流動，歐盟國之間取消了邊境管制，人民能在多數歐洲國家內自由旅行。

英國

工業革命的發源地

全名：大不列顛暨北愛爾蘭聯合王國
United Kingdom

面積：24．2萬㎢　首都：倫敦
人口：6708．1萬　貨幣：英鎊
語言：英語（官方語言）
宗教：基督教59．5％
鄰國：愛爾蘭

位於歐洲大陸西北的島國，由大不列顛群島與北愛爾蘭島群島組成，透過開鑿多佛海峽全長49．2公里的歐洲隧道，與歐洲大陸相連。英國國旗是由英格蘭、蘇格蘭、威爾斯（現在的國旗未包含其中）、愛爾蘭等四個大英國協成員國組合而成。

1066年，諾曼人入侵並征服英國，建立了諾曼第王朝。到了十五世紀的地理大發現時代，系統性推行殖民管理之下，殖民地不只擴展到亞洲、非洲，也觸及了北美大陸。經過十八～十九世紀的工業革命，英國在維多利亞時代（1837～1901年）達到鼎盛。在此時期，世界上有四分之一的陸地為其殖民地，因為統治的地區不論何時都不會有太陽落下，因而被稱為「日不落帝國」。

第二次世界大戰後，殖民地相繼獨立，曾經的海外領土如今大部分皆已成為獨立國家，現在全球有56個國家組成大英國協，成員國由英國及其舊殖民地組成。

儘管沒有成文憲法，但以傳統與風俗習慣作為規範，君主（現在為查爾斯三世）是一個象徵性人物，實為「名義上的統治但不具權力」的存在。1949年加入北約，1973年加入歐洲經濟共同體（現為歐盟），2020年脫歐。

脫離歐盟的決定是2016年全民公投的結果（贊成脫歐者過半數）。主要因素之一是來自其他國家的移民迅速增加。為了使歐盟區域內的人能自由流動，2000年以後，有許多來自東歐和其他歐盟成員國的移民進入英國。然而，在2008年的雷曼危機之後，英國失業者對於自己的工作被移民奪走的不滿情緒與日俱增，認為「移民奪走了他們的工作」。因此，越來越多的英國人民希望能夠按照自己的規則來控制國家，而不是一味遵循歐盟，導致英國退出歐盟。

●看重傳統與文化的人們

英國人十分重視傳統與文化，是各種運動的發源地。足球（Soccer）與英式橄欖球（Rugby）原先在英國都被稱為「Football」，自古以來在英國的學校便相當受歡迎，每個學校都有自己的玩法，沒有一個統一的規則，一直要到接近二十世紀，才產生嚴格限制運用手部的足球運動。

除此之外，被視為是棒球原形的板球、高爾夫球以及賽馬，也都起源於英國。大約在十六世紀，貴族間以自己的馬匹作為賭注進行賽跑，最終演變成今日的「優駿牝馬」、「東京優駿」等國際賽事。

作為工業革命的發源地，是一個傳統工業國家，擁有汽車、飛機、電子設備及其他

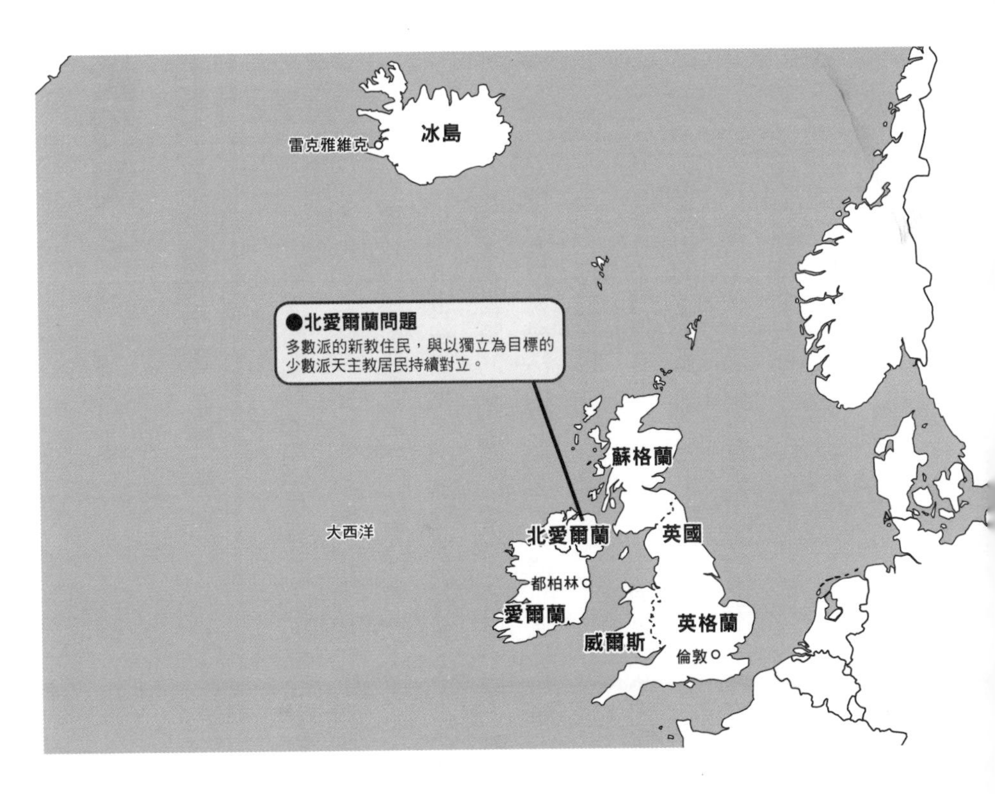

高科技技術。金融服務業也不斷地發展，倫敦已是與美國華爾街並駕齊驅的世界金融中心。

1922年愛爾蘭自由邦成立時，擁有較多新教居民的北愛爾蘭六郡選擇與英國分道揚鑣，建立獨立國家。但是少數派的天主教居民對此表示反對，發起了訴求統一愛爾蘭的獨立運動，在1960年末期開始，這場運動升級為武裝衝突。

希望受英國統治的新教教徒以及訴求愛爾蘭統一的天主教徒，兩者之間的對立至今仍未解決。

愛爾蘭

全名：愛爾蘭共和國
Ireland

凱爾特民族的綠色之島

面積：7萬㎢　首都：都柏林
人口：522．5萬　貨幣：歐元
語言：愛爾蘭語（官方語言）、英語（官方語言）
宗教：天主教78．3％
鄰國：英國（北愛爾蘭）

位於愛爾蘭島北端，佔據除了英屬北愛爾蘭以外的愛爾蘭島大部分地區，隔著聖喬治海峽與英國相望。愛爾蘭人是古代在歐洲各地紮根的凱爾特民族，威士忌一詞即源自凱爾特語「usquebaugh」，意味著「生命之水」，是世界最古老的威士忌產地。

十九世紀中葉，因馬鈴薯歉收造成大饑荒。雖然歐洲各地的馬鈴薯產量皆大幅減少，但在當時的愛爾蘭，超過三分之一以上的人口主要以馬鈴薯為食，導致數十萬人死亡、大量人民移民至美國。美國前總統約翰・甘迺迪以及迪士尼公司的創辦人華特・迪士尼，都是當時移民的後裔。

1937年制定新憲法，國名更改為愛爾蘭。第二次世界大戰後的1949年，作為共和國完全獨立，並正式脫離大英國協。大多數居民信奉天主教，而北愛爾蘭由於新教人口眾多，仍然留在英國統治之下，導致信奉天主教的愛爾蘭居民正以激烈的方式要求與愛爾蘭統一。

1973年為成歐洲經濟共同體（現為歐盟）的正式成員，1999年導入歐元。主要產業為金融、製藥、食品與飲料等，近年來經濟呈現穩定成長的狀態。

冰島

百分之百使用再生能源的冰河與火山之國

全名：冰島共和國
Iceland

面積：10・3萬㎢　首都：雷克雅維克
人口：35・4萬　貨幣：冰島克朗
語言：冰島語（官方語言）
宗教：冰島路德福音教（國教）62・3％

冰島位在世界上最北端的北大西洋島國，位於北極圈的正南方。除了冰河外，擁有活火山、岩原、溫泉，也能看見因板塊飄移造成的巨大裂谷帶。

西元870～890年期間，受到挪威人、蘇格蘭人以及愛爾蘭凱爾特人殖民，西元930年成立的「阿爾庭」為世界上最古老的民主議會。第二次世界大戰期間被納粹德國、英國和美國佔領，1944年獨立，成立冰島共和國。雖然在1949年加入了北約，但未加入歐盟。

全島有80％為火山地形，可耕地僅有1％，因此畜牧業是主要產業活動。以鱈魚和鯡魚為主的漁業蓬勃發展，大部分的漁獲都用於出口。身為捕鯨國之一的冰島，正在推動恢復商業捕鯨活動。另外，國內電力需求僅靠再生能源即足夠使用，其中水力發電佔69・1％、地熱發電佔30・9％（2019年資訊）。利用這種發電方式的鋁精煉是重要產業之一，位居世界第十名（2019年資訊）。近年來，冰島專注於發展旅遊業，連總統府都開放讓觀光客自由參觀。國民生活水準高、社會福利完善，兩性差異為世界數一數二的少，男性取得育兒休假的比例超過七成。

德國

品質精良且技術領先的歐洲第一工業國

全名：德意志聯邦共和國
Germany

面積：35・7萬㎢　首都：柏林
人口：7990・3萬　貨幣：歐元
語言：德語（官方語言）、俄語、土耳其語等
宗教：天主教27・1%、新教24・9%
鄰國：瑞士、法國、盧森堡、比利時、荷蘭、丹麥、波蘭、捷克、奧地利

位於歐洲中央地帶，北部臨北海和波羅的海，中部有平緩的丘陵起伏，南部為險峻的阿爾卑斯山脈，萊茵河、易北河等知名河流貫穿國土。

由日耳曼民族中的法蘭克人所建立的法蘭克王國在九世紀中葉分裂為三，其中之一的東法蘭克王國，其領地大約與現在的德國重疊。統一德國的中心人物是有「鐵血宰相」之稱的俾斯麥，在他的領導之下，德意志帝國於1871年誕生了。德國對日本明治時代以後的國家建設帶來了巨大的影響，包括大日本帝國憲法的制定。除此之外，如貝多芬等人的音樂、康德等人的哲學、歌德等人的文學，也紛紛傳入日本。

第二次世界大戰雖與日本同屬戰敗國，1949年，德國分裂為以美、英、法佔領的德意志聯邦共和國（西德），以及由蘇聯佔領的德意志民主共和國（東德）。

1989年秋天，要求民主化的公民示威活動迅速擴大，原本劃分東西的柏林圍牆被拆除，1990年10月3日，東德併入西德，實現了兩德統一。與此同時，戰前的首都柏林又再度成為首都。

備受世界矚目的環境問題解決方案

德國自古以來便相當重視製造業，以高技術水準為世界領先的工業國家之一。國民總所得（GNI）為全球第四名，僅次於美國、中國和日本（2019年資訊），進出口總額位居世界第三，僅次於中國和美國（2020年資訊）。其核心產業包括汽車、製藥和精密機械等，知名品牌包括福斯、BMW、奧迪、保時捷、賓士等高級轎車而聞名於世。

作為歐洲首屈一指的重工業國家之一，很早就面臨因萊茵河的水質污染、酸雨造成的森林破壞等種種環境問題。因此，德國十分熱衷於環境議題，例如將可回收零件導入汽車等工業產品中，並迅速發展再生能源等，2011年受到日本福島的嚴重核災問題影響，在2020年底決定全面停止核電廠的運作。作為歐盟的主要成員國，推動歐洲的一體化並尊重北約組織是其外交政策的基礎。德國與法國聯手在歐盟的經濟、貨幣和政治統合中，發揮了核心作用。

與歐洲其他溫暖的地區相比，糧食較為不足，發展出香腸及醃製品等耐久放的食物，其中香腸就有近一千五百種。由於豬隻是混合農業中不可或缺的家畜，德國是歐洲第二大的豬肉生產國，豬肉料理特別豐富。另外，國民相當熱愛啤酒，人均啤酒消費量為世界第五名（2020年資訊）。

荷蘭

全名：荷蘭王國
Netherlands

靈活利用水資源發展農業的國家

面積：4．2萬㎢　首都：阿姆斯特丹
人口：1733．7萬　貨幣：歐元
語言：荷蘭語（官方語言）、菲士蘭語、英語
宗教：天主教23．6％、基督教14．9％
鄰國：德國、比利時

位於歐洲西北部，東鄰德國、南接比利時、西部和北部臨北海。國土有四分之一位於海平面以下，水道和運河眾多，荷蘭人聰明地利用堤防與水壩等方式生活。曾經作為排水動力的風車現在仍被保存下來，彷彿見證著荷蘭的歷史一般。

1581年脫離西班牙，1648年在西發里亞條約下正式承認其獨立。透過1602年成立東印度公司向海外擴張，是江戶時代唯一透過長崎與日本進行貿易的歐洲國家，在維持外交貿易關係的同時，向日本傳遞了名為「蘭學」的學問與技術。

在農業和畜牧業方面，特徵是在沙丘上種植的花卉與蔬菜，也能見到以「圩田」進行牧草栽培的酪農業。尤其是廣受人們喜愛的鬱金香，自十六世紀自土耳其傳入以來，荷蘭直到今日都會在各地舉辦鬱金香節，生產量是世界第一。北部低地和北海生產天然氣，能源自給率幾乎為百分之百。近年來，煉油、化工、醫療、機械、食品等工業蓬勃發展，國家由農業國成功轉型為工業國。由於全球暖化導致海平面上升，面臨了可能會被海水淹沒的可能性，因此相當關心環境問題，資源回收率相當高。

比利時——歐洲各地文化交織的多語言國家

全名：比利時王國
Belgium

面積：3．1萬㎢　首都：布魯塞爾
人口：1177．9萬　貨幣：歐元
語言：荷蘭語（官方語言）、法語（官方語言）、德語（官方語言）
宗教：天主教50％
鄰國：荷蘭、德國、盧森堡、法國

與荷蘭、德國、盧森堡和法國接壤，北部臨北海。1830年脫離荷蘭獨立。政府規定在公共交通系統必須要同時標註法語與荷蘭語兩種語言，而英語也在觀光區廣泛使用，是多數人民都能夠說三國語言的多語言國家。因此，首都布魯塞爾是歐盟的主要機構以及北約總部的所在地。

早期因佛拉蒙大區的羊毛工業繁榮而成為商業中心，後來因豐富的煤炭資源而發展成為先進的工業國家。在煤炭業衰退後，由於引進外資而改變了產業結構，與鄰近各國進行經濟整合的結果之下，主要產業轉變為機械、化工、金屬和食品加工，十分仰賴進口與出口的貿易依存度，超過75％（2020年資訊）。

比利時是世界知名的巧克力出口國，而第二大城市安特衛普則是世界最大的鑽石城市之一。自十五世紀開始，從印度運輸而來的鑽石原石在港口停泊卸貨，即使到了現在，當地仍有許多鑽石加工廠。

另外，日本知名動畫「龍龍與忠狗」，其背景便是以與安特衛普毗鄰的一個村莊為範本，在安特普的聖母大教堂裡，可以看到在故事中出現的魯本斯畫作《基督升天》。

盧森堡

人均GDP世界頂尖的富裕國家

全名：盧森堡大公國
Luxembourg

面積：2586㎢　首都：盧森堡市
人口：64萬　貨幣：歐元
語言：盧森堡語（官方語言）、法語（官方語言）、德語（官方語言）
宗教：基督教（大多數為天主教）70．4％
鄰國：比利時、法國、德國

被比利時、法國和德國包圍的內陸小國，以擁有美麗森林與溪谷聞名的美麗國度。西元963年由亞爾丁地區的齊格菲一世建造，是當時神聖羅馬帝國西部疆界的一部分。因位處歐洲的十字路口，曾受過西班牙、法國、奧地利等大國的統治，作為重要的戰略都市而發展。1839年，西部地區割讓給比利時，形成了與現今大致上無異的盧森堡，首都的老城區已被列為世界遺產。在1890年解除與荷蘭共主邦聯，成為君主立憲制度。1945年加入聯合國，1948年與荷蘭、比利時締結荷比盧聯盟，並在1960年發展成為經濟聯盟。1949年放棄永久中立，加入了北約。1957年加入歐洲經濟共同體（現為歐盟）。

自1970年代以來，金融和保險業不斷發展，使盧森堡成為歐洲世界領先的金融中心之一，是世界上最富有、人均GDP最高的國家。近年來，極力招攬IT產業入駐，例如SKYPE便是將總部從愛沙尼亞轉移至盧森堡。日本的機器人製造商發那科和樂天集團也將歐洲總部設置於此。雖然它不是典型的高福利國家，失業率卻很低，國民所得差距與北歐國家一樣小。

法國

France

全名：法蘭西共和國

觀光客世界第一的旅遊大國

面積：64．3萬㎢　首都：巴黎
人口：6808．4萬　貨幣：歐元
語言：法語（官方語言）、普羅旺斯語、布列塔尼語
宗教：基督教（天主教為大多數）63－66％
鄰國：比利時、盧森堡、德國、瑞士、義大利、摩納哥、安道爾、西班牙

位於歐洲大陸的西部、夾在大西洋和地中海之間的國家，由法國本土和眾多島嶼組成，其中包括拿破崙的故鄉科西嘉島。本島的北部與西部為平地，土壤肥沃。義大利與瑞士的國界地帶為阿爾卑斯山與白朗峰，隔著庇里牛斯山與西班牙接壤，除了東北部之外皆被山與海圍繞。

現在的法國在西元前被稱為「高盧」，為凱爾特人所居住之地。西元前一世紀中葉被凱薩率領的羅馬軍隊征服。自西元四世紀開始，日耳曼語系民族紛紛遷徙，其中的法蘭克人開始在此定居，法國此名稱就來自於這個法蘭克民族。

十七世紀建造凡爾賽宮的路易十四確立了絕對君主制，在1789年的7月14日（這一天是現在法國的法國國慶日，又稱為巴士底日）由佔領巴士底監獄而開始的法國大革命，確立了民主化的實現。

法國是西歐最大的農業國，大部分糧食物皆自給自足，並向歐盟國家出口穀類以及世界生產量第二的紅酒和牛奶（2018年資訊）。工業部分不只是汽車、化學、機械、食品以及紡織業，航太產業也相當發達。此外，發電量方面以核電的比例最高，達

69．9％（2019年資訊）。

從法國的主要城市，可搭乘時速高達320公里的TGV高速列車前往比利時、盧森堡、瑞士、西班牙和義大利等國家，是商務往來和旅遊不可或缺的一部分。

傲視全球的文化與傳統

在十九世紀拿破崙三世和都市計畫師奧斯曼男爵的大力改造下，巴黎成為歷史與藝術之都。全國各地有許多知名觀光景點與美術館，例如收藏《蒙娜麗莎》的羅浮宮，以及漂浮在海上的聖米歇爾教堂。法國擁有豐富的觀光資源，旅遊收入和觀光客數量為世界第一（2019年資訊）。

可頌麵包、閃電泡芙與馬卡龍等甜點也聞名於世。法國料理與土耳其和中國並列世紀三大料理之一，紅酒、各式各樣的起司也廣受世界各地歡迎。另外，巴黎也是許多知名時尚品牌的所在地，其中包括1910年創立的香奈兒。

在外交方面，大力推動歐洲地區的整合。在追求法國獨特性的同時，也重視與德國之間的關係，並與美國維持良好合作。雖然對於歷史上與法國殖民關係深厚的中東、北非地區也積極表示關切，但由於大多數的移民皆生活貧困，並處於社會排斥的狀態，近年來法國成為歐洲發生最多恐怖攻擊事件的國家。

摩納哥

全名：摩納哥侯國
Monaco

世界首屈一指的奢華渡假勝地

面積：2㎢　首都：摩納哥
人口：3．1萬　貨幣：歐元
語言：法語（官方語言）、英語、義大利語、摩納哥語
宗教：天主教（國教）90％
鄰國：法國

座落在法國東南方，位於蔚藍海岸地區，是全世界面積第二小的國家。國土由摩納哥市中心（宮殿和政府機關所在地）、拉孔達米訥（港灣地區）、蒙地卡羅（娛樂地區）以及豐維埃耶（新興地區）等四個地區所構成。

政府實行君主立憲制，由格里馬爾迪一家世襲的大公擔任國家元首。2005年，依據法國與摩納哥締結的友好條約，法國保證即使格里馬爾迪家族沒有繼承人，摩納哥也仍是一個獨立國家，但是摩納哥的軍事防衛將繼續由法國軍隊執行。另外，法國放寬對於摩納哥的外交限制，摩納哥在與外國建交時不再需要徵求法國同意。

摩納哥以觀光為主要產業，其他產業還包括金融業、化工、精密機械、生物科技及醫療研究。特別是博弈業，擁有歐洲最大規模的賭場設施之一，成為來自世界各地富人造訪的豪華渡假勝地。

此外，賽車運動的巔峰賽事F1大獎賽也在摩納哥的街道上舉行，許多人會在周邊建築物或漂浮在地中海的遊艇上觀賽。日本對摩納哥的貿易中，香水和化妝品佔進口商品的45．9％（2019年資訊）。

瑞士

全名：瑞士聯邦
Switzerland

自然景觀壯麗的多文化與多語言國家

面積：4．1萬㎢　首都：伯恩
人口：845．4萬　貨幣：瑞士法郎
語言：官方語言（德語、法語、義大利語、羅曼什語）
宗教：天主教34．3％、新教22．5％
鄰國：德國、列支敦斯登、奧地利、義大利、法國

瑞士是位於阿爾卑斯山的內陸國，被德國、法國、義大利、奧地利和列支敦斯登包圍。境內有海拔四千公尺以上的高山連綿，其中位於瑞士與義大利交界的馬特洪峰（海拔4478公尺），作為阿爾卑斯山的象徵而聞名。瑞士是一個多民族、多語言的國家，周圍環繞著多國，容易受到侵略，因此保持中立以及國際合作是其外交基本方針。1815年獲得永久中立，此後一直保持此狀態。

在產業方面，以機械、化工、製藥等高科技、高附加價值的產業為主，酪農業也很興盛。據說由於瑞士的空氣清新和水源乾淨，特別適合製造鐘錶此類零件眾多的精密機械。蘇黎世擁有與倫敦、紐約齊名的國際金融市場，觀光收入也十分可觀。此外，冰河是國內重要的觀光資源，瑞士中南部的阿勒冰河全長約24公里。擁有美麗冰河景觀與壯麗山脈，為許多藝術作品提供了靈感，同時也被聯合國教科文組織列為世界遺產。

瑞士是國際紅十字會的誕生地。1859年，在第二次義大利獨立戰爭中，一名受傷的士兵被遺棄在路邊，瑞士商人亨利・杜南救了他，成為國際紅十字會的起源。

列支敦斯登

歐洲少數的貴族統治之國

全名：列支敦斯登侯國
Liechtenstein

面積：160㎢　首都：瓦都茲
人口：3.9萬　貨幣：瑞士法郎
語言：德語（官方語言）、阿勒曼尼語
宗教：天主教（國教）73.4%
鄰國：瑞士、奧地利

列支敦斯登是一個位於阿爾卑斯山腳下的內陸國家，被瑞士和奧地利包圍。面積約等同於0.6個臺北市，以美麗的群山、森林以及中世紀古堡聞名。

該國始於十七世紀末。列支敦斯登公爵第三代約翰・亞當公爵在1699年購買了施倫貝格莊園的貴族統治權，並於1712年購買了瓦都茲伯國的伯爵爵位，並於1719年獲得神聖羅馬帝國的自治權。1806年神聖羅馬帝國解體，自此完成獨立。列支敦斯登公爵家是歐洲最富有的王族之一，世代傳承元首職位。自1868年廢除軍隊以來，該國一直堅持非軍事化政策。因為歷史上的淵源，與鄰國瑞士及奧地利有著深厚的法律和經濟關係。

主要產業包括醫療設備、顯微鏡等精密機械與化工產品的出口，以及觀光業、金融業、發行郵票等事業。尤其是郵票，高品質的設計和優良的印刷技術，吸引了世界各地收藏家的關注，是國家的重要收入來源之一。在列支敦斯登開公司的營利事業所得稅低，也不需繳納個人所得稅，是知名的避稅天堂。從前因為擁有許多空殼公司而受到批評，但自2009年以來，發表了「列支敦斯登宣言」，進行了結構性的稅制改革。

奧地利

多瑙河畔的藝術之都維也納

全名：奧地利共和國
Austria

面積：8・4萬㎢　首都：維也納
人口：888・5萬　貨幣：歐元
語言：德語（官方語言）、土耳其語、塞爾維亞語
宗教：天主教57%
鄰國：德國、捷克、斯洛伐克、匈牙利、斯洛維尼亞、義大利、瑞士、列支敦斯登

位於歐洲大陸中央的內陸國，國土約有三分之二被阿爾卑斯山脈佔據，境內有陡峭的雪山冰河、山腰有著茂盛的牧草地，是一個自然環境得天獨厚的國家。多瑙河由西向東貫穿北部，首都維也納位於多瑙河流域的盆地，素有「藝術之都」之稱。十八世紀的傑出音樂家莫札特在維也納展現了音樂天才，成為聲名遠播的鋼琴家和作曲家。

自十三世紀後期，開始統治此地的哈布斯堡家族，透過與歐洲王室之間的通婚關係，擁有極大的影響力，其中最著名的成員之一是後來成為法國皇后的瑪麗・安東妮。第一次世界大戰中敗北，哈布斯堡家族的帝國瓦解，在第二次世界大戰中被納粹德國併吞。戰後，被英國、美國、法國和蘇聯四國瓜分和佔領，在1955年作為永久中立國重新獲得獨立。積極參與聯合國的維和行動，包括國際原子能總署及聯合國工業發展組織等機構都將總部設立於此。奧地利在1995年加入歐盟。

高山滑雪活動盛行，有許多滑雪勝地。位於中部地區基茨比厄爾的哈南卡姆山滑降賽道是世界盃高山滑雪比賽的賽場。

南歐・義大利半島

義大利與傳統的迷你小國

本書的南歐・義大利半島是指在地中海中部突出的長靴形半島上的所有國家。亞平寧山脈貫穿半島中部，東臨亞得里亞海，南部為伊奧尼亞海，西面第勒尼安海。半島上大部分都屬於義大利，除此之外還有聖馬利諾、馬爾他以及梵蒂岡等小國。

義大利是南北狹長的國家，面積30萬平方公里，約為臺灣的八倍大。北部有從阿爾卑斯山山脈延伸到亞得里亞海的波河平原，在中南部有縱貫南北的亞平寧山脈，地中海上有西西里島及薩丁尼亞島等島嶼。

大多數地區為溫帶氣候，南部則為典型的地中海型氣候，北部夏季多雨，主要集中在波河流域，因此受地中海型氣候的影響較弱。阿爾卑斯山抵擋了來自北方的寒流，因此冬季也很溫暖。

● 世界遺產數量為世界之冠

義大利境內共有58處世界遺產，在世界上排名第一（2021年資訊），其中大多數為文化遺產。

首都羅馬作為羅馬帝國的中心而繁榮，在西元前一世紀到西元四世紀統治地中海地區，採用先進的技術打造了各式各樣的宏偉建築。

在其他城市，中世紀和文藝復興時期建造的老城仍然保存完好，在此能夠看見人們與歷史建築共同生活的樣貌。此外，羅馬是天主教的本部（轄區包含羅馬市與梵蒂岡城國），大多數居民都信仰天主教。

外交方面，義大利積極推動歐洲一體化以及強化大西洋聯盟關係，採取重視以聯合國為首的各國關係為基本方針。

義大利
文化與歷史之國擁有的南北差距

全名：義大利共和國
Italy

面積：30.1萬㎢ 首都：羅馬
人口：6239萬 貨幣：歐元
語言：義大利語（官方語言）、德語、法語等
宗教：基督教80.8%（天主教佔絕大多數）
鄰國：法國、瑞士、奧地利、斯洛維尼亞、聖馬利諾、梵蒂岡

在西元前一～五世紀統治地中海沿岸地區的羅馬帝國，與古希臘相同，對後來的歐洲文化產生了深遠影響。首都羅馬仍然保留許多採用優秀技術建造的建築物，包括羅馬市中心的羅馬競技場，遊客可以近距離觀賞。

北義大利的都市自古以來便發展工商業。以「水都」聞名的威尼斯在西元十世紀透過與地中海東部的貿易開始興盛，被稱為「花城」的佛羅倫斯則發展了金融和羊毛工業。十四世紀，一種強調人性的自由、活潑的「文藝復興運動」從義大利北部開始發展，並於十五～十六世紀傳播到西歐其他國家。

此後，雖然義大利有長時間處於國土分裂的狀態，但在十九世紀後期實現了統一。第二次世界大戰作為軸心國戰敗後，墨索里尼政權於1943年垮台，1946年廢除君主制，1948年建立共和國。

代表歐洲的農業大國

義大利是一個農業發達的國家，農業生產量在歐盟排名第三，僅次於法國和德國

（2019年資訊）。由於國土南北狹長，因此南北氣候有所殊異，北部波河流域雨量充沛，有肥沃的平原綿延，成了糧食供給量豐富的穀倉地區。

另一方面，在山脈遍佈的南部進行地中海式農業，除了小麥之外，也生產了世界生產量第二名的葡萄與橄欖，以及世界生產量第六名的番茄等作物（2019年資訊）。酪農業也很興盛，製作了各式各樣的起司。

經濟發展加劇南北差距

隨著經濟的成長，1980年代以來第三級產業（供勞務或販賣商品的行業）迅速發展。北部的熱那亞、米蘭和都靈所組成的「工業鐵三角」是心臟地帶。熱那亞為義大利最大的港灣都市，都靈以汽車工業繁榮，米蘭則是作為國際時尚的中心地帶，紡織服裝業蓬勃發展。富裕的北方以工業為產業中心發展，貧窮的南部則以農業和輕工業為主。由於收入差距甚大，要消除這樣的南北差距成了國家的一大課題。另外，以波隆那及佛羅倫斯為主的北部至中部地區被稱為「第三義大利」，集中了生產名牌包的中小型在地企業，並出口到世界各地。

2021年，前歐洲央行總裁馬里奧．德拉吉出任義大利總理，提出透過經濟成長而非財政緊縮來實現經濟健全化的目標。

聖馬利諾

全名：聖馬利諾共和國
San Marino

被城牆圍繞的世界最古老共和國

面積：61㎢　首都：聖馬利諾
人口：3・4萬　貨幣：歐元
語言：義大利語（官方語言）
宗教：天主教
鄰國：義大利

位於義大利半島的中央偏東，大約在北緯44度的位置，是四面皆被義大利所圍繞的內陸小國。因為海拔較高，因此能遠眺亞得里亞海。

據說聖馬利諾的起源可追溯到四世紀初，當時為了躲避羅馬皇帝對基督徒的迫害，一位名叫聖馬利諾的石匠來到這裡建立了一個基督教社區。中世紀時期，利用地形上的天然屏障阻擋外敵入侵，持續守護著這裡，終於到1631年獲得羅馬皇帝承認其獨立。1862年與義大利締結友好條約，確立了現代國家的主權與獨立。該國經濟高度依賴義大利，透過通訊、郵政等業務與義大利有著密切的合作關係。

聖馬利諾是一座建在蒂塔諾山頂（海拔739公尺）的城市，周圍環繞著十三～十五世紀建造的城牆。這些還留有中世紀氛圍的街道，使聖馬利諾的歷史地區與蒂塔諾山被列為世界遺產。主要出口產品為石材和紅酒，主要的收入則是來自發行郵票、錢幣以及觀光收入。農作物有小麥與葡萄，也發展畜牧業。1992年加入國際貨幣基金組織（IMF），目前約與一百個國家建立了外交和領事關係。

梵蒂岡

全名：梵蒂岡城國
Vatican

天主教信仰中心的世界最小國家

面積：0．44㎢　首都：梵蒂岡
人口：1000　貨幣：歐元
語言：拉丁語（官方語言）、法語（外交用語）、義大利語（工作用語）等
宗教：天主教
鄰國：義大利

位於義大利首都羅馬市內的梵蒂岡山上、台伯河右岸，是世界上最小的獨立國家，其國界沿著城牆劃定，由瑞士籍的衛兵擔任警衛。1929年，與義大利政府締結《拉特朗條約》而成為獨立國家。以天主教教會為最高權力，國家的元首即為教皇。

國家財政方面，仰賴投資管理、郵票、硬幣、出版物以及各國教會的捐款。如果出現預算赤字，則以用於傳道與慈善事業的教皇獻金（彼得獻金）進行填補。另外，由於觀光客數量眾多，美術館等入場費用收入也很可觀。

1582年，日本九州地區的諸侯派遣了四名少年出使羅馬教廷，實際與羅馬教皇會面，這個使團的出現，讓許多歐洲人第一次知道了日本的存在。

聖彼得大教堂被列為世界遺產，是天主教的總部。它於西元324年由羅馬皇帝君士坦丁大帝建立。現在的大教堂為第二代，重建工作於西元1506年開始，加上布拉達曼特、拉斐爾以及米開朗基羅等人的作品，在1626年竣工。縱深186米，圓穹頂的高度為132．5公尺，可容納六萬人。米開朗基羅的知名作品《最後的審判》，位在隔壁羅馬教皇的居所、梵蒂岡宮殿祭壇後方的牆上。

馬爾他

全名：馬爾他共和國
Malta

漂浮在地中海正中央的小島國

面積：３１６㎢　首都：瓦勒他
人口：46．1萬　貨幣：歐元
語言：馬爾他語（官方語言）、英語（官方語言）
宗教：天主教（國教）90％以上

馬爾他是一個由地中海島嶼組成的國家，包括馬爾他島、哥佐島和科米諾島。西元前開始，先後受到腓尼基、迦太基、古羅馬的統治與侵略，九世紀到十二世紀則被伊斯蘭帝國統治。１８１４年成為英國殖民地，１９６４年成為大英國協的會員國，以馬爾他之名獨立。１９７４年改制為總統制，成為馬爾他共和國。

觀光業與製造業為經濟兩大支柱。傳統的造船、船舶修理及近年來擴張的半導體和紡織業為製造業中心，而作為外匯收入主要來源的觀光業，則彌補了貿易赤字。因為人口過剩且資源匱乏，主要物資依賴進口，並努力招攬海外投資和振興海域業務。黑鮪魚的養殖為歐洲首屈一指，與全球最大鮪魚消費國的日本有深厚的貿易關係。日本自馬爾他的進口品之中，有88．１％是在地中海養殖的鮪魚（２０２０年資訊）。

１９８９年在馬爾他海岸的郵輪上舉行的馬爾他峰會，由美國和蘇聯的領導人宣布了冷戰結束。來自北非等國的難民和移民問題懸而未決，與歐盟以及歐元區各國的積極合作是外交上的基本方針。

南歐・巴爾幹半島

種族衝突不斷重演的「歐洲火藥庫」

本書的南歐・巴爾幹半島，是指位於歐洲東南部、在地中海突出的各國。西邊為亞得里亞海、伊奧尼亞海，東北為黑海、東南面愛琴海，愛琴海上遍布著星羅棋布的島嶼。半島的尾端部分，有多瑙河流經並注入黑海。在多瑙河流域雖為平原綿延，但整體有地形複雜的眾多山脈在其中，因此平原分佈零散。

南部以及沿海地區屬於地中海型氣候，冬季多雨，夏季乾燥酷熱；內陸高原地區屬於大陸性氣候，冬季嚴寒。

這個地區自西元十四世紀至二十世紀初分別在北部歷經了奧匈帝國、南部鄂圖曼帝國的統治。因此，民族與宗教交錯繁雜，其界線與國界也不一致，導致民族衝突頻繁，歷史上被稱為「歐洲的火藥庫」。

眾多歷史建築物被列入世界遺產

巴爾幹半島的高地被森林覆蓋，部分地區雖種植小麥與玉米等作物，但大規模的農業十分罕見。另一方面，面臨亞得里亞海與伊奧尼亞海的克羅埃西亞與希臘沿海地區，

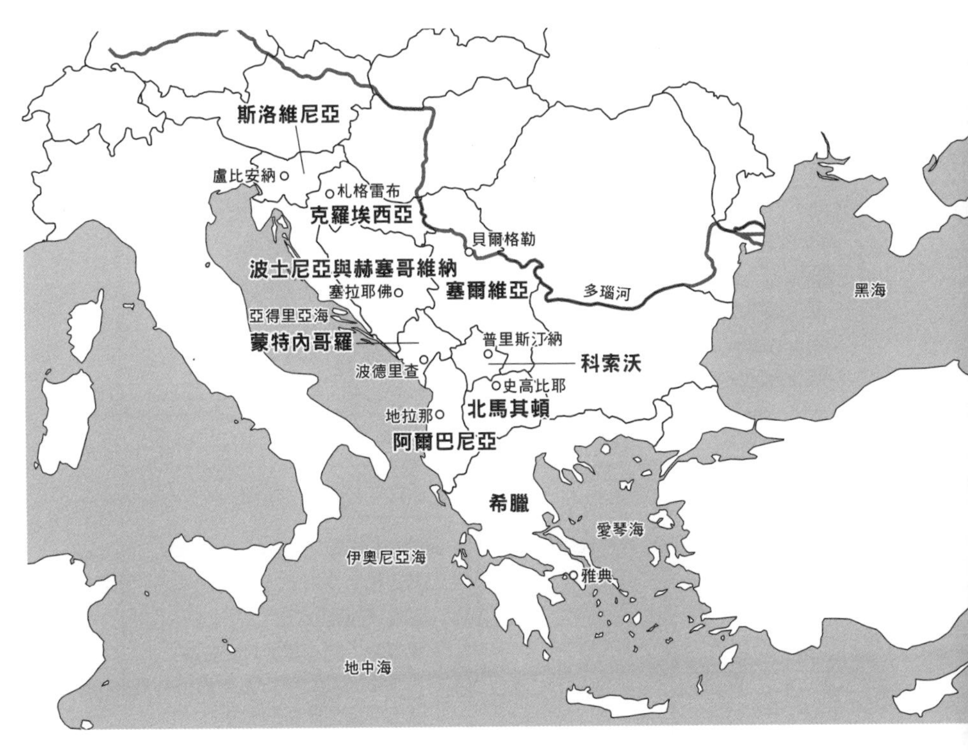

進行地中海式農業，種植能夠在夏季耐高溫乾燥的橄欖與葡萄。

雖然工業發展較晚，經濟上與歐洲各國相比較為落後，但巴爾幹半島仍然保留著古希臘羅馬時代的城鎮景觀和古老建築。

其中許多遺跡已被登錄為世界文化遺產，不只農業及礦產業，觀光業也成為支撐各國產業的重要支柱。

巴爾幹半島　分裂與獨立的歷史

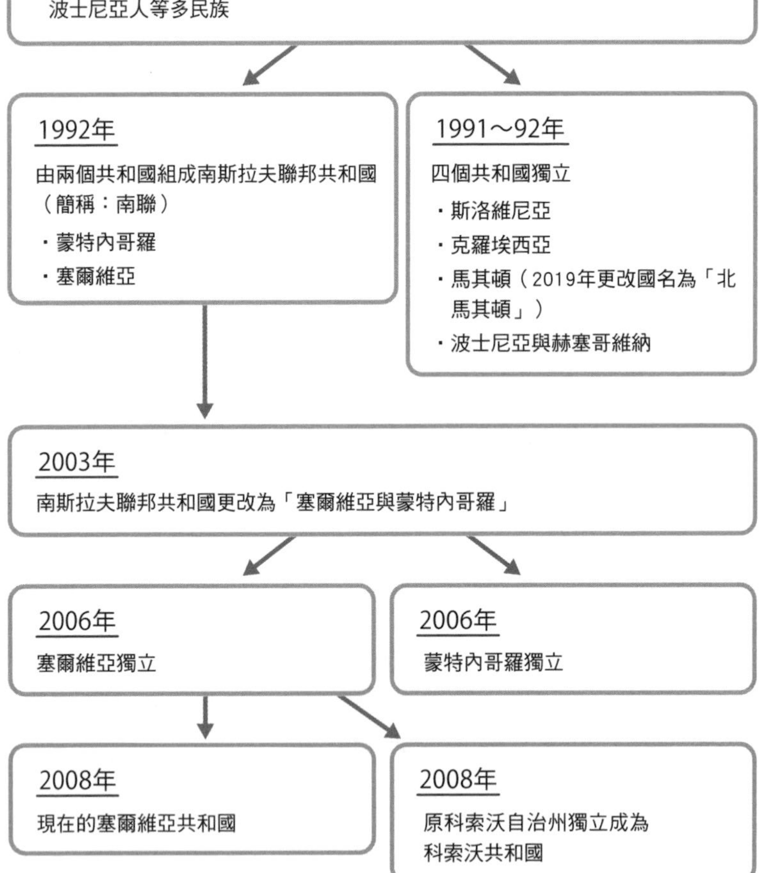

斯洛維尼亞

全名：斯洛維尼亞共和國

Slovenia

前南斯拉夫中最進步的工業化國家

面積：2萬㎢　首都：盧比安納
人口：210．2萬　貨幣：歐元
語言：斯洛維尼亞語（官方語言）、克羅埃西亞語
宗教：天主教57．8％
鄰國：奧地利、匈牙利、克羅埃西亞、義大利

國土的62％為森林（2017年資訊），是歐洲自然景觀最豐富的國家之一。多瑙河的支流薩瓦河，沿著阿爾卑斯山東端與奧地利的北部邊界流淌。朱利安阿爾卑斯山脈的特里格拉夫峰為全國最高峰，除了是國家的象徵外，也是斯洛維尼亞境內唯一一座國家公園的中心。在西南部有被稱為「喀斯特地形」的石灰岩高原，可以欣賞到總長度二十公里以上的波斯托伊納鐘乳石洞群。

國民有83．1％為斯洛維尼亞人，也居住著塞爾維亞和克羅埃西亞人。第二次世界大戰後，與塞爾維亞等國組成南斯拉夫社會主義聯邦共和國，但因與塞爾維亞人發生衝突，於1991年獨立。1992年，與克羅埃西亞、波士尼亞與赫塞哥維納等國同時加入聯合國，2004年加入北約與歐盟。

在前南斯拉夫中是最先進的工業化國家，人均國民所得為此地區最高。主要產業為汽車等運輸工業、電子機器、醫藥品、金屬加工，觀光業也是相當重要的產業。大約75％的出口銷往歐盟，在2007年開始使用歐元。農業方面則盛行種植啤酒花（啤酒的原料），生產量為世界第七名（2019年資訊）。

克羅埃西亞

全名：克羅埃西亞共和國
Croatia

擁有豐富自然環境與美麗的海岸線

面積：5．7萬㎢　首都：札格雷布
人口：420．9萬　貨幣：歐元（2023年起）
語言：克羅埃西亞語（官方語言）、塞爾維亞語、義大利語等
宗教：天主教86．3％
鄰國：斯洛維尼亞、匈牙利、塞爾維亞、波士尼亞與赫塞哥維納

克羅埃西亞位於巴爾幹半島西北部，面朝亞得里亞海的西南部有美麗的海岸綿延，北部的自然資源豐富，擁有許多溫泉。

儘管1991年宣布從南斯拉夫社會主義聯邦共和國獨立，反對國家分裂的聯邦軍隊卻對克羅埃西亞進行了軍事干預，隨後爆發與聯邦軍之間的戰爭。1992年加入聯合國，1995年與塞爾維亞政權簽署和平協議。由於1991～95年的種族衝突，大大改變了國內的人口結構，克羅埃西亞人從原本的75％成長至90％，塞爾維亞人自12％下降至4．5％。2009年加入北約，2013年加入歐盟。

種植小麥、玉米及橄欖等作物，造船業與釀酒業也相當興盛。日本自克羅埃西亞的進口品之中，有40．6％是在亞得里亞養殖的鮪魚（2020年資訊）。南部的杜布羅夫尼克在十三～十六世紀期間作為海上貿易城市而繁榮，是深受觀光客歡迎的城市。面朝亞得里亞海，橘色屋頂的城市景觀相當美麗，被稱為「亞得里亞海的珍珠」。此外，亞得里亞海上的赫瓦爾島，也是歐洲最受歡迎的渡假勝地之一。

波士尼亞

塞拉耶佛事件引發第一次世界大戰

全名：波士尼亞與赫塞哥維納
Bosnia and Herzegovina

面積：５．１萬㎞²　首都：塞拉耶佛
人口：３８２．５萬　貨幣：波赫馬克
語言：波士尼亞語（官方語言）、克羅埃西亞語（官方語言）、塞爾維亞語（官方語言）　宗教：伊斯蘭教50．7％、塞爾維亞正教30．7％、天主教15．2％
鄰國：克羅埃西亞、塞爾維亞、蒙特內哥羅

國土的大部分面積為山地，南部為第拿里阿爾卑斯山，喀斯特地形相當發達。該國唯一的海岸線是面向亞得里亞海的涅姆，總長不到二十公里，由於沒有大型港口，只能使用克羅埃西亞的普洛切港。

首都塞拉耶佛為１９１４年奧地利王儲夫婦被塞爾維亞青年暗殺的案發地點（塞拉耶佛事件），以此事件為契機，引發了第一次世界大戰。第二次世界大戰後的１９４５年，南斯拉夫社會主義聯邦共和國成立，雖然在１９９２年依照全民公投宣布獨立，但民族之間的衝突不斷，歷經三年半的混亂局勢，終於在１９９５年獲得和平。

主要民族為波士尼亞克人（穆斯林）、塞爾維亞人、克羅埃西亞人，宗教包括伊斯蘭教（遜尼派）、塞爾維亞東正教、天主教，是一個多民族與多元宗教的國家。

主要產業是木材業、礦業和紡織業，但持續到１９９５年的內戰為波士尼亞帶來了巨大破壞，拖延了工業的復甦。近年來，由於該國擁有豐富的自然和文化資源，旅遊業備受關注。冬季運動和足球很受歡迎，因為培養出前日本國家足球隊教練伊維察・奧西姆和瓦希德・哈利霍季奇而聞名。

塞爾維亞

全名：塞爾維亞共和國
Serbia

前南斯拉夫總統狄托之墓所在地

面積：7．7萬㎢　首都：貝爾格勒
人口：697．4萬　貨幣：塞爾維亞第納爾
語言：塞爾維亞語（官方語言）、匈牙利語、波士尼亞語等
宗教：塞爾維亞正教84．6％
鄰國：匈牙利、羅馬尼亞、保加利亞、北馬其頓、科索沃、蒙特內哥羅、波士尼亞與赫塞哥維納、克羅埃西亞

位於巴爾幹半島中央地帶，是被八個國家圍繞的內陸國。在與匈牙利接壤的北部，有一片肥沃的平原，佔據了匈牙利盆地的一部分，首都貝爾格勒則有多瑙河流貫。南部為高原與山地，在變化多端的自然環境下仍留有中世紀的城鎮景觀。

1991～92年，前南斯拉夫社會主義聯邦共和國的六國之中有四國宣布獨立，剩下的塞爾維亞與蒙特內哥羅兩個共和國便在1992年組成新的南斯拉夫聯邦。此後，克羅埃西亞和波士尼亞與赫塞哥維納宣布獨立，爆發了內戰；科索沃自治區也為了獨立陷入戰亂。2006年，隨著蒙特內哥羅宣布獨立，塞爾維亞將國名更改為塞爾維亞共和國。2008年，科索沃脫離塞爾維亞獨立。

在前南斯拉夫時期，有一位統一六個共和國的政治家狄托，逝世後就葬於首都貝爾格勒。每逢其逝世紀念日，便會有許多人至塞爾維亞造訪他的陵墓。

農業方面，種植小麥、玉米以及葡萄，西部地區則是種植覆盆莓。工業方面，金屬、機械（汽車）、紡織業等相當發達。另外，煤炭的生產量為世界第九名（2018年資訊），銅與鋅等資源也非常豐富。

蒙特內哥羅

壯麗山海景色綿延的國家

全名：Montenegro

面積：1．4萬㎢　首都：波德里查
人口：60．7萬　貨幣：歐元
語言：蒙特內哥羅語（官方語言）、塞爾維亞語、波士尼亞語
宗教：正教72．1％、伊斯蘭教19．1％
鄰國：波士尼亞與赫塞哥維納、塞爾維亞、科索沃、阿爾巴尼亞

蒙特內哥羅是面積只有臺北市1．3倍大的小國，西臨亞得里亞海，也是前南斯拉夫聯邦六個共和國中最小的一國。國土大部分地區都是石灰岩覆蓋的山區。國名在義大利語的意思是「黑色的山」，代表由黑色玄武岩構成的聖山——洛夫琴山。

前南斯拉夫解體後，雖然與塞爾維亞共和國組成了南斯拉夫聯邦共和國，但獨立運動卻根深蒂固。2003年，南斯拉夫聯邦共和國重新組建，將國名改為塞爾維亞與蒙特內哥羅。2006年，蒙特內哥羅透過公投決定獨立，塞爾維亞亦宣布獨立，塞蒙聯邦因而解散。

該國充分利用了豐富的旅遊資源，主要產業是觀光業。農業方面，種植橄欖與葡萄，工業方面則是生產鋁等製品。南部的科托灣被稱為「亞得里亞海的秘寶」，是歐洲最南端的冰河峽灣，自海面上矗立的懸崖與周圍遺留的中世紀古老街道並立，景色相當優美，同時也是國際郵輪的停泊港口。另外，在世界自然遺產的杜米托爾國家公園中的塔拉河谷，是歐洲最大的峽谷，全長有八十公里，最深處的高度落差高達一千三百公尺。

阿爾巴尼亞

全名：阿爾巴尼亞共和國
Albania

面向亞得里亞海的穆斯林國家

面積：2．9萬㎢　首都：地拉那
人口：308．8萬　貨幣：列克
語言：阿爾巴尼亞語（官方語言）、希臘語、馬其頓語
宗教：伊斯蘭教56．7％、天主教10％
鄰國：蒙特內哥羅、科索沃、北馬其頓、希臘

阿爾巴尼亞位於巴爾幹半島的西南部，從北到東與四個國家接壤，西臨亞得里亞海。境內有多座海拔一千公尺以上的山脈，靠近海岸的山脈之間有盆地和寬廣的河谷。

阿爾巴尼亞人的祖先為印歐語系，即巴爾幹半島的原住民伊利里亞人，但在長期受到鄂圖曼土耳其帝國的統治之下，阿爾巴尼亞人多數已成為穆斯林。現在國民有半數以上為穆斯林。

1912年獨立，第二次世界大戰後共產黨（勞動黨）持續著獨裁統治，然而在東歐革命的影響下，在1990年宣布終結一黨統治。為了重新融入國際社會並實現經濟復甦，國內開始改革計畫，但在轉向市場經濟時，出現了大規模的龐式騙局投資，損害波及全國。1997年，民眾武裝起義，局勢混亂不堪，但在同年六月的大選中，以社會黨為核心的聯合政府成立，龐式騙局引發的騷亂逐漸平息。

阿爾巴尼亞是歐洲最貧困的國家之一，許多礦產資源仍尚未開發。農業方面，種植適合地中海型氣候的橄欖與葡萄，工業則是以紡織業為主的輕工業。對岸的義大利為最大的貿易往來國，依賴著對歐元區的出口與移工從海外匯款回家的收入。

科索沃——2008年獨立的新國家

全名：科索沃共和國
Kosovo

面積：1．1萬㎢　首都：普里斯汀納
人口：193．5萬　貨幣：歐元
語言：阿爾巴尼亞語（官方語言）、塞爾維亞語（官方語言）、波士尼亞語
宗教：伊斯蘭教95．6%
鄰國：塞爾維亞、北馬其頓、阿爾巴尼亞、蒙特內哥羅

科索沃是位於巴爾幹半島中部的內陸國家，周圍環繞著塞爾維亞等四個國家。國土大致上分為東半部的科索沃地區，以及西半部的梅托希亞地區。科索沃地區為海拔超過一千公尺的高地，梅托希亞地區則是海拔五百公尺左右的盆地。最高峰是位於阿爾巴尼亞與蒙特內哥羅國界之間的賈拉維察山（2656公尺）。

曾經是塞爾維亞的一個自治區，人口約90%為阿爾巴尼亞人，經常與塞爾維亞少數民族發生激烈衝突。1990年後期，以阿爾巴尼亞組成的科索沃解放軍與南斯拉夫軍隊以及塞爾維亞勢力之間的紛爭，在北約的介入之下造成多人傷亡。2008年雖然宣布獨立，但不受俄羅斯與中國認可，也無法加入聯合國。目前以回歸歐盟、北約以及聯合國等國際組織為目標。

科索沃是前南斯拉夫中最晚開發的地區，因為依賴前南斯拉夫以及塞爾維亞的援助，沒有獨立的經濟體系。主要產業為小規模的家族經營，雖然擁有煤炭和鋅等礦產資源，但開採設備停滯不前。該國面臨許多挑戰，包括持續的貿易赤字、稅收不足、電力不足，以及年輕人的大量失業等問題，常仰賴來自海外移民的匯款以及外國援助。

北馬其頓

德雷莎修女誕生之國

全名：北馬其頓共和國
North Macedonia

面積：2．6萬㎢　首都：史高比耶
人口：212．8萬　貨幣：北馬其頓第納爾
語言：馬其頓語（官方語言）、阿爾尼亞語、土耳其語
宗教：馬其頓正教64．8％、伊斯蘭教33．3％
鄰國：科索沃、塞爾維亞、保加利亞、希臘、阿爾巴尼亞

北馬其頓幾乎位於巴爾幹半島的中央位置，是一個被五國包圍的內陸國家，全國大部分地區是高原。境內的古老湖泊奧赫里德湖和普雷斯帕湖皆被列為世界遺產，位在與阿爾巴尼亞的邊境上。

作為構成南斯拉夫聯邦的六國之一，在1991年自聯邦脫離，獨立建國。國土雖然為亞歷山大帝國而聞名的古代馬其頓王國之一部分，但現代馬其頓人（斯拉夫人）與古代馬其頓人（希臘人）之間並沒有直接關係。馬其頓的國名源自古希臘的馬其頓王國，因此希臘反對馬其頓使用該國名。2019年，兩國對更改國名達成共識，馬其頓更改國名為「北馬其頓」。

主要產業為農業，種植小麥、玉米、葡萄與菸草等作物。工業方面，橄欖油、紅酒以及啤酒的生產相當興盛。

北馬其頓在前南斯拉夫是發展較晚的地區。以救助貧窮人士為志業的諾貝爾和平獎得主德雷莎修女，正是出生於現今北馬其頓共和國的首都斯科普里，因此在斯科普里有一個紀念博物館，可以參觀德蕾莎修女的紀念碑。

希臘

全名：希臘共和國
Greece

古文明為歐洲文化帶來重大影響

面積：13・2萬km²　首都：雅典
人口：1057萬　貨幣：歐元
語言：希臘語（官方語言）
宗教：希臘正教81－90％
鄰國：阿爾巴尼亞、北馬其頓、保加利亞、土耳其

由愛琴海上約三千個島嶼組成的國家，包括巴爾幹半島東南部、伯羅奔尼撒半島和克里特島。地形多山，因此形成了複雜的海岸線。最大的島嶼是克里特島。

農業上除了生產量世界首屈一指的橄欖外，葡萄、棉花和菸草等栽培也相當盛行；資源方面，鋁土礦很豐富。因為背負著巨額債務，故須仰賴海外移民的匯款來填補貿易赤字。此外，希臘是歐洲文明的發源地，至今仍保留許多遺跡，因此觀光業相當發達。另一方面，航運業也蓬勃發展。

影響歐洲文化深遠的希臘神話與奧運會遠近馳名。奧運的起源原本是為祭祀眾神，約莫於西元前九世紀開始舉辦。此後，雖然在西元四世紀起停止舉辦古代奧運會，但國際奧林匹克委員會在十九世紀末成立，首屆現代奧運會於1896年在雅典舉行，並延續至今。

知名的帕德嫩神殿建於西元前五世紀，位在雅典衛城的小山上。其建築物的柱子有一個建築學上稱為「卷殺」的緩和曲線，相同的技法也出現在日本奈良縣法隆寺的主殿等建築物。

南歐・伊比利半島

伊斯蘭教與基督教的交匯，孕育出獨特文化

本書的南歐・伊比利半島，是指位於歐洲大陸的西南端，如同握拳形狀一般的各國。北邊是與法國之間接壤的庇里牛斯山，南邊是內華達山脈，隔著十四公里寬的直布羅陀海峽與非洲大陸相望。半島面積約為臺灣的2・5倍，其中西班牙佔該半島的五分之四，剩餘的部分則為葡萄牙。在庇里牛斯山脈中則有安道爾，英屬直布羅陀位於半島東南端。

半島大部分地區是一片廣闊的高原，此地形被稱為「梅塞塔」（西班牙語為「中央高原」之意），整體傾向西南西邊，是平均海拔600～750公尺的緩坡，被超過2000～3000公尺的山脈包圍。

北部的比斯開灣沿岸到西北部為全年有雨的海洋型氣候；與此相對的梅塞塔以及流經東北部的埃布羅河流域則為大陸性氣候，夏季非常乾燥。南部地中沿岸的加泰隆尼亞為地中海型氣候，氣候更加乾燥，因此能見到利用灌溉的果樹園藝農業。在高山地區冬季有雪，庇里牛斯山與內華達山的高海拔地區，可以看見永久積雪。

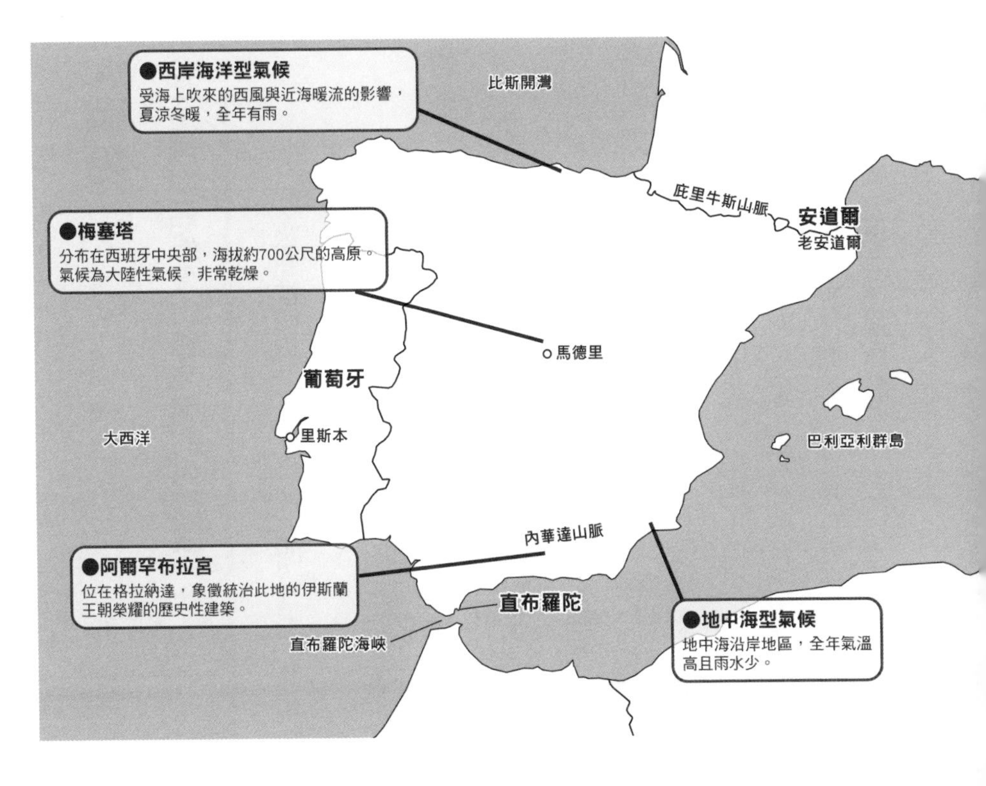

伊斯蘭教與基督教的歷史

在西班牙與葡萄牙約有七成以上的天主教徒。西元八世紀時，雖曾經一度被跨越直布羅陀海峽登陸的穆斯林統治，但到了十五世紀末，這片土地逐漸統一為基督教國家。

因為曾經受穆斯林統治，西班牙南部的安達魯西亞地區能看見融入伊斯蘭風格的建築物，例如位在格拉納達的阿爾罕布拉宮。

十五世紀之後，西班牙和葡萄牙成為地理大發現時代的要角，開始在全世界的海上巡航，對日本產生了巨大的影響，包括基督教和槍炮等的傳入。

安道爾

夾在法國與西班牙山谷之間的內陸國

全名：安道爾侯國
Andorra

面積：468萬㎢　首都：老安道爾
人口：8．6萬　貨幣：歐元
語言：加泰隆尼亞語（官方語言）、法語、西班牙語
宗教：基督教（主要為天主教）89．5%
鄰國：法國、西班牙

夾在法國與西班牙國境之間，是一個在庇里牛斯山脈峽谷之中的內陸國，首都老安道爾的海拔高度超過一千公尺。

為西元九世紀初誕生的西班牙邊境領地之一，以烏格爾伯爵的領地作為起源。1993年，議會中決議將安道爾主權歸還於民，烏爾赫爾主教和法國總統作為象徵性的元首，僅保留在外交、治安等方面的權力，並確立了議會民主制。官方語言為加泰隆尼亞語，人口構成方面，安道爾人為48．8%，西班牙人為25．1%（2017年資訊）。主要產業為觀光業、服務業以及金融業。

馬德留・佩拉菲塔・克拉羅爾谷被登錄為世界遺產。庇里牛斯山脈的大自然中，擁有密集的牧草地、山間小屋以及煉鐵廠等據點，可以看到山區人民七百多年來共同經營的生活與文化景觀。

曾經作為法國與西班牙的貿易中繼站，但作用逐年減弱，目前國家的收入多來自歐盟各國的進口關稅，並使用歐元流通。1993年加入聯合國，1994年加入歐洲議會，但並未加入歐盟。

西班牙

全名：西班牙王國
Spain

數量眾多的世界遺產與熱情慶典

面積：50．5萬㎢　首都：馬德里
人口：4726．1萬　貨幣：歐元
語言：西班牙語（官方語言）
宗教：天主教58．2%
鄰國：法國、安道爾、葡萄牙、直布羅陀

佔據了大半部分的伊比利半島，面朝地中海的西班牙，利用夏季高溫乾燥的地中海型氣候，發展了地中海型農業，橄欖與葡萄的生產量和種植面積皆為世界第一（2018年資訊）。

在地中海沿岸也有稻作，因此在山海的恩惠之下以其獨特的米飯料理「海鮮飯（Paella）」而聞名。此外，在原生林地區進行伊比利豬的放牧，這些豬隻以橡實和草根為食，所製作出來的伊比利火腿，被稱作是世界上營養價值最高的火腿之一，也大量銷往日本。

另一方面，西班牙的降雨少、日照時間多，擁有大片不適合農業的荒地，因此非常適合利用可再生能源發電。除了積極引進風力發電、使用大規模的太陽能板進行太陽光能發電之外，也積極投人大量反光鏡收集並儲存太陽熱量的太陽熱能發電廠。

主要產業為汽車、食品加工、化學製品等。礦產資源的產出量雖不多，但種類豐富，其中稀有金屬鍶的生產量為世界第一（2018年資訊）。觀光業也相當重要，2019年的遊客數量在全球排名第二，是一個旅遊大國。截至2021年，世界遺產登錄數達49個，排名世界第四。南部城市格拉納達有阿爾罕布拉宮，東北部城市巴塞隆納有高第的代表作聖家堂，吸引了來自世界各地的遊客。

在文化方面，以佛朗明哥及鬥牛的傳統文化頗負盛名。在被稱為「奔牛節」的聖費明節中，人們與公牛在大街上奔跑穿梭，而在有「番茄大戰」之稱的番茄節之中，則是以參加者互擲番茄聞名。除此之外，足球運動盛行，人氣足球隊巴塞隆納與皇家馬德里對戰時，吸引了全世界的關注。

各地區的官方語言以及獨立問題

西班牙是以十七個自治州以及兩個自治都市所構成的國家。各地區具有強烈的地方色彩，並使用獨立的語言。雖然標準西班牙語為中部地區的卡斯提亞語，但北部有巴斯克語、東北部有加泰隆尼亞語、西北部有加利西亞語等等，各地皆使用不同的方言。

因此，地方分權的趨勢強烈，傾向擴大自治權。特別是巴斯克和加泰隆尼亞兩地對於中央政府的反抗一直以來都很激烈。２０１７年，加泰隆尼亞州（州都為巴塞隆納）舉行了獨立公投，贊成票高達九成，然而中央政府採取了對抗措施，暫時限制了加泰羅尼亞自治政府的自治權，進一步加劇了對立。

葡萄牙

大航海時代的起點國家

全名：葡萄牙共和國
Portugal

面積：9・2萬㎢　首都：里斯本
人口：1026・4萬　貨幣：歐元
語言：葡萄牙語（官方語言）、米蘭達語
宗教：天主教81％
鄰國：西班牙

在地理大發現時代往返世界各地的葡萄牙，自古以來便與日本有很深的淵源，1543年，葡萄牙人漂流到種子島（位於今日的日本九州鹿兒島縣），將火槍帶入日本。天婦羅與金平糖便是在那時此後，南蠻貿易開始，向日本傳入了歐洲的文化以及知識。天婦羅與金平糖便是在那時自葡萄牙傳入日本的。1582年，來自日本的四名少年（天正遣歐少年使節）被派往歐洲，在葡萄牙登陸，並在位於里斯本的耶穌會聖洛克教堂駐留。

農業方面，盛行種植橄欖、葡萄和橡樹等地中海式農業，有「葡萄牙的紅寶石」之稱的波爾圖紅酒（北部杜羅地區製造之高酒精濃度的紅酒）相當有名。日本對葡萄牙的貿易主要出口汽車、一般機械，進口商品則是衣類以及相關附屬品、有機化合物等商品。貿易長期呈現赤字狀態，主要透過觀光收入以及海外工作者的匯款來補足。

葡萄牙的人口雖然僅有一千萬人左右，但因為巴西曾是葡萄牙的殖民地，亦以葡萄牙語作為官方語言，因此全球約有兩億人口以葡萄牙語為母語。

直布羅陀

Gibraltar

歐洲大陸的最後一個殖民地

面積：7㎢
人口：3萬　貨幣：直布羅陀鎊
語言：英語（官方語言）、西班牙語
宗教：天主教72．1％

以約翰藍儂與小野洋子舉辦婚禮而聞名的直布羅陀，位於伊比利亞半島的東南端，是一個突出的小半島，南北長約5公里、東西寬1．2公里。東臨地中海、南面直布羅陀海峽、西面直布羅陀灣。北側為低地，是聯繫著西班牙本島安達魯西亞州的赫雷斯－德拉弗龍特拉與砂州之間的內陸聯繫島。

擁有眺望直布羅陀海峽的優良海港，控制著對岸非洲大陸進出地中海的戰略要地，被稱為「地中海之鑰」，軍事和海上交通都備受重視，即使是現在仍有英軍駐守。半島的大半部分是由海拔426公尺的石灰岩以及頁岩形成的岩山，擁有「聖石」之稱，自古以來便被視為通往西方航海的「海格力斯之柱」之一。山中有鐘乳石洞，遊覽路線上有利用鐘乳洞空間打造而成的音樂廳，是世界上罕見的奇觀。

自1713年的《烏得勒支和約》以來，英國一直統治著直布羅陀，但西班牙仍持續要求歸還。直布羅陀為歐洲唯一僅存的「殖民地」，且爭奪的兩國都是歐盟成員國，紛爭已長達三百年，因此在世界領土問題中具有獨特的地位。

第 3 章

非洲

地中海
利比亞
埃及
紅海
蘇丹
厄利垂亞
查德
阿拉伯海
吉布地
非共和國
南蘇丹
衣索比亞
索馬利亞
烏干達
肯亞
基伍湖
盧安達
剛果民主共和國
蒲隆地
塞席爾
坦干依喀湖
坦尚尼亞
印度洋
馬拉威湖
葛摩
馬拉威
尚比亞
莫三比克
馬達加斯加
辛巴威
模里西斯
波札那
南非
史瓦濟蘭
賴索托

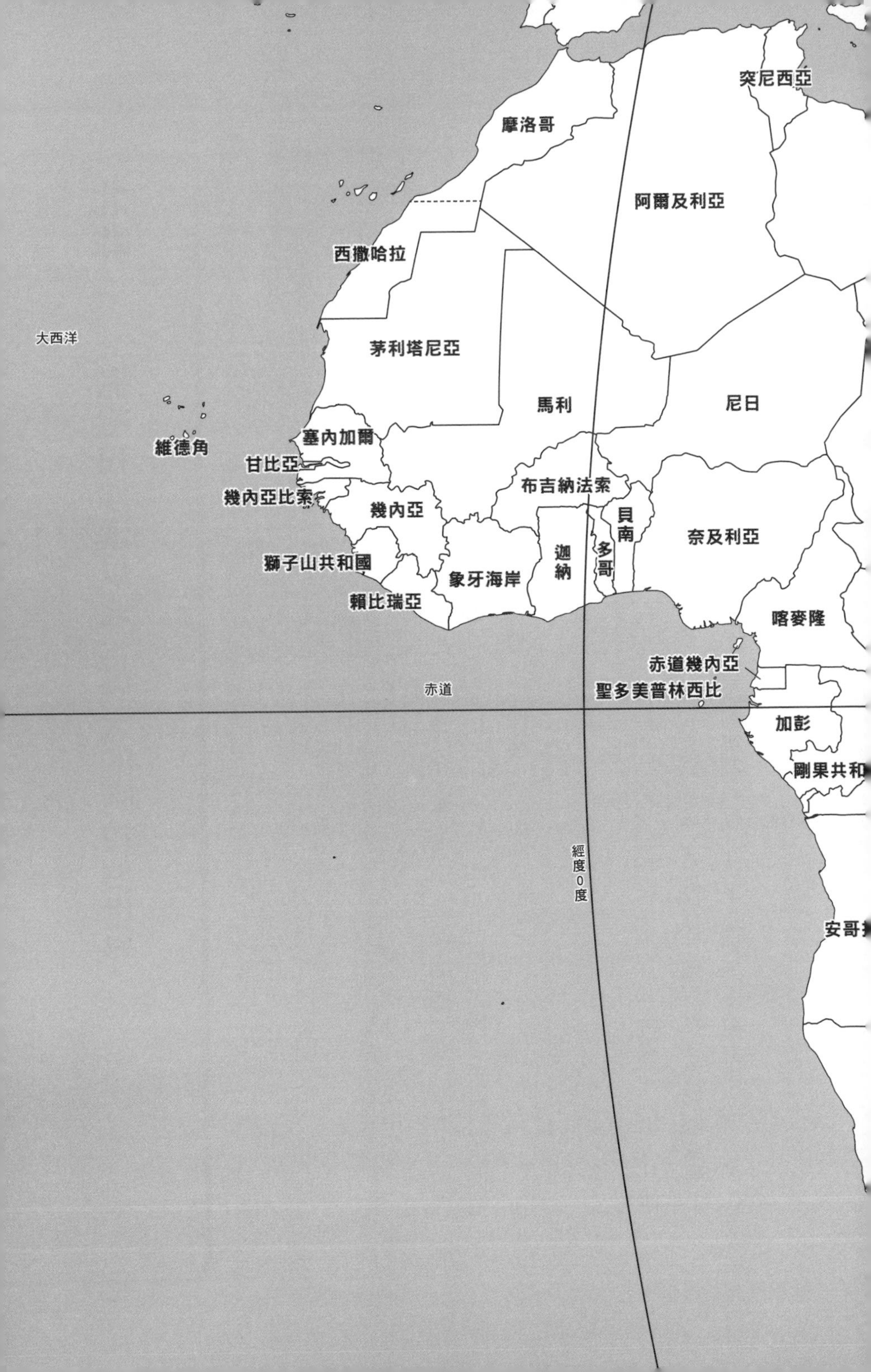

突尼西亞
摩洛哥
阿爾及利亞
西撒哈拉
大西洋
茅利塔尼亞
馬利
尼日
維德角
塞內加爾
甘比亞
布吉納法索
幾內亞比索
幾內亞
貝南
奈及利亞
多哥
迦納
獅子山共和國
象牙海岸
賴比瑞亞
喀麥隆
赤道幾內亞
赤道
聖多美普林西比
加彭
剛果共和
經度0度
安哥

北非

撒哈拉沙漠以北，廣大的阿拉伯世界

北非以古埃及文明的發源地被廣為人知。從埃及到西撒哈拉的撒哈拉沙漠以北地區，與撒哈拉沙漠以南的非洲有著極大的差異。在文化和宗教上為伊斯蘭文化，白人為主的阿拉伯人居多，同時也以阿拉伯語作為官方語言。

特別是自突尼西亞一直延伸至阿爾及利亞、到摩洛哥等地區被稱為「馬格里布」。這個詞彙在阿拉伯語為「日落之地」，最初是指使用阿拉伯語的西部地區。馬格里布地區早在古代就有被稱為柏柏爾人的沙漠原住民居住，而西元七世紀之後，來自阿拉伯半島的阿拉伯人帶著伊斯蘭教來到這裡，並傳播了伊斯蘭文化。

阿拉伯之春

在北非，除了摩洛哥以外，自十六世紀開始便受到鄂圖曼土耳其帝國的統治，其他的非洲各國也一樣，在十九世紀末被法國和英國等國家分割成為殖民地。多數國家雖然在１９５０年獨立並改採共和制度，但反對專制政權的抗爭運動仍持續不休，到了２０１０年代，展開了被稱作「阿拉伯之春」的民主化運動。

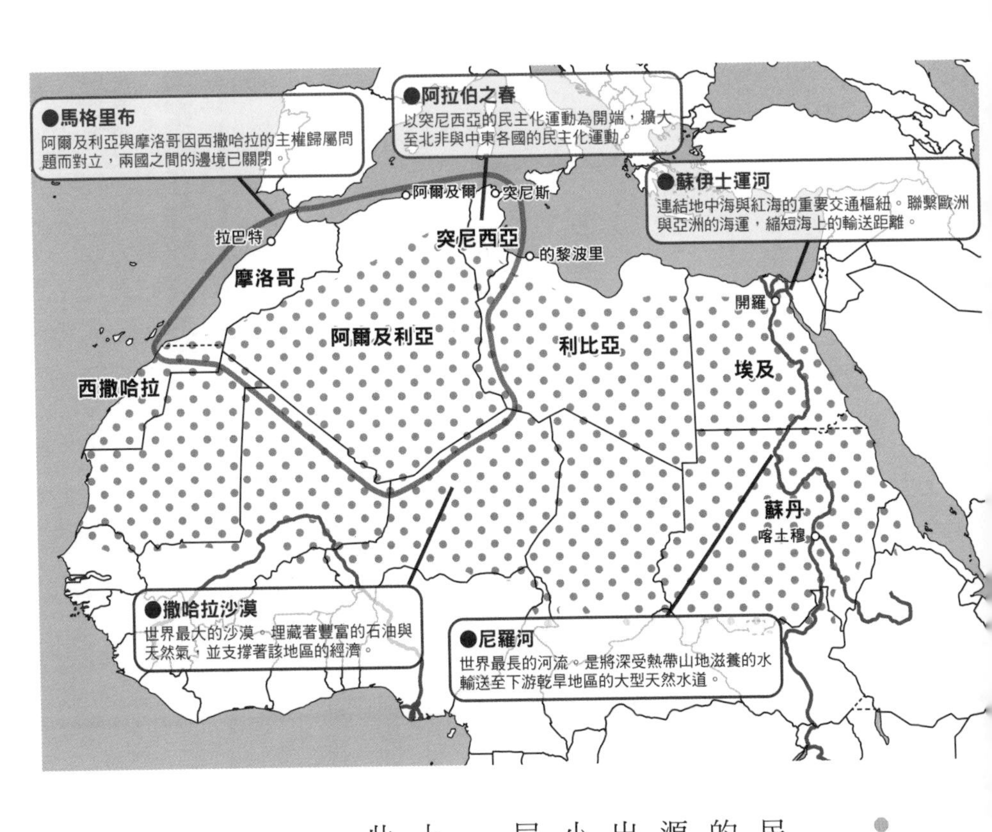

●馬格里布
阿爾及利亞與摩洛哥因西撒哈拉的主權歸屬問題而對立，兩國之間的邊境已關閉。
●阿拉伯之春
以突尼西亞的民主化運動為開端，擴大至北非與中東各國的民主化運動。
●蘇伊士運河
連結地中海與紅海的重要交通樞紐。聯繫歐洲與亞洲的海運，縮短海上的輸送距離。
阿爾及爾
突尼斯
拉巴特
突尼西亞
的黎波里
摩洛哥
開羅
阿爾及利亞
利比亞
埃及
西撒哈拉
蘇丹
喀土穆
●撒哈拉沙漠
世界最大的沙漠。埋藏著豐富的石油與天然氣，並支撐著該地區的經濟。
●尼羅河
世界最長的河流。是將深受熱帶山地滋養的水輸送至下游乾旱地區的大型天然水道。

支撐經濟的石油

北非與西亞之間，不僅在文化和民族方面有共同之處，也都擁有廣闊的沙漠自然環境以及豐富的石油資源。有些國家的經濟是由沙漠中生產出的石油支撐。此外，這裡進行種植小麥以及水果的地中海型農業，以及尼羅河周邊的灌溉農業。

身為歐洲的舊殖民地，地理位置上只隔著地中海，距離十分接近，因此在貿易和其他方面仍然與舊宗主國（舊殖民地本國）有著密切的關係。

埃及

中東與非洲的交會點

全名：埃及阿拉伯共和國
Egypt

面積：100・1萬㎢　首都：開羅
人口：1億643・7萬　貨幣：埃及鎊
語言：阿拉伯語（官方語言）、英語、法語
宗教：伊斯蘭教（主要為遜尼派）90％、基督教10％
鄰國：利比亞、蘇丹、以色列、巴勒斯坦（加薩走廊）

位於非洲大陸東北端，與西亞接壤。尼羅河位在埃及東邊的沙漠地區，貫穿全國呈南北流向，河口形成了廣闊的三角洲，周邊有許多綠洲城市。

古埃及在西元前曾經繁榮一時，之後接連受到羅馬帝國以及鄂圖曼帝國的統治。十九世紀成為英國的殖民地，1922年以王國的方式獨立。第二次世界大戰之後，透過一場以現代化為目標的政變轉為共和制度。作為聯繫地中海以及紅海的要地，將在十九世紀中葉開通的蘇伊士運河納為國有，同時展開了為整治與灌溉尼羅河所建造的亞斯文大壩建築計畫。另外，作為阿拉伯各國的領袖，也參與了巴勒斯坦問題，在中東和平問題上肩負著重要角色。在內政方面，自1980年代開始的獨裁政權在2011年解體，在這之後政局一直呈現不穩定的狀態。

該國的經濟主要依靠石油出口、古代遺跡觀光收入以及蘇伊士運河的通行費。但是，由於政治動盪以及恐怖攻擊的影響下，觀光收入大減。主要貿易夥伴為歐盟各國，其次為阿拉伯國家。雖然尚未達成糧食自給，但仍有生產穀類、蔬果等作物，椰棗的生產量居世界之冠。

蘇丹

全名：蘇丹共和國
Sudan

內戰導致全世界最嚴重的人道危機

面積：186．1萬㎢　首都：喀土穆
人口：4675．1萬　貨幣：蘇丹鎊
語言：阿拉伯語（官方語言）、英語（官方語言）、努比亞語
宗教：伊斯蘭教遜尼派為多數
鄰國：埃及、厄利垂亞、衣索比亞、南蘇丹、中非共和國、查德、利比亞

國土面積為非洲大陸中第三大的國家。北部雖為沙漠，但若往南部前進，便轉為雨季與乾季分明的氣候。首都喀土穆位於青尼羅河與白尼羅河（青尼羅河來自衣索比亞的塔納湖，白尼羅河則源自肯亞、坦尚尼亞和烏干達的維多利亞湖）的滙流處，周圍的肥沃土地進行著灌溉農業。南部為油田地區，當地開採的石油經過喀土穆，沿著油管運輸至紅海沿岸的東北部港口蘇丹港。

自1899年開始受到英國與埃及的統治，在1956年獨立。國教為伊斯蘭教，並依據伊斯蘭律法制定國家法律。穆斯林佔總人口的七成，幾乎居住在北部地區。另一方面，基督教信徒主要分佈在南部，獨立時，兩地區雖統一為一個國家，但因南北對立而爆發了長達四十年的內戰。

結果，南部於2011年獨立為南蘇丹共和國。南部是一個石油豐富的地區，其獨立導致蘇丹的石油產量減少。另外，在西元2000年代，西部的達佛地區爆發了阿拉伯民族與非洲諸民族之間的內戰。這場衝突擴大成世界上最大的人道主義危機之一，導致約三十萬人死亡，約兩百萬人成為難民或流離失所，局勢持續不穩定。

利比亞 Libya

經濟高度依賴石油與天然氣

面積：176萬㎢　首都：的黎波里
人口：701．1萬　貨幣：利比亞第納爾
語言：阿拉伯語（官方語言）、標準摩洛哥柏柏語、義大利語、英語
宗教：伊斯蘭教（國教，實質上全部為遜尼派）96．6％
鄰國：埃及、蘇丹、查德、尼日、阿爾及利亞、突尼西亞

利比亞有著悠久的歷史，是從古代地中海沿岸而來的腓尼基人所建立的殖民城市。十六世紀起成為鄂圖曼帝國的領土，二十世紀初，地中海對岸的義大利人侵略，成為其殖民地。第二次世界大戰中，受到英國與法國的聯合統治，在1951年以聯邦制王國宣布獨立。

1969年，軍人格達費主導的政變成立了共和國，以社會主義與阿拉伯民族主義為根基建設國家。在1970年代，將國際石油資本的石油公司納為國有，1980年代因全球接連發生的恐攻事件，與歐美國家產生激烈對立。2011年，隨著鄰國突尼西亞爆發了茉莉花革命，反政府運動也在利比亞蔓延，最終發展成為內戰。長達四十二年的格達費獨裁政權瓦解，但之後國內各派勢力之間的對立仍然持續。

除了北部地中海沿岸的溫暖氣候地區外，國土有八成以上都是沙漠，農耕地不超過國土面積的1％。位處內陸的沙漠地區在1959年發現石油，其儲藏量是非洲最大的。出口的九成為石油與天然氣，而進口的八成以上為工業製品，經濟方面高度依賴石油收入。

突尼西亞

民主化運動「阿拉伯之春」的導火線

全名：突尼西亞共和國
Tunisia

面積：16．4萬㎢　首都：突尼斯
人口：1181．1萬　貨幣：突尼西亞第納爾
語言：阿拉伯語（官方語言）、法語
宗教：伊斯蘭教（國教）遜尼派99％
鄰國：利比亞、阿爾及利亞

位於非洲東北部，面朝地中海，南北長約850公里的狹長國土，北部延伸到阿特拉斯山脈的東部屬於地中海性氣候，進入內陸地區便轉變為草原氣候，南部則為沙漠氣候。在北部地區的最北端，可以看見古代腓尼基人建立的迦太基古城遺址，後來被羅馬帝國摧毀，現已被列為世界遺產。

1881年以來受到法國的統治，第二次世界大戰後，在1956年獨立成為王國，並在隔年成立共和國。自1980年代以來的專制政治引發反對聲浪，2010年爆發的反政府示威活動「茉莉花革命」在隔年推翻了政權。這場運動蔓延到整個阿拉伯世界，開始了名為「阿拉伯之春」的民主化運動。

在後來的體制建設中，調解伊斯蘭保守派以及世俗派之間對立的組織「突尼西亞全國對話四方集團」，在2015年獲得諾貝爾和平獎。但是，伊斯蘭激進派的恐怖攻擊仍不斷發生，對這個資源貧乏且仰賴觀光資源的國家造成了打擊。

在沙漠為主的北非，國土農地面積比例相對較高，生產小麥、橄欖和椰棗等作物。另外，因人事成本低廉，也生產服飾與機械類設備，並銷往歐洲。

阿爾及利亞

全名：阿爾及利亞人民民主共和國
Algeria

從法國獨立的社會主義市場經濟國家

面積：238.2萬km²　首都：阿爾及爾
人口：4356.7萬　貨幣：阿爾及利亞第納爾
語言：阿拉伯語（官方語言）、標準摩洛哥柏柏語、法語
宗教：伊斯蘭教（國教，主要為遜尼派）99%
鄰國：突尼西亞、利比亞、尼日、馬利、茅利塔尼亞、摩洛哥、西撒哈拉

擁有非洲最大的國土面積，其中八成以上為撒哈拉沙漠。北部是與鄰國摩洛哥相連的阿特拉斯山脈，地中海沿岸則分佈著許多氣候穩定的都市。

首都阿爾及爾位於地中海岸，擁有被稱作「卡斯巴赫」的迷宮狀古城，已被列入世界遺產。錯綜複雜的街道中充滿了曲折的小巷和陡峭的階梯，並保存了傳統的住宅與宮殿、清真寺和公共澡堂（Hammam）。這種城市結構在十六～十七世紀間對周圍國家的城市規畫產生了重大影響。

1830年被法國佔領而成為其殖民地，但在第二次世界大戰後發起獨立運動，在1962年取得獨立。獨立之後，雖然在社會主義國家的政策之下經濟有所成長，但很快地在1980年代轉向市場經濟，並推進企業民營化。自1990年代以來，隨著伊斯蘭基本教義的興起，不斷發生恐怖攻擊事件。

經濟方面，石油與天然氣外銷佔總出口95%，佔全國財政收入35%（2016年資訊）。在沙漠中建設了從內陸運輸至地中海沿岸的輸油管線。農業方面，地中海沿岸種植小麥、橄欖和椰棗等作物。貿易夥伴主要是義大利、法國和西班牙等國家。

摩洛哥

全名：摩洛哥王國
Morocco

西撒哈拉的歸屬問題懸而未決

面積：44．6萬㎢　首都：拉巴特
人口：3656．2萬　貨幣：摩洛哥迪拉姆
語言：阿拉伯語（官方語言）、標準摩洛哥柏柏語、法語
宗教：伊斯蘭教（國教）遜尼派99％
鄰國：阿爾及利亞、西撒哈拉

阿特拉斯山脈橫跨國土中央呈東西走向，是非洲大陸罕見的地殼運動活躍且地質年代較新的山脈。最高峰超過海拔四千公尺，周邊地區地震頻繁。這座山脈北側沿著地中海，擁有溫暖的地中海氣候，包括首都拉巴特和最大城市卡薩布蘭加等許多都市。位處直布羅陀海峽與西班牙相望之處，兩國之間可以乘坐渡輪往返。進入南部的內陸地區，降雨量減少，氣候乾燥。

1921年雖為西班牙與法國所有，但在1956年獨立成為王國。即使是現在，在地中海沿岸仍殘存著受西班牙統治的城市。2011年，受周邊國家民主化運動的影響，進行了擴大首相權限的憲法修改。

在外交方面，致力於維繫與阿拉伯和非洲國家、以及最大的貿易夥伴歐洲和美國的關係。另一方面，與東鄰的阿爾及利亞受到西撒哈拉主權問題的影響，歷經了數十年的緊張關係，兩國邊界自1994年以來便是封鎖狀態。2021年，阿爾及利亞更進一步宣布與摩洛哥斷交。農業方面，生產小麥、橄欖和水果，礦業以磷礦為主，觀光業與漁業也支撐著經濟。

西撒哈拉

摩洛哥持續控制的非獨立地區

全名：撒拉威阿拉伯民主共和國
Western Sahara

面積：26．6萬㎢　首都：堤法里尼（事實上）與阿尤恩（宣稱）
人口：59．7萬　貨幣：摩洛哥迪拉姆
語言：阿拉伯語　宗教：伊斯蘭教佔多數
鄰國：阿爾及利亞、摩洛哥、茅利塔尼亞

位於撒哈拉沙漠的西側、面朝太平洋之處，國土幾乎為沙漠。雖然在十九世紀為西班牙的殖民地，在1975年，當時大約僅有35萬國民的摩洛哥，為了主張擁有西撒哈拉的主權而跨越了邊境（史稱「綠色進軍」），西班牙因此放棄了統治權。摩洛哥與茅利塔尼亞對此地進行了劃分，其後茅利塔尼亞在1979年放棄了統治權。

在阿爾及利亞的支持下，為了追求西撒哈拉的獨立，當地的武裝反抗組織波利薩里奧（西撒哈拉民族解放陣線）進行了抵抗，並與摩洛哥之間發生了戰爭。1976年，波利薩里奧在阿爾及利亞的首都阿爾及爾建立流亡政府，宣布成立撒拉威阿拉伯民主共和國，獲得了一些非洲國家的承認。但是，與宣稱擁有領土主權的摩洛哥之間的衝突持續存在，1991年雖在聯合國的仲裁之下達成停火協議，但摩洛哥仍然有效管轄此地區，並建造了南北綿延2700公里的隔離牆「摩洛哥牆」。

考慮到與摩洛哥的關係，許多先進國家並未承認撒拉威阿拉伯民主共和國為一個獨立國家。對於日本來說，摩洛哥是重要的水產品貿易夥伴，美國與法國在政治及經濟上也支持摩洛哥，雖不承認西撒哈拉是國家，但也不容許摩洛哥併吞西撒哈拉。

西非

擁有奴隸貿易與殖民分割歷史的國家

本書的西非地區，是指下頁地圖中所示的十六個國家。為了振興貿易和經濟合作以及政治上的協調活動，建立了西非國家經濟共同體（茅利塔尼亞於2000年退出）。

如果從歐洲搭船出發，這裡是最接近熱帶非洲的位置。從十五世紀地理大發現時代開始，歐洲各國便相繼進入非洲，獲取大量奴隸並將他們送往南北美洲，進而成為殖民地的統治者。因此，幾內亞灣沿岸被冠以如穀物海岸、象牙海岸、黃金海岸和奴隸海岸等地名，這些名稱源自歐洲國家所需的資源。

若仔細觀察地圖，會發現有許多國家呈現出狹長的形狀，沿著河流向內陸延伸。這是因為歐洲各國在沿岸地帶建立了港口城市，並以此為據點進入內陸，是殖民地劃分競爭的結果。

● 沙漠化是一個重大問題

該地區的南部是熱帶氣候，北部則是撒哈拉沙漠的延伸。

北部普遍信仰伊斯蘭教，南部則信仰基督教，各自有廣大的信仰圈。

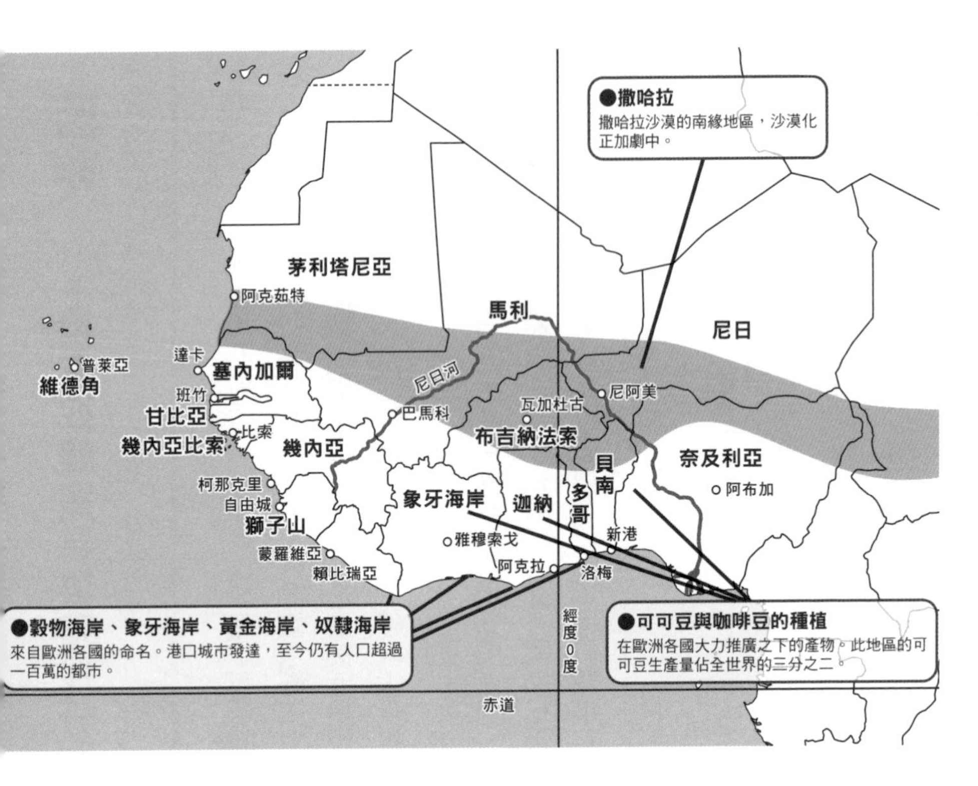

在撒哈拉沙漠的南緣，沙漠化急遽發展，成為一個重大問題。因人口增加以及貨幣經濟的滲透，畜牧業養殖的牲畜數量過度增加，農民縮短了休耕期，導致植被稀少，土地漸漸走向荒蕪。

生活變得困難的人們紛紛遷移到城市。在這個地區，人口密度很高，因此在幾內亞灣沿岸有許多人口超過一百萬的城市。

維德角

全名：維德角共和國
Cape Verde

海外人口比本國居民還要多

面積：4033㎢　首都：普萊亞
人口：58．9萬　貨幣：維德角埃斯庫多
語言：葡萄牙語（官方語言）、葡萄牙語系克里奧爾語
宗教：天主教77．3％

位於大西洋的島國，塞內加爾維德角半島西方約四百公里處。由北部的向風群島與南部的背風群島組成的火山群島。

十五世紀，葡萄牙人登陸並將其納入葡萄牙領土，用來進行奴隸交易。國名為葡萄牙語之中的「綠角」之意。

儘管是被海洋環繞的小島，但因為海上有一股名為加那利寒流的海流通過，年降雨量極少，每年僅有150～300毫米，乾旱頻繁。此外，每年十一月～三月，有來自撒哈拉沙漠被稱為「哈麥丹風」的沙塵暴吹拂，使得氣候更加乾燥。

因氣候乾燥、水資源缺乏，不適合發展農業。由於沒有明確的主要產業，許多人前往葡萄牙和美國等地打工或定居，海外居民的數量比本國人口還要多，是該國的一大特徵。因此，來自海外的匯款佔了維德角約20％的GDP，是一個重要的收入來源。

首都普拉亞位於南部，人口約十六萬人。第二大城明德盧位於北部，是一個可以停泊大型船隻的補給港，也是日本船隊捕捉鮪魚的基地，色彩繽紛的房屋林立。

茅利塔尼亞

日本進口章魚最多的國家

全名：茅利塔尼亞伊斯蘭共和國
Mauritania

面積：103．1萬㎢　首都：諾克少
人口：407．9萬　貨幣：茅利塔尼亞烏吉亞
語言：阿拉伯語（官方語言）、富拉尼語、索寧克語、沃洛夫語、法語
宗教：伊斯蘭教（國教）
鄰國：阿爾及利亞、馬利、塞內加爾、西撒哈拉

國土約有九成以上為撒哈拉沙漠，即使是位於海岸的首都諾克少，年降雨日數也僅約十天左右，年降雨量不超過一百毫米。

自古以來為阿拉伯文明與非洲文明的交會之地，北部居住著阿拉伯人、南部則為黑人。雖是由多種不同民族構成的國家，但在宗教方面皆信仰伊斯蘭教，並試圖以此促進不同民族的融合，將國名取為「伊斯蘭共和國」，是繼巴基斯坦之後的第二個伊斯蘭共和國。位於首都東北約４５０公里的欣蓋提為撒哈拉沙漠的入口，當地人稱之為「伊斯蘭的第七大聖地」。

該國出產鐵礦石，並以世界上最長的貨運列車運輸至海岸。這列火車全長三公里，共有兩百多節車廂。這列火車在乾燥大地上奔馳的畫面十分壯觀。

國內出產的章魚銷售至日本，佔了日本章魚進口量約三分之一。由於當地人不喜歡吃章魚因此無發展漁業，日本援助機構ＪＩＣＡ（獨立行政法人國際協力機構）所派遣到當地的年輕人注意到了這一點，經過漁業指導，使今日的章魚出口為當地帶來了高收入。但是，由於過度捕撈而造成漁獲量下降，保護資源已成為迫切需要。

塞內加爾

首都是北大西洋奴隸貿易的關鍵據點

全名：塞內加爾共和國
Senegal

面積：19・7萬㎢　首都：達卡
人口：1608・2萬　貨幣：西非法郎
語言：法語（官方語言）、沃洛夫語等的方言
宗教：伊斯蘭教95・9％
鄰國：茅利塔尼亞、馬利、幾內亞比索、幾內亞、甘比亞

首都達卡位於突出至大西洋的半島上，是非洲大陸的最西端。這個半島稱為維德角半島，成為鄰國國名「維德角」的由來。如果從歐洲南下，沿著非洲大陸的大西洋沿岸前進，一路上都是沙漠，然而達卡的年降雨量超過五百毫米，植被豐富，因此得到「Verde」之名，在法語之中為「綠色」之意。

達卡擁有曲折蜿蜒的天然良港，發展成為橫跨大西洋的貿易商港。海上的戈雷島曾為奴隸貿易的據點，荷蘭在此建立收容奴隸的「奴隸之家」。後來該島被法國接管，於1978年被列為「負面遺產」的世界文化遺產。法國在此設立了總統府，成為法屬西非的管理據點。

達卡曾經是世界上最困難的賽車活動「達卡拉力賽」的終點站，該賽事從法國首都巴黎出發，需歷時兩週穿越撒哈拉沙漠而聞名。但在2008年的賽事中，一名法國觀光客在茅利塔尼亞遭受恐怖攻擊而喪命，從此取消了在非洲的賽事。

法國小說家聖・修伯里在擔任法國航空郵政公司飛行員時，曾於撒哈拉沙漠墜機，據說他在達卡北方聖路易的一家飯店內完成了《小王子》這部著作。

甘比亞

非洲大陸面積最小的細長國家

全名：甘比亞共和國
Gambia

面積：1．1萬㎢　首都：班竹
人口：222．1萬　貨幣：達拉西
語言：英語（官方語言）、曼丁卡語等方言
宗教：伊斯蘭教96．4%
鄰國：塞內加爾

東西長約三百公里、南北僅五十公里，是一個非常狹長的國家。除了甘比亞河口以外，幾乎被塞內加爾包圍，這是殖民地分割競爭之下的典型國土特徵。

海拔最高點為73公尺，地勢平坦，甘比亞河流緩緩流經其中，運輸相當便利。十五世紀中葉，葡萄牙人透過甘比亞河進入內陸地區運輸奴隸以及黃金，後來英國和法國也相繼進入該地區。英法兩國相爭的結果，在1783年成為英國的殖民地，英國在甘比亞河河口建立了今日的首都班竹。雖然是一個被法國殖民地包圍的小國，但擁有甘比亞的英國卻獲得了巨大的利益。

甘比亞下游的昆塔・金特島（Kunta Kinteh Island）成為了奴隸貿易中心地。島名「Kunta Kinteh」是根據被販賣到美國的奴隸昆塔・金特的故事《尋根》而改名的，而《尋根》一書後來被改編成電視劇，在美國獲得了破紀錄的高收視率。

如今，造訪昆塔・金特的故鄉、在甘比亞河搭乘遊艇等參觀活動受到歐美遊客的喜愛，觀光業已成為甘比亞的主要收入來源。主要產業為農業，生產花生與稻米等作物。

幾內亞

全名：幾內亞共和國
Guinea

面積：24・6萬km²　首都：柯那克里
人口：1287・8萬　貨幣：幾內亞法郎
語言：法語（官方語言）、富拉尼語等其他方言
宗教：伊斯蘭教89・1%、基督教8%
鄰國：幾內亞比索、塞內加爾、馬利、象牙海岸、布吉納法索、賴比瑞亞、獅子山共和國

首都科那克里年降雨量世界最多

幾內亞的氣候分為明顯的雨季和乾季。雨季受到西南季風的影響，沿岸地區有大量降雨。首都柯那克里年均溫為26・5度，年降雨量為3622毫米，是世界上年降雨量最多的首都。

國土的中央地帶為山地，有西非最大的尼日河、甘比亞河以及塞內加爾河等河川流過，因此被稱作「西非水壩」或「西非水塔」。

人口因過半數從事農業，幾內亞共和國的農業可說自給自足。支撐該國經濟的主要資源是鋁土礦，其埋藏量為世界的三分之一。此外，金礦開採也佔出口量近四成。

1958年，幾內亞比周邊國家更早進行了公民投票，宣布獨立。據說獨立時，法國帶走了地圖，因此日本測量師歷經四年在該地丈量地圖。說到幾內亞與日本之間的關係，在日本發展的藝人奧斯曼・桑肯就是來自這個國家，他向家鄉捐贈了日本的文具、衣服以及二手醫療設備，還在當地建立了小學。

幾內亞比索

擁有眾多巴西移民後裔的國家

全名：幾內亞比索共和國
Guinea-Bissau

面積：3.6萬㎢　首都：比索
人口：197.6萬　貨幣：西非法郎
語言：葡萄牙語（官方語言）、幾內亞比索克里奧語（葡萄牙語系）等
宗教：伊斯蘭教42%、基督教22.1%、精靈信仰15.9%
鄰國：塞內加爾、幾內亞

被北部的塞內加爾以及東南部的幾內亞共和國包圍，西鄰大西洋的小面積國家。境內無山，高處海拔僅310米，是一片廣闊的平原。另外，海域處有近一百座島嶼，低窪的沿岸地帶有紅樹林綿延。全年高溫，首都比索全年的氣溫大約為27度，有雨季與乾季，在乾季有從撒哈拉沙漠吹來、被稱為哈麥丹風的東風，使得氣候乾燥。現在的國名是以首都比索命名的。

該國沒有突出的產業，出口產品約有八成為腰果，可以說是國家收入的主要來源。因此，這個國家是全球經濟上最貧窮的國家之一，超過60%的人口生活在貧窮線之下。國內既無鐵路，也沒有完善的道路。由於曾經是葡萄牙的殖民地，擁有許多巴西移民的後裔，據說比索的嘉年華會和里約嘉年華一樣熱鬧。

受政變和內戰的影響，加上該國島嶼眾多，這裡被認為是南美洲輸送毒品至歐洲的轉運站。

在日本三重縣的鳥羽水族館裡，有一隻捕獲自該國熱巴河的西非海牛，外型與儒艮相似，但生活在河流之中。

馬利

訴說著往日榮光的古都廷巴克圖

全名：馬利共和國
Mali

面積：124萬㎢　首都：巴馬科
人口：2013．8萬　貨幣：西非法郎
語言：法語（官方語言）、班巴拉語等方言
宗教：伊斯蘭教93．9％
鄰國：阿爾及利亞、茅利塔尼亞、塞內加爾、幾內亞、象牙海岸、布吉納法索、尼日

西元三世紀至十一世紀為迦納王國，十三世紀至十六世紀為馬利帝國與桑海帝國，各自皆曾經在此地繁榮發展，現在的名稱是以馬利帝國命名。

位於國土中央地帶的廷巴克圖曾是遊牧民族圖阿雷格人的棲息地。位於撒哈拉沙漠南端，為西非最大的尼日河最北端的位置，因此成為橫斷撒哈拉沙漠的貿易中心。在馬利帝國與桑海帝國時代被稱為「黃金之城」，是伊斯蘭世界的中心。

十九世紀末成為法國殖民地後，鄰近大西洋的巴馬科便被選定成為首都。開始種植棉花，也在內陸三角洲開發水田。另一方面，廷巴克圖因為脫離了主要貿易路線且深受沙漠化影響，昔日榮景不再。作為「黃金之城」的時代所留下的建築物與街道得以保存下來，在1988年被登錄為世界文化遺產。此外，在與廷巴克圖同一時期且以貿易城市發展的傑內，市內的清真寺以泥土和日曬磚瓦建造，因外觀上有無數凸起的刺狀圓木（用於維修時攀爬使用）而聞名。

馬利最大的出口產品為黃金，佔整體出口量約三分之二。雖為內陸國，但整體地形平坦，南部屬於熱帶草原氣候，人口眾多，農業如稻米等作物相當盛行。

獅子山

全名：獅子山共和國
Sierra Leone

面積：7・2萬㎢　首都：自由城
人口：680・7萬　貨幣：獅子山利昂
語言：英語（官方語言）、英語系克里奧爾語及方言
宗教：伊斯蘭教77・1％、基督教22・9％
鄰國：幾內亞、賴比瑞亞

首都自由城是奴隸解放運動的起點

面朝大西洋，內陸地區與幾內亞及賴比瑞亞接壤。國名的由來是因為葡萄牙人稱其為「獅子山（Sierra León）」。

雖然在此地區也曾發生奴隸貿易，但在十八世紀後期，英國爆發了奴隸廢除運動，1787年，被解放的奴隸便送往此地。最初，許多移民因當地的抵抗和瘧疾而死亡。但在這之後，開始建設自由城，解放的奴隸開始定居於此，並在1808年成為英國殖民地。自由城及其南部信仰基督教，而北部信仰伊斯蘭教的人口較多。

首都自由城的年均溫為26度上下，有明顯的雨季與乾季，年降雨量可達2700毫米，海岸地帶的紅樹林茂密。

主要產業是鑽石開採，卻因鑽石礦權問題引發長達十二年的激烈內戰（在2002年結束），走私活動猖獗。2014年，伊波拉病毒爆發，導致經濟陷入嚴峻局面。

主食為稻米，雖然其消費量在非洲位居前位，但在國內仍無法自給自足。

賴比瑞亞

全名：賴比瑞亞共和國
Liberia

非洲第一個共和國，誕生首位女總統

面積：11．4萬㎢　首都：蒙羅維亞
人口：521．4萬　貨幣：賴比瑞亞元
語言：英語（官方語言）、克佩爾語等方言
宗教：基督教85．6％、伊斯蘭教12．2％
鄰國：獅子山、幾內亞、象牙海岸

賴比瑞亞的國名取自「自由」（liberty）。該國的海岸曾被稱為「胡椒海岸」，但在1822年，美國殖民協會籌集了資金收購此地，並將非洲裔美國解放奴隸遷移至此處。1847年，宣布獨立為共和國。首都蒙羅維亞便是以建國當時給予援助的美國總統蒙羅為由來。

1996年，非洲首位女性國家元首誕生於賴比瑞亞，2005年，非洲第一位民選女總統瑟利夫當選，她是哈佛大學出身的經濟學家，2011年成功連任，並獲得諾貝爾和平獎。

商船擁有量僅次於巴拿馬，排名世界第二，這歸功於便利的船隻入籍制度以及低廉的手續費，但實際上在該國航行的船隻卻不多。主要出口產品為黃金，佔了出口額的一半。雖然鐵礦石和橡膠也是重要的出口商品，但經濟狀況仍然嚴峻。

首都蒙羅維亞有一條被稱為「日本高速公路」的道路。這是因為日本提供政府開發協助計畫，援助當地的修復工程，政府為了感謝日本，特地將道路改名。這條道路已在2021年完工。

象牙海岸

全名：象牙海岸共和國
Cote d'Ivoire

面積：32・2萬㎢ 首都：雅穆索戈
人口：2808・8萬 貨幣：西非法郎
語言：法語（官方語言）、迪烏拉語等方言
宗教：伊斯蘭教42・9％、新教17・2％、福音派11・8％
鄰國：賴比瑞亞、幾內亞、馬利、布吉納法索、迦納

可可豆的生產・輸出皆為世界第一

國名源自於法語，意思是歐洲人曾經稱之為「象牙海岸」的地區。雖然首都在1983年遷移至內陸的雅穆索戈（人口二十萬以上），行政機關卻幾乎留在先前的首都阿比尚。阿比尚是一個人口超過四百萬人的西非大城市。由法國建設，擁有優良的港灣機能而發展。

主要產業為種植可可豆，其生產和出口量佔世界近四成。不過，相較於象牙海岸，日本自迦納進口的可可豆數量卻更多。生產農地的規模十分零星，在可可豆種植園有來自馬利與布吉納法索運來的童工，衍生出童工雇用的問題。其他出口品包括黃金，以及自1993年開始出產的原油。

經濟發展相當順利，被稱作是「西非的優等生」，自2012年以來，每年保持約7～9％的高經濟成長率。

足球在這個國家非常盛行，曾任日本國家隊總教練的菲利普・杜斯亞，在1993年出任象牙海岸國家隊的總教練。另外，前日本國家隊總教練瓦希德・哈里霍季奇也在2008～10年出任象牙海岸國家隊的總教練。

布吉納法索

Burkina Faso

提供日本約三分之一的芝麻進口量

面積：27・4萬㎢　首都：瓦加杜古
人口：2138・3萬　貨幣：西非法郎
語言：法語（官方語言）、摩西語等方言
宗教：伊斯蘭63・2％、天主教24・6％
鄰國：馬利、象牙海岸、迦納、多哥、貝南、尼日

雖為內陸國，但境內地形起伏不大，大部分地區海拔都在三百公尺以下。有數條伏塔河的支流流經此地，獨立時的國名便以此命名為「上伏塔」。1983年發生軍事政變後，新政府將國名改為現在的國名，在當地語言裡意指「正直高潔之人的土地」。

產業以農業為主，棉花是最大出口產品。另一方面，芝麻的產量也很豐富，產量居世界前十名。從布吉納法索出口至日本的商品中，芝麻佔了將近99％；此外，進口到日本的芝麻約有三分之一都來自這裡。對於布吉納法索的芝麻生產，日本也提供了技術上的協助。

最重要的出口商品是黃金，支撐著該國的經濟。但是，開採的勞動力有三分之一為兒童，造成了童工問題。由於國內缺乏良好的工作機會，許多人前往鄰國象牙海岸等地尋求工作機會。

在鄰近迦納國境的蒂埃貝萊，有著獨特的幾何圖案住宅。其入口僅有60公分高，這是為了要預防猛獸的入侵。

迦納

細菌學家野口英世研究黃熱病之地

全名：迦納共和國

Ghana

面積：23．9萬㎢　首都：阿克拉
人口：3237．3萬　貨幣：迦納塞地
語言：英語（官方語言）、阿散蒂語等方言
宗教：基督教71．3％、伊斯蘭教19．9％
鄰國：象牙海岸、布吉納法索、多哥

沿著本初子午線（零度經線）在伏塔河流域的平原地帶綿延的國家。1965年，為了整治河川，建造了沃爾特水庫用於水力發電，是世界上最大規模的人造湖之一。

北非和中南非之間的貿易活躍，西元八～十一世紀之間以迦納王國之名興盛。十七世紀時，透過奴隸貿易得到助力的阿散蒂王國也繁榮一時。中南部地區的庫馬西以可可豆的集中地發展，成為該國第二大城市。該國海岸地區被稱為黃金海岸，黃金與奴隸成為被掠奪的對象。1957年，領先其他中南非國家率先取得獨立，首任總統為恩克魯瑪，採取議會民主制度。

主要產業包括可可豆等農業產品以及黃金，還有2007年在海域處發現的石油。因石油收入而經濟成長快速，在世界銀行中列為中等收入國家。

數次被提名諾貝爾獎的日本細菌學家野口英世，曾經在首都阿克拉研究黃熱病，於研究進行期間在此逝世。他曾任職的醫院實驗室至今仍保存著當時的樣子，並建立了表揚其成就的野口紀念花園。另外，迦納大學也設置了野口紀念醫學研究所。每年，迦納都會舉辦日本夜來祭（YOSAKOI）等節慶活動，顯示對日本的高度關注。

多哥

沿岸曾是奴隸海岸，南北細長的國家

全名：多哥共和國
Togo

面積：5．7萬㎢　首都：洛梅
人口：828．3萬　貨幣：西非法郎
語言：法語（官方語言）、卡比耶語等方言
宗教：基督教42．3％、傳統信仰36．9％、伊斯蘭教14％
鄰國：迦納、布吉納法索、貝南

南北距離雖超過五百公里，但東西狹隘僅有五十公里，是南北細長的國家。東部有莫諾河流經，在下游地區成為與貝南之間的國境。海岸地區曾被稱作奴隸海岸，1885年成為德國的殖民地，第一次世界大戰後成為法國的殖民地。當地生產啤酒，多哥啤酒行業正處於快速發展的階段。

首都洛梅的人口超過八十萬人，是一個都市圈人口約有180萬人（2015年資訊）的大城市。近郊雖有出產磷礦，但產量呈下降趨勢。雖為農業國，但以自給式農業為主，幾乎沒有相關工業。多哥人的主食是一種稱為「大蕉」的長型煮食蕉，其甜度低，通常用來烤或油炸。

從多哥到奈及利亞一帶，為了與靈魂對話或祈求健康，製作了各式各樣的面具。北部少數民族巴塔馬利巴人建造的古帕瑪庫已被列入世界文化遺產。巴塔馬利巴人居住在傳統的部落之中，他們的房屋被稱為「塔奇恩塔（Takienta）」，這種房屋是以獨特的宗教觀為基礎所建。在泥屋中，以數個兩層樓的塔為形狀，小窗戶被認為代表眼睛，入口象徵嘴巴。屋內也會飼養家畜，並且擁有不受炎熱夏季影響的儲藏庫。

貝南

全名：貝南共和國
Benin

水上城市甘比耶：奴隸貿易的遺跡

面積：11．3萬㎢　首都：新港
人口：1330．2萬　貨幣：西非法郎
語言：法語（官方語言）、豐語等方言
宗教：伊斯蘭教27．7％、基督教25．5％、新教13．5％
鄰國：多哥、布吉納法索、尼日、奈及利亞

十七世紀為達荷美王國，透過與歐洲的奴隸貿易而繁榮。1995年，建立了象徵奴隸貿易悲慘歷史的「不歸之門」。

海岸地帶因沙洲與潟湖而發達。該國最大城市科多努作為港口城市不斷發展，除了是政府所在地，多數行政機關也在此設立。首都則座落於海岸東邊的新港。

在科多努和首都新港之間的甘比耶，是一座位於諾奎湖之上的水上城市，約有四萬人居住，擁有學校等建築物，是非洲最大的水上城市，被稱為「非洲的威尼斯」。這是在奴隸貿易興盛時，為了防止抓來的奴隸逃跑而建立的。

主要產業為農業，棉花是該國最大的出口產品。除此之外，沒有其他特別突出的產業，經濟方面非常仰賴鄰國的奈及利亞。

前駐日貝南大使佐馬洪在1994年前往日本，並在上智大學就讀研究所。透過在日本的演藝活動賺取了大量收入，並以此在祖國建立了三所小學和日語學校。學校提供免費的日語課程，目前約有兩百人在學。此外，日本職業籃球選手八村壘的父親是貝南人，母親是日本人，在日本富山市長大。

尼日

全名：尼日共和國
Niger

國土約三分之二為撒哈拉沙漠

面積：126・7萬km²　首都：尼阿美
人口：2360・6萬　貨幣：西非法郎
語言：法語（官方語言）、豪薩語等方言
宗教：伊斯蘭教99・3%
鄰國：阿爾及利亞、馬利、布吉納法索、貝南、奈及利亞、查德、利比亞

雖然國名來自西非的尼日河，但其實僅限於西南部一小部分的地區受惠。原本是法國人到了此地之後，聽到當地遊牧民族圖阿雷格人以當地語言稱呼這條河流為「河」而命名，法國人便以拉丁語的「黑色」之意取名為「尼日」。順帶一提，南方的奈及利亞也是使用相同的語源，只是由於殖民地統治國的不同，而有法語或英語之分。

大部分人口集中在尼日河及其支流附近，與阿爾及利亞及利比亞的接壤處幾乎為沙漠。在約莫為中央地區的艾爾高原，保存著約一萬年前描繪的長頸鹿石畫，這片地區曾是撒哈拉沙漠植被豐富的地區。

北部的阿爾利特省，開採用於核子反應爐的鈾燃料，其產量世界排名第五（2019年資訊），是該國最大的出口商品，支撐著國家經濟。在核能發電比率高的法國，超過四成的鈾仰賴該國。

撒哈拉以南的薩赫勒地區，沙漠化正在加劇，2005年發生了嚴重的蝗蟲災害。農業一蹶不振，經濟處於困境。

奈及利亞

非洲人口最多的國家

全名：奈及利亞聯邦共和國
Nigeria

面積：92．4萬㎢　首都：阿布加
人口：2億1946．4萬　貨幣：奈拉
語言：英語（官方語言）、約魯巴語等方言
宗教：伊斯蘭教53．5％、天主教10．6％、其他基督教35．3％
鄰國：貝南、尼日、查德、喀麥隆

國土面積約為臺灣的25倍，超過兩億人口在此居住，使其成為世界第七大人口國。經濟成長穩健，除了南非共和國外，擁有非洲最高的國民總所得。

擁有250種以上的民族，語言超過500種，是一個多民族國家。北部氣候乾燥，普遍信仰伊斯蘭教；南部屬於熱帶，信仰基督教的人較多。穆斯林與基督徒的人口幾乎各佔一半。主要民族包括北部的豪薩人、西南部的約魯巴人和東南部的伊博人。在尼日河的河口有西非最大的尼日河三角洲，海岸地區擁有大片紅樹林和濕地。

東南部海岸出產石油，是非洲最大的石油出產國，並且是OPEC的成員。天然氣的埋藏量也很豐富。1967年，東部地區的伊博人因原油權益而宣布獨立，成為比亞法拉共和國，引起其他地區的反對，因而爆發了名為比亞法拉戰爭的內戰。

最大的城市為位於港口的拉哥斯，約有一千萬人口，是該國經濟的核心地區。拉哥斯雖然曾經為首都，但在1991年遷都至內陸的阿布加。遷都的原因是為了消除民族之間的對立，因此遷移至不屬於任何民族、幾乎位於國土中央的地區。完成其都心規劃的，是日本建築師丹下健三。

成長備受期待的影視業與IT產業

奈及利亞的影視產業興盛，被稱為是「奈萊塢」（奈及利亞＋好萊塢）。每年製作超過兩千部電影，排名僅次於印度，居世界第二。電影院因為票價較高，因此主要仰賴影音光碟流通。

另外，在阿巴地區聚集著從矽谷歸來的創業家，被稱為是「阿巴谷」。州政府正在加強光纖等基礎設施，以整備網路環境。２０１８年更吸引美國谷歌和Meta（原臉書）的進駐。

另一方面，貧民窟卻持續擴大，交通堵塞十分嚴重，治安狀況也不佳。

在奈及利亞的企業中，女性領導階層的比例很高。非洲最大的電子商務公司Jumia的首席執行官是女性，此外，中小企業的高級管理職以上的女性比例為38%，排名世界第三。

在西非爆發伊波拉病毒時，奈及利亞迅速控制住了疫情。當時奈及利亞的病毒追蹤法，據說後來也被美國納入參考。

東非

自然與文化交會的廣闊地帶

讓我們來認識位在非洲大陸東部與印度洋地區的島國吧！首先要介紹的是東非大裂谷（Great Rift Valley）。這是一個寬度三十五至一百公里，總長可達七千公里的地裂帶。歷經數百萬年的地殼運動，創造出這片從高山至海洋的低地、冰河、草原、沙漠以及熱帶雨林等多樣自然環境。特別是在肯亞以及坦尚尼亞的廣闊草原上，是長頸鹿及獅子棲息的野生動物王國。印度洋為三大洋之一，這片海域也是在板塊變動之下生成的。印度洋的中心地帶有巨大的海底山脈「印度洋中洋脊」，其複雜的地形成為許多海洋生物的棲息地。

多元文化交織的地區

多樣的文化交會地帶形成此地區的特色。但在考察歷史之際，其地理位置也不能忽視。東非大裂谷被認為是人類起源之地，人們在這裡形成了適應自然環境的獨特文化。

此地區的北部深受古代地中海文明影響，衣索比亞與厄利垂亞則扎根於擁有長遠歷史的基督教。此外，由於與阿拉伯世界接壤，伊斯蘭教也在這裡傳播開來。印度商人與

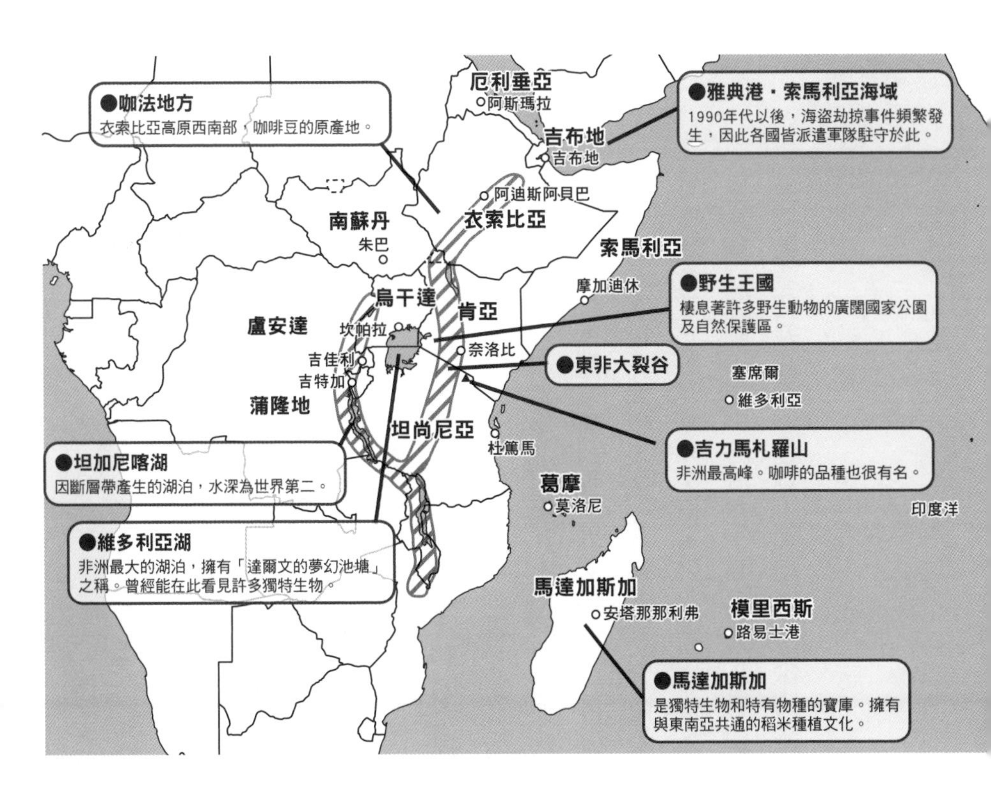

阿拉伯商人利用季風活躍於印度洋上的貿易中。因此，在沿岸地區與島嶼地區也受到了印度文化的影響。馬達加斯加則是最為特殊的地方，這個與大陸分離的島嶼可以看見受馬來文化影響的痕跡。

基於這種多元性，歐洲的影響力在地理大發現時代之後開始蔓延。美國政治學家杭亭頓博士認為這是一條「文明的斷層線」，世界上不同文明之間的對抗來自於文化和宗教之間的衝突，而多元性也可能是原因之一。

厄利垂亞

以海上運輸為命脈的獨裁國家

全名：厄利垂亞國
Eritrea

面積：11・8萬㎢　首都：阿斯瑪拉
人口：614・7萬　貨幣：納克法
語言：提格里尼亞語（官方語言）、阿拉伯語（官方語言）、英語（官方語言）
宗教：伊斯蘭教遜尼派、東方正統教會、天主教、新教
鄰國：蘇丹、衣索比亞、吉布地

厄利垂亞位於非洲大陸東北部，面朝紅海，是１９９３年獨立的新國家。在歐洲各國開始進入非洲之前，這片土地是衣索比亞領土的一部分。當連結歐洲與亞洲的蘇伊士運河開通後，紅海的重要性增加了。當時義大利注意到這一點，介入了衣索比亞，將這塊土地分離出來，厄利垂亞成為義大利的殖民地。

現今位於高原位置的首都阿斯瑪拉氣候宜人，聚集了許多來自義大利的移民。當時的義大利總理墨索里尼對這片土地的建設非常熱衷，廣納了新進建築師建設美麗的城市景觀。現在不僅已被列入世界文化遺產，也成為該國最大的觀光資源。

第二次世界大戰後歷經英國的統治，與衣索比亞形成聯邦國家。１９６２年，厄利垂亞議會宣布脫離聯邦，但遭到衣索比亞軍隊包圍，結果成為衣索比亞的一部分。在這之後獨立運動不斷，終於在１９９３年自衣索比亞獨立。此後，仍發生多次國界衝突，並持續著獨裁政權。２０１８年與衣索比亞達成和平協議，開始了新的國家建設。

衣索比亞

世界最古老的獨立國

全名：衣索比亞聯邦民主共和國
Ethiopia

面積：110．4萬㎢　首都：阿迪斯阿貝巴
人口：1億1087．1萬　貨幣：比爾
語言：阿哈拉語（官方語言）、英語、奧羅莫語等
宗教：衣索比亞正教會43．8％、伊斯蘭教31．3％、新教22．8％
鄰國：厄利垂亞、吉布地、索馬利亞、肯亞、南蘇丹、蘇丹

位於非洲東北部、阿比西尼亞高原上的內陸國。根據傳說，大約在西元前十世紀，由古代以色列國王所羅門王與示巴女王所生的孩子孟尼利克一世開始了統治，目前可考證歷史的國家是西元前五世紀左右建立的阿克蘇姆王朝。西元1936～41年曾一度被義大利併吞，除此之外皆維持著獨立政權。擁有在非洲僅次於奈及利亞的人口規模，有55國與地區加入的非洲聯盟本部，設置在首都阿迪斯阿貝巴。

衣索比亞的另一個特徵，是信仰基督教人口眾多。基督教約四世紀時開始在此傳播並獨立發展。埋藏在地下的拉利貝拉岩石教堂群，據專家推測，建造自十二世紀到十三世紀，被列為世界遺產。

此外，這裡是咖啡的發源地，傳說是一位名叫卡狄的牧羊少年發現他的山羊吃了咖啡豆後會興奮地跳來跳去，被視為咖啡豆的起源。在體壇方面，衣索比亞培養了許多世界級的長跑選手，包括1964年東京奧運會上獲得金牌的阿比比・比基拉。

吉布地

海盜問題之下的海上貿易樞紐

全名：吉布地共和國
Djibouti

面積：2．3萬㎢　首都：吉布地
人口：93．8萬　貨幣：吉布地法郎
語言：法語（官方語言）、阿拉伯語（官方語言）、索馬利語等
宗教：伊斯蘭教遜尼派94％
鄰國：厄利垂亞、衣索比亞、索馬利亞

吉布地是位於紅海入口位置的國家。蘇伊士運河開發時與法國往來頻繁，因而被納入殖民地。1958年與1967年舉行了獨立公投，但均被否決，直到1997年再次舉行公投，獨立派取得多數，吉布地才正式獨立。

位於東非大裂谷的北端，擁有奇特的地貌。國土幾乎為乾燥氣候，因此農業等產業並不發達。但在此一地區，吉布地已經算是資源較豐富的國家了，經濟上主要依靠吉布地港的貿易。吉布地港不只是鄰國內陸國衣索比亞海上貿易的中繼點，也是連結亞洲與歐洲海上運輸的重要樞紐。中繼貿易是該國經濟的支柱。

另外，這裡附近的海域（索馬利亞海域）即使在今日也經常發生海盜掠奪事件，成為國際上的一大問題。為了維持海上運輸的安全，法國、義大利以及美國等國皆在此設立軍事基地。2011年，日本自衛隊也首次在此部署第一個海外基地。另外，在2017年中國人民解放軍也在此部署據點。基地經濟也為這個國家帶來了政治穩定和經濟繁榮。

索馬利亞

全名：索馬利亞聯邦共和國
Somalia

面積：63．8萬㎢　首都：摩加迪休
人口：1209．5萬　貨幣：索馬利亞先令
語言：索馬利語（官方語言）、阿拉伯語（官方語言）、英語等
宗教：伊斯蘭教遜尼派（國教）
鄰國：吉布地、衣索比亞、肯亞

被稱為世界第一危險的國家

位於非洲東北部、面向紅海與印度洋的國家，被稱為「非洲之角」，也是「世界上最危險的國家」之一。即使是2024年8月的現在，外交部領事事務局的國外旅遊警示分級表仍將該國列為「紅色警示：不宜前往，宜儘速離境」。

1960年，原英國殖民地與義大利屬的索馬利亞聯邦成立。1980年左右，各地的反政府活動頻發，到了1990年左右，便持續著實質上的無政府狀態。聯合國也曾派遣多國籍軍隊進行維持和平行動，最終卻以失敗收場。2005年，在鄰國衣索比亞軍的支援下成立了「臨時」聯邦政府，2012年建立了新政府，無政府狀態得以解決。雖然新政權無法掌握全部的國土，但由於索馬利亞人幾乎由單一民族組成，未來有望結束紛爭。

該國人口雖約有一千兩百萬人，但有超過一百萬人在國內流離失所，六十萬人成為難民，有四成以上的人口仰賴人道救援生活。歷經長年的衝突紛爭，乾旱也對該國產生了嚴重影響。威脅國際安全的索馬利亞海域的海盜行為，正是在這樣的背景下發生的。

南蘇丹

人道危機持續蔓延的世界最新國家

全名：南蘇丹共和國
South Sudan

面積：64・4萬㎢　首都：朱巴
人口：1098・4萬　貨幣：南蘇丹鎊
語言：英語（官方語言）、阿拉伯語
宗教：基督教、伊斯蘭教、精靈信仰
鄰國：蘇丹、衣索比亞、肯亞、烏干達、剛果民主共和國、中非共和國

南蘇丹是世界上最新成立的國家，於2011年從蘇丹獨立（截至2022年2月資訊）。蘇丹曾受英國和埃及的共同統治，雖然在1956年獨立，從那之後南北要求分裂的聲音高漲，陷入了內戰狀態。這是因為蘇丹的北部主要由阿拉伯人組成，而南部則主要由信奉基督教或傳統宗教的非洲人組成，兩地之間存在著明顯的差異。

南蘇丹獨立後，與蘇丹之間的衝突仍持續存在。其中的一個原因便是「石油」。對於一個產業不發達的國家來說，石油的利益相當可觀。此外，儘管南蘇丹人口主要是非洲人，但這些居民分屬於許多部族，部族之間的對立也十分明顯。結果，南蘇丹陷入內戰，產生了大量難民，直到現在仍面臨世界上最嚴重的人道危機。在周邊各國的調解之下，正在尋求通往和平與穩定的道路。

為了促進該地區的穩定與發展，日本也曾派遣自衛隊參與聯合國南蘇丹特派團，在當地進行基礎建設。雖然部隊目前已撤退，但總部仍會派遣人員前往參與相關工作。

烏干達

面朝維多利亞湖的高原國家

全名：烏干達共和國
Uganda

面積：24・1萬㎢　首都：坎帕拉
人口：4471・2萬　貨幣：烏干達先令
語言：英語（官方語言）、斯瓦希里語（官方語言）、盧干達語
宗教：新教45・1％、天主教39・3％、伊斯蘭教13・7％
鄰國：南蘇丹、肯亞、坦尚尼亞、盧安達、剛果民主共和國

烏干達位於維多利亞湖北岸，尼羅河的源頭穿越國土，因此有肥沃的土地綿延。擁有以世界最大蓄水量為傲的歐文瀑布水庫及礦產資源等，是開發潛力高的國家。

1962年自英國獨立後，由許多部族組成的國家造成國內政治不穩定，長期以來一直被視為世界上最貧窮的國家之一。1968年上任的穆塞維尼總統致力於經濟和社會的穩定化，取消了總統連任三次的限制，同時實行多黨制等改革，開始了長期執政。不僅穩定了社會，也成為非洲經濟成長率最高的國家之一。

目前，烏干達的人口雖有約四千五百萬，但其中約有一百四十萬是難民，大部分來自南蘇丹。烏干達對難民提供了行動上和就業上的自由，並給予教育和醫療服務，被稱為「難民友好國家」。然而，這對烏干達來說是非常大的負擔。聯合國難民署及聯合國開發計畫等國際機構及各國政府也積極支援烏干達政府。

肯亞

豐富的自然景觀，東非的核心

全名：肯亞共和國
Kenya

面積：58萬㎢　首都：奈洛比
人口：5468．5萬　貨幣：肯亞先令
語言：斯瓦希里語（官方語言）、英語（官方語言）、基庫尤語
宗教：基督教85．5％、伊斯蘭教10．9％
鄰國：衣索比亞、索馬利亞、坦尚尼亞、烏干達、南蘇丹

位於赤道正下方的高原國家，國土中央聳立著肯亞山。東邊面朝印度洋，北部為衣索比亞，南部與坦尚尼亞等五國接壤。蒙巴薩港為東非最大的港口，是東非各國的門戶。首都奈洛比是英國殖民地時期建立的城市，也是聯合國環境計畫與聯合國人類住區規劃署本部的所在地，是非洲少數的國際都市。

許多文學作品都以肯亞的大自然為背景，例如《獅子與我（Born Free）》，藉由書籍或電影，讓我們對這個國家倍感親近。該國非常注重大自然的保護，國內有約六十座國家公園、國家保護區和動物保護區，這些地方也成為了重要的觀光資源。

核心產業是農業，主要農產品是茶葉和咖啡，近年來花卉種植也相當興盛。這些農產品都利用了赤道下的高原自然環境進行生產。特別是茶葉，產量位居世界第三。

曾獲得諾貝爾和平獎的瑪塔伊便是出生於肯亞，她在國際上推動了「綠帶運動」，對環境保護活動的意識提升做出了巨大貢獻。

盧安達

克服大屠殺陰霾的非洲經濟成長國

全名：盧安達共和國
Rwanda

面積：2・6萬km² 首都：吉佳利
人口：1294・3萬 貨幣：盧安達法郎
語言：盧安達語（官方語言）、法語、英語
宗教：新教57・7%、天主教38・2%
鄰國：烏干達、坦尚尼亞、吉布地、剛果民主共和國

自二十一世紀以來，盧安達的經濟成長顯著，被稱為是非洲的奇蹟。2004年有一部真人真事改編的電影《盧安達大飯店》，正是以1994年的盧安達大屠殺為背景。盧安達大屠殺是指盧安達政府與胡圖族激進極端分子，屠殺了超過一百萬人的圖西族與胡圖族溫和派之事件。在這樣混亂的政局之下，僅僅過了二十五年，盧安達便展現出了驚人復甦。

在這起事件之後，掌握政權的是卡加米總統。他為了試圖融合各民族，廢除了顯示出身部族的身分證，並實施打擊貪腐、提高婦女地位等政策。在2008年的選舉中，盧安達成為世界上首個女性佔據國會過半席位的國家。

在經濟方面，觀光業、高附加價值產業以及資訊與通訊技術產業推動著盧安達的發展。在觀光業中，能夠近距離觀察野生大猩猩的山地大猩猩追蹤服務相當受歡迎。農業方面，高品質的咖啡豆、夏威夷果以及花卉為主要產品。盧安達的氣候宜人，今後的發展也相當令人期待。資訊與通訊技術方面則是利用發展中國家的後發優勢，在先進國家難以實現的商機之中開拓出更多的可能性。

蒲隆地

全名：蒲隆地共和國
Burundi

種族對立持續的世界最窮國

面積：2．8萬㎢ 首都：吉特加
人口：1224．1萬 貨幣：蒲隆地法郎
語言：克倫地語（官方語言）、法語、斯瓦希里語
宗教：天主教58．6％、新教35．3％
鄰國：盧安達、坦尚尼亞、剛果民主共和國

被盧安達、坦尚尼亞和剛果民主共和國包圍的小型內陸國家。與北部相鄰的盧安達，在語言、社會結構、民族組成和自然環境方面幾乎是共通的，在獨立之前，曾在比利時統治下形成單一殖民地的兄弟國家。但是，經過大屠殺後，與政治快速趨穩的盧安達不同，直到現在，胡圖族與圖西族之間的對立尚未解決，政治仍不穩定，是世界上最貧窮的國家之一。

儘管位於低緯度，但由於位於高原地區，氣候環境穩定。因為土壤肥沃，自古以來便是高人口密度的國家。根據最近的統計，平均每平方公里的人口超過四百人。由於衝突造成國土荒廢，農業生產增長緩慢，糧食供應也越來越仰賴他國救援。不過，在聯合國等組織的支援之下，該國漸漸走向穩定，逃至鄰國的難民也開始返回故土。

蒲隆地的西南部面朝坦干依喀湖，是東非大裂谷地帶罕見的淡水湖，以其豐富的特有種生物而聞名，坦干依喀湖的漁業因此成了重要的產業。這個湖泊在非洲南部各國之間的交流中也扮演著重要的角色。

坦尚尼亞

全名：坦尚尼亞聯合共和國
Tanzania

非洲最高峰吉力馬札羅所在地

面積：94・7萬㎢　首都：杜篤馬　人口：6209・3萬
貨幣：坦尚尼亞先令　語言：斯瓦希里語（國語、官方語言）、英語（官方語言）、班圖語
宗教：基督教63・1%、伊斯蘭教34・1%
鄰國：烏干達、肯亞、莫三比克、馬拉威、尚比亞、剛果民主共和國、蒲隆地、盧安達

坦尚尼亞為大陸部分的坦加尼喀與印度洋上的尚吉巴合併而成的國家。大陸部分的坦加尼喀以其豐富的自然景觀聞名，被列為世界遺產的賽倫蓋提國家公園以及吉力馬札羅國家公園都是迪士尼電影《獅子王》的取景地。北部的恩戈羅保護區內的奧杜瓦伊峽谷被視為是人類的發源地。

另一方面，在印度洋上的尚吉巴則以其獨特的歷史為特徵。尚吉巴島的舊城區石頭城被列入世界遺產。尚吉巴自古以來便是阿拉伯商人利用季風進行印度洋貿易的重要據點，在地理大發現時代是葡萄牙的殖民地，後來又成為英國的殖民地，因此在這裡可以看到阿拉伯文化與歐洲文化融合的獨特景觀。但是，在這美麗的景色中，有著被視為「負遺產」的「舊奴隸市場」是不可忘卻的。

坦尚尼亞在非洲是政局相對穩定的國家。這是因為該國沒有特定族群壟斷政權的問題，以多黨制為根基，以及普遍使用斯瓦希里語進行初等教育等原因所致。

塞席爾

全名：塞席爾共和國
Seychelles

漂浮於印度洋，地球上最後的樂園

面積：455㎢　首都：維多利亞
人口：9.6萬　貨幣：塞席爾盧比
語言：法語系克里奧語（官方語言）、英語（官方語言）、法語（官方語言）
宗教：天主教76.2%、新教10.5%

雖然是一個在印度洋上的小國，但作為英國威廉王子和凱特王妃的蜜月地而廣為人知。不難想像這是一個帶著浪漫色彩的人氣渡假勝地。在非洲國家中，它是唯一的高收入國家。

塞席爾由115個島嶼組成，這些島嶼包括在中生代時期自印度歐亞大陸分離出來的島嶼，其中也有珊瑚礁島嶼。

因為自古以來便是孤島，因此擁有許多獨特的生物物種，其中的代表便是海椰子。海椰子的形狀看起來像是女性的骨盆，其大小和重量都已列入金氏世界紀錄。傳說十九世紀當英國人查爾斯・戈登拜訪此地，稱如此美景的塞席爾為「伊甸園」，這個稱號便就此流傳下來。

塞席爾主要的產業為觀光業。擁有獨特的植物與美麗的海岸是吸引無數觀光客的最大魅力。為了促進觀光業永續發展，政府對於環境保護相當用心。阿爾達布拉環礁以及馬埃谷地自然保護區兩處已被列入世界遺產。2018年，設立了一個佔地21萬平方公里的海洋保護區。

葛摩

全名：葛摩聯盟
Comoros

發現活化石腔棘魚的島國

面積：2235㎢　首都：莫洛尼
人口：86．4萬　貨幣：葛摩法郎
語言：葛摩語（官方語言）、阿拉伯語（官方語言）、法語（官方語言）
宗教：伊斯蘭教遜尼派98%

葛摩位於馬達加斯加島的北方，由位於印度洋上的三個島嶼組成，是一個島國。這三個島嶼和馬約特島曾為法國的保護領地。1957年，四島聯合發布獨立宣言，儘管現在仍主張擁有馬約特島的主權，但馬約特島已成為法國的海外省份。

因為島國的資源貧乏，產業脆弱，是全世界最貧窮的國家之一。因此，該國經濟需仰賴海外僑民的匯款。在1960年代的法國經濟高度成長期有許多葛摩人移居至法國。法國南部的海港城市馬賽便有許多葛摩人，被稱為是葛摩最大的都市。

農業稱不上十分發達，但種植香草莢、丁香和伊蘭伊蘭等作物，香料為其主要的出口產品。特別是伊蘭伊蘭，大約有30%的香水原料都產自此地。

在葛摩附近的海域，發現了被稱為是「活化石」的腔棘魚。1982年，曾任東京大學水產實驗所所長的末廣恭雄博士前往葛摩進行調查，當時捕獲的標本現在被展示在靜岡縣沼津市的沼津港深海水族館中。

馬達加斯加

全名：馬達加斯加共和國
Madagascar

遺世獨立的生態演化天堂

面積：58．7㎢　首都：安塔那那利弗
人口：2753．4萬　貨幣：阿里亞里
語言：馬達加斯加語（官方語言）、法語（官方語言）
宗教：傳統信仰、基督教、伊斯蘭教

馬達加斯加位於非洲大陸東部的海域，由世界第四大島馬達加斯加島以及周圍島嶼組成。這個島國是由岡瓦納大陸分裂而來，約在八千八百萬年前與印度歐亞大陸分離而形成。

由於長時間處於孤立狀態，在隔離的狀態下演化，馬達加斯加成為了獨特進化的動植物寶庫。植物方面以猴麵包樹最為著名，而以歌唱出名的狐猴、尾巴特殊的環尾狐猴以及能橫向跳躍的鼻葉猴等動物也在這裡繁衍棲息。然而，這些自然資源現在也因人類活動而面臨瀕臨絕種的危機。

該國的原住民據說來自東南亞，以米食文化為根基也是一大特徵。人均稻米消費量是日本的兩倍。

主要產業為農業。除了生產自給自足的食物如稻米和玉米之外，也生產咖啡、香草莢以及丁香。尤其香草莢是世界最大的生產國，是該國重要的出口商品。

馬達加斯加也以豐富的地下資源聞名。從採礦到精煉，鎳和鈷的生產由日本企業擔任主要股東，作為牽動經濟的命脈而備受期待。

模里西斯——世界知名渡假勝地「印度洋的貴婦」

全名：模里西斯共和國
Mauritius

面積：2040㎢　首都：路易士港
人口：138．6萬　貨幣：模里西斯盧比
語言：英語（官方語言）、法語系克里奧語
宗教：印度教48．5％、基督教26．3％、伊斯蘭教17．3％

模里西斯位於馬達加斯加東方的印度洋上，是一個小島國。十六世紀以前無人居住，自十六世紀葡萄牙人登陸後，便成為印度洋貿易的中繼站。當時島上主要棲息著一種名為「渡渡鳥」的鳥類。此一無法飛行的鳥類，被發現後不超過一百年，就在1681年滅絕了。儘管如此，島上美麗的自然景觀仍然被保存下來。

在非洲國家中，模里西斯被視為經濟上的優等生。人均國民所得超過一萬美元，政治也相對穩定，經濟自由度指數高於日本。經濟支柱為製糖業、加工出口製造業以及觀光業。該國擁有兩座世界遺產，兩者皆與製糖業相關。莫恩山的文化景觀曾為奴隸的藏身之地；阿普拉瓦西加特地區則留有引入印度勞工移民的設施。為了擺脫單一產業經濟，獨立後設立了出口加工區，發展了紡織業等。另外，美麗的海灘吸引了歐美遊客，成為世界有名的渡假勝地，甚至被稱為是「印度洋的貴婦」。

對於日本來說，模里西斯是重要的遠洋漁業中繼站，是鮪魚的重要供應地。2020年，日本公司的貨船在模里西斯南海岸擱淺，導致大量原油漏出，污染當地海洋保護區，引起了人們的關注。

中非

熱帶雨林、莽原、草原氣候綿延

本書中將左頁地圖所示之八國定義為為非洲中部地區。1983年，這八個國家加上蒲隆地與安哥拉，形成了中非經濟共同體。

在這八個國家中，面積較大的六國在被稱作「非洲之年」的1960年獨立。剛果民主共和國原為比利時領地，聖多美普林西比原為葡萄牙殖民地，其他國家則位於法國和德國曾經統治的地區，並沒有由英國統治的國家。

以赤道為主的同心圓植被

這個地區幾乎都位於赤道中心，在剛果盆地終年為高溫多雨的天氣，因此熱帶雨林茂密，是非洲最為濕潤的地區。但是，周邊區域由於海拔較高，氣溫不像南美洲的亞馬遜盆地那麼高，因此熱帶雨林無法擴散。高地主要是稀樹草原，其外圍則為熱帶草原，在查德則是廣大的沙漠。因此，可以說植被是以赤道為中心的同心圓方式分佈。

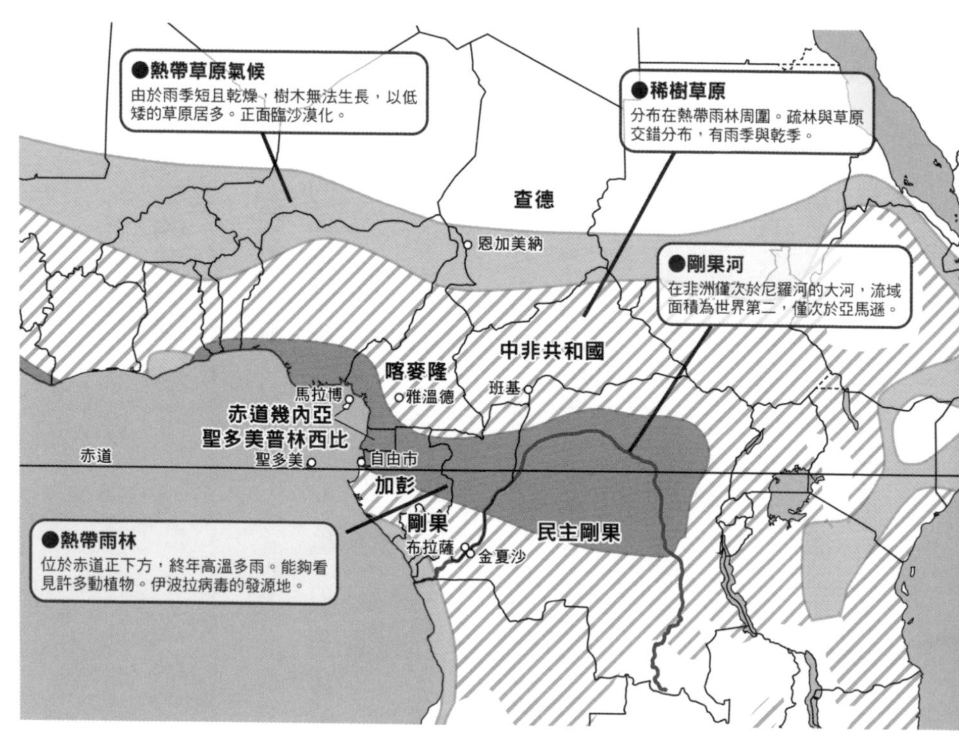

●低人口密度

非洲中部地區的人口密度很低，每平方公里不到十人。除了廣大的熱帶雨林以及沙漠外，近海岸處便是高地，平地的比例較少。此外，由於內陸河流湍急，航行困難，歐洲人的探索和開發較晚。道路與鐵路的建設也不容易，因此至今發展仍然停滯不前。對於內陸國來說不利於貿易，正尋求發展交通運輸的方法。

查德

已減少近5％的查德湖

全名：查德共和國
Chad

面積：128・4萬㎢　首都：恩加美納
人口：1741・4萬　貨幣：中非法郎
語言：法語（官方語言）、阿拉伯語（官方語言）、薩拉語等民族語
宗教：伊斯蘭教52・1、新教23・9％、天主教20％
鄰國：利比亞、蘇丹、中非共和國、喀麥隆、奈及利亞、尼日

國名的由來為查德湖，在當地語言是「大片水域」之意。查德湖在1960年代以前的面積約為兩萬五千平方公里，現在已經縮小到至當時的十五分之一，只剩下一千五百平方公里左右，正處於消失的危險之中。水深最深處為三公尺，是非常淺的湖泊。

查德湖周邊為撒哈拉沙漠南部周邊的乾燥地區，由於水分易於蒸發，流入湖泊的河川水量變化相當大。1970年代因乾旱導致湖水變小，可分為北部和南部兩部分。根據化石分析等資料，一千年內曾經有過六次乾涸的情況。最近一次的面積縮小，是因為灌溉農業的發展以及過度放牧等人為原因所致。查德湖跨越了四個國家，水資源的管理並不容易。

國土大部分為盆地，北部為撒哈拉沙漠、南部則為稀樹草原。北部靠近利比亞邊境是一片高原地帶，那裡有撒哈拉沙漠的最高峰庫西山（海拔3415公尺）。

首都恩加美納位於查德湖附近，是法國當時依據兩條河流的匯流處所建設的，是擁有超過一百萬人口的大都市。從南部油田延伸出的管道通過喀麥隆到達幾內亞灣，原油佔輸出約七成以上，支撐著國內經濟。

中非共和國

簡稱：中非
Central African

不穩定的政局，居高不下的貧窮率

面積：62．3萬㎢　首都：班基
人口：535．8萬　貨幣：中非法郎
語言：桑戈語（官方語言）、法語（官方語言）
宗教：基督教89％　鄰國：查德、蘇丹、南蘇丹、剛果民主共和國、剛果共和國、喀麥隆

中非共和國是位於非洲大陸中央地帶的內陸國，以高原型態的土地綿延。在殖民地時期，以兩條河川為名，被稱為烏班吉沙里。這裡以豐富的蝴蝶種類聞名，使用蝴蝶翅膀所製成的「蝶翅拼貼畫」是相當有名的紀念品。

許多居民在奴隸貿易中被送出成為奴隸。人口密度極低，每平方公里不到十人。獨立後，軍事政變頻繁，政局仍不安穩。法國軍隊及聯合國軍隊雖有介入，卻不見改善。中央政府無能，武裝勢力在各地抬頭，治安相當糟糕。據說有一萬多名的兒童士兵，象牙的盜採嚴重也是一大問題。

生產棉花，雖也有產鑽石與黃金，卻因政局不穩定，持續著經濟困難的狀況。國家雖有收入卻過得十分辛苦，嚴峻的財政狀況使得公務人員的薪資經常延遲發放。貧窮率、慢性飢餓率是非洲國家中最高的一國，連在聯合國開發計畫中的人類開發指數也是敬陪末座，被稱為是「失敗的國家」。

喀麥隆

四千公尺的火山與獨一無二的多雨氣候

全名：喀麥隆共和國
Cameroon

面積：47・5萬km² 首都：雅溫德
人口：2654・6萬 貨幣：中非法郎
語言：法語（官方語言）、英語（官方語言）、芳族語等民族語
宗教：天主教38・3%、新教25・5%、伊斯蘭教24・4%
鄰國：奈及利亞、查德、中非共和國、剛果共和國、加彭、赤道幾內亞

近海岸處海拔4095公尺的喀麥隆山是一座活火山，其西南坡處受到潮濕的海風吹拂，年降雨量高達1萬680毫升，是世界上降雨量最多的地區之一。每年國內都會舉辦攀登喀麥隆山的競賽。另外，北部的奇岩群「魯姆西基」也很有名，它是由岩漿噴發形成的高聳岩石。

北部為草原，南部則是熱帶雨林。木材是喀麥隆主要的出口產品之一，日本也進口用來製作家具以及太鼓的非洲玫瑰木，例如日本奈良興福寺內的金堂在2018年重建時，使用了來自該國生產的66條櫸木作為樑柱。然而，由於喀麥隆木材砍伐的監管寬鬆，普遍存在非法砍伐的現象。

在出口產品之中，原油就佔了約四成，另外也輸出可可豆與棉花。

喀麥隆的足球運動十分盛行，在非洲國家盃中已經贏得了四次冠軍。在2002年日韓共同舉辦的世足賽中，大分縣中津江村（現在的日田市）是當時的選手村之一，直到今日，日田市與該國之間仍保持交流。

赤道幾內亞

全名：赤道幾內亞共和國
Equatorial Guinea

實際上並沒有經過赤道的島嶼國家

面積：2・8萬km²　首都：馬拉博
人口：85・7萬　貨幣：中非法郎
語言：西班牙語（官方語言）、法語（官方語言）、葡萄牙語（官方語言）　宗教：基督教88％
鄰國：喀麥隆、加彭

由大陸大區（舊稱木尼河區）與數個位在幾內亞灣的島嶼所組成的國家。首都馬拉博位於比奧科島，而不是在大陸大區。世界上同時擁有大陸與島嶼為領土的國家之中，將首都設立在島嶼的國家，除了丹麥便只有赤道幾內亞了。比奧科島有海拔3011公尺的巴希萊火山。土壤肥沃，降雨量多，農業十分興盛。

比奧科島與安諾本島是火山活動的活躍火山熱點所形成的島嶼，這兩座島相距約七百公里。不過，由於在這之間也有屬於聖多美普林西比的島嶼，使安諾本島看起來像是跨越赤道、位在南半球的飛地。雖然國名「赤道幾內亞」與赤道相關，但實際上赤道並未通過該國領土，這是為了要和西非的幾內亞共和國做區別而命名的。

比奧科島的海域地區在1990年代開始生產原油及天然氣，其輸出佔出口總額的八成以上，支撐國家的經濟。比奧科島雖為非洲可可豆栽培的發源地，但其生產數量並不多。奧比昂・恩圭馬總統自1979年起即擔任國家元首，手中握有大權，長期執政導致政治腐敗是一大問題。

聖多美

浮沉於幾內亞灣的火山島

全名：聖多美普林西比民主共和國
Sao Tome and Principe

面積：964㎢　首都：聖多美
人口：21．4萬　貨幣：多布拉
語言：葡萄牙語（官方語言）、葡萄牙語系克里奧語
宗教：天主教55．7％

位於幾內亞灣的島國，是一個由靠近赤道的聖多美島及其北方的普林西比島和周邊四座島嶼所組成的國家。這些島嶼和赤道幾內亞的島嶼一樣，都屬於喀麥隆火山列上的火山島。聖多美島上有海拔2042公尺的聖多美峰，垂直近六百公尺的高聳石柱，雖然相當陡峭，但仍能攀登至山頂。這裡也棲息著許多原生動植物，甚至可以看到高達三公尺的巨大秋海棠。聖多美島南方的斑鳩島上有赤道通過，赤道紀念碑矗立於畫在地面的一幅世界地圖上。

位在赤道正下方，年均溫高，但因受到寒冷的本格拉寒流影響，氣候並不悶熱。首都聖多美的年降雨量大約一千毫米，但在某些地區可能會有將近五千毫米的降雨量。

1471年葡萄牙人抵達時，這些島嶼是無人居住的。葡萄牙人開始在這裡種植甘蔗，並將其作為奴隸貿易的中繼站。

經濟方面仰賴可可豆的生產與出口，近年來海上油田的開發也在進行中。此外，聖多美會發行郵票來賺取外匯，但評價似乎不高。

加彭

全名：加彭共和國
Gabon

非洲首屈一指的產油國家

面積：26・8萬㎢　首都：自由市
人口：228・5萬　貨幣：中非法郎
語言：法語（官方語言）、班圖族語
宗教：天主教42・3％、新教12・3％、伊斯蘭教9・8％
鄰國：赤道幾內亞、喀麥隆、剛果共和國

國土的中央地區有赤道通過。北部高溫多雨，位於西北部海岸的首都自由市年降雨量約為2510毫米。國土的八成以上被熱帶雨林覆蓋，人口密度低，每平方公里少於十人，因此得以保留豐富的自然環境。該國積極致力於自然保護，國內已擁有十三座國家公園，總面積超過國土面積的一成。其中一座國家公園中，有日本研究團隊正進行大猩猩的研究。首都自由市（Libreville）在法語中意為「自由之城」，是法國在十九世紀解放奴隸時開發的港口城市。

獨立之後，該國積極發展石油生產，至今石油仍佔輸出的80％以上。由於石油相關收入豐厚，加上人口稀少，該國的人均國民收入非常高，在非洲國家中居於上位。然而，富裕者僅占少數，許多人仍生活貧困。此外，東部出產錳礦，生產量為世界第四。

國土中央有奧果韋河流經，下游形成三角洲。曾獲諾貝爾和平獎的德國醫師史懷哲在沿海城市蘭巴倫建立了診所，直至90歲逝世前都在此進行醫療活動。

剛果

昔日剛果王國的法屬領地

全名：剛果共和國
Congo

面積：34・2萬㎢　首都：布拉薩
人口：551・8萬　貨幣：中非法郎
語言：法語（官方語言）、班圖族語
宗教：基督教73％
鄰國：加彭、喀麥隆、中非共和國、剛果民主共和國、安哥拉

擁有「剛果」這個名稱的國家有兩個，都與十三～十五世紀繁榮一時的剛果王國有關，同時這也是一個民族的名字。剛果王國被法國、葡萄牙和比利時分割，因此獨立時也分裂成三國，法國的部分獨立為剛果共和國，葡萄牙的部分為安哥拉，比利時的部分則為剛果民主共和國。首都布拉薩市是以進入此地的法國人皮埃爾・布拉薩為名，作為一個面向剛果河的港口城市而發展。對岸為剛果民主共和國的首都金夏沙，並有船隻交錯通行。

第二大城是位於大西洋沿岸的黑角市（都市區人口約一百萬），它是該國貿易的中心，也是海域地區油田開發的基地。原油佔了出口大半的比例，支撐著該國經濟，並在2018年時加入了石油輸出國組織（OPEC）。此外，該國從獨立開始就一直出口木材。

愈往北前進，降雨量愈多，可以看見原生林。位於北部的泰萊湖是由隕石撞擊形成的湖泊，就像英國的尼斯湖水怪一樣，傳說那裡居住著一種叫做「摩克拉・姆邊貝」的恐龍。

民主剛果

全名：剛果民主共和國
Democratic Congo

因爭奪豐富資源而內戰頻繁的國家

面積：234.5萬㎢　首都：金夏沙
人口：1億504.5萬　貨幣：剛果法郎
語言：法語（官方語言）、班圖族語
宗教：天主教29.9%、新教26.7%、其他基督教36.5%
鄰國：剛果共和國、中非共和國、南蘇丹、烏干達、盧安達、蒲隆地、尚比亞、安哥拉

民主剛果是剛果王國中，原屬於比利時領土的地區。擁有撒哈拉沙漠以南最大的面積，國土約相當於非洲最大的阿爾及利亞。以剛果河流域的剛果盆地為首，年降雨量相當豐富，廣闊的熱帶雨林蔓延其中，茂密的程度僅次於亞馬遜雨林。在這片熱帶雨林之中，曾多次爆發伊波拉病毒。

南部的卡坦加地區（官方名稱是沙巴省），除了世界生產量第五的銅礦，更有世界生產量第一的鈷和鉬，以及世界第二大的鑽石產區，資源相當豐富。此地區曾因為要求結束比利時的殖民統治而引發了獨立運動（史稱「剛果危機」）。雖然這場亂局已經結束，但政局仍不穩定，1998年爆發了「第二次剛果戰爭」。反政府武裝組織將當地資源銷售給歐美國家，並用所得外幣購買武器，因此這些資源被稱為「衝突礦產」。

直到2002年，民主剛果才與比利時簽署了和平協議，但據說因屠殺、疾病和飢荒致死的罹難者約為三百到五百萬人。鐵路和道路等基礎建設的開發緩慢，也因為是內陸國家不利於貿易，儘管資源豐富，卻無法充分利用。

南非

長期受到白人統治的國家

本書中將左頁地圖所示之十個國家定義為非洲南部地區。這些國家皆為1992年成立之南部非洲發展共同體（SADC）的成員國（另外還有四個印度洋島國）。該共同體的前身為1980年設立的南部非洲發展協調會議，這個組織的宗旨，是從當時南非白人統治下的種族隔離體制中達到經濟獨立。現在的尚比亞與辛巴威，曾是當時推動帝國主義的政治家塞西爾・羅德斯所侵略的英國殖民地，當時被稱為羅德西亞。

此地區高原綿延，因南部屬於溫帶，形成歐洲人容易入侵開墾的環境。他們以原住民為勞動力經營礦山和農場等，掌握了經濟的控制權。南非共和國的白人政權則為了守護自身的利益，採行種族隔離政策，受到國際撻伐譴責並受到經濟制裁。

此地區的獨立較其他地區晚，安哥拉與莫三比克於1975年獨立，辛巴威於1980年獨立，而納米比亞長期受到南非共和國的委任統治，直至1990年代才終於取得獨立。因為國內的衝突不斷，加上外國勢力的介入，以及南非共和國的白人政權也反對並干預了周邊各國的獨立。

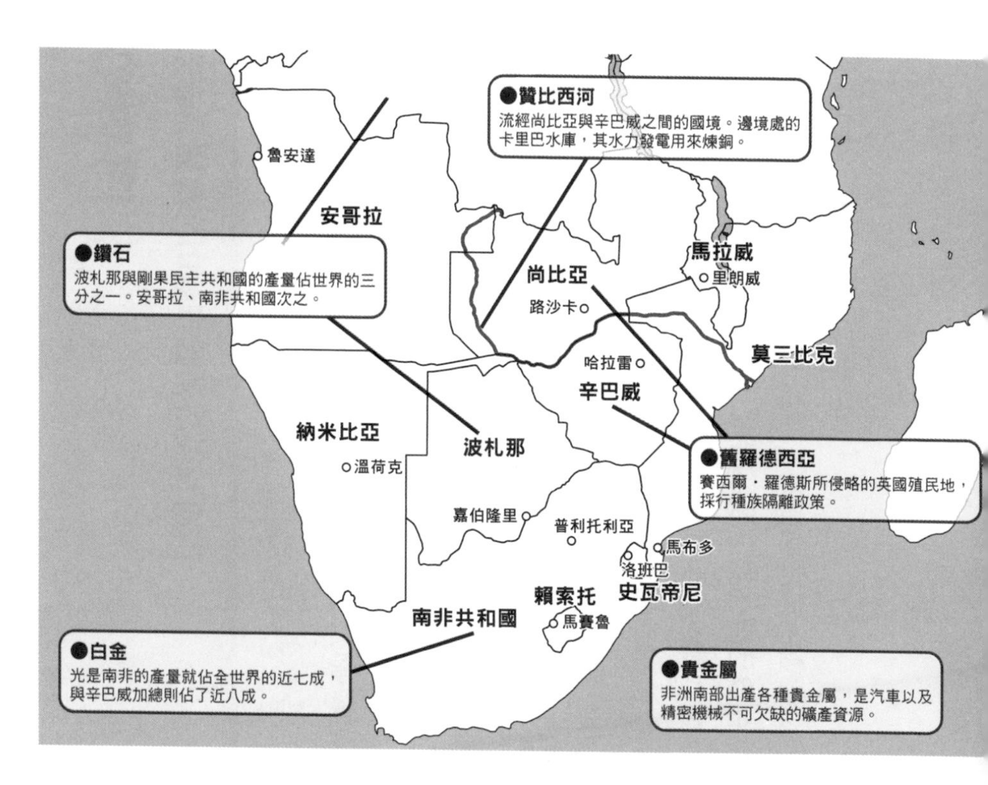

礦產豐富的地區

這個地區擁有豐富的礦產資源，早期開發的有南非的黃金和鑽石，以及尚比亞東北部的銅礦。流過尚比亞與辛巴威國境的贊比西河，有一個因興建卡里巴水庫而形成的人造湖（卡里巴湖），該水庫所產生的電力被用於煉銅。水庫的上游是維多利亞瀑布，由英國探險家李文斯頓以英國女王命名。

此外，還開採了白金、鈾、磷、鉻和錳等礦物。特別是近年來，稀有金屬如鈷等成為手機等電子零件不可或缺的重要原料，相當受到矚目。

安哥拉

全名：安哥拉共和國
Angola

飛地所蘊藏的石油是國家的經濟支柱

面積：124．7萬㎢　首都：魯安達
人口：3364．7萬　貨幣：安哥拉匡撒
語言：葡萄牙語（官方語言）、班圖族語
宗教：天主教41．1％、新教38．1％、無宗教12．3％
鄰國：剛果民主共和國、剛果共和國、尚比亞、納米比亞

從前是葡萄牙的殖民地，一開始葡萄牙並不承認其獨立。1961年，三種民族主義組成的組織發動了「民族解放戰爭」，直到1975年才取得獨立。然而，接下來這些組織之間卻爆發了內戰，受到大國的利益干預，一直持續到2002年。據說有數百萬枚地雷被埋藏在此地，阻礙了該國的發展。

該國經濟主要依賴石油，安哥拉是非洲的第二大石油生產國。其中大部分石油蘊藏在飛地卡賓達省。這個地區曾經是剛果王國的一部分，也被葡萄牙統治過。隨著石油開採後物價上漲，首都魯安達以高物價而聞名。此外，也生產鑽石等礦產。

北部為熱帶氣候，南部則以溫帶氣候為主。受到本哥拉寒流的影響，降雨量較少，形成了熱帶草原氣候。港口城市本吉拉位在首都魯安達南方，在那裡有延伸至剛果民主共和國與尚比亞的鐵路，將內陸地區的礦產資源運輸出去。

傳統音樂「森巴」來自安哥拉，被運送至巴西當奴隸的先民們傳遞到南美，據說是巴西森巴音樂的起源。

尚比亞

日本十元硬幣的銅礦原料來自此地

全名：尚比亞共和國
Zambia

面積：75．3萬km² 首都：路沙卡
人口：1907．8萬 貨幣：克瓦查
語言：英語（官方語言）、尼昂家語等
宗教：新教75．3％、天主教20．2％
鄰國：安哥拉、剛果民主共和國、坦尚尼亞、馬拉威、莫三比克、辛巴威、波札那、納米比亞

這個內陸國家的國名源自於境內的贊比西河，位於海拔1000～1350公尺的高原上，大部分地區屬於溫帶氣候。在與辛巴威的國境之間興建了卡里巴水庫，其中的卡里巴湖為世界上最大的人造湖之一，該國的電力主要來自於這個水庫的水力發電。

尚比亞獨立時正值1964年東京奧運。在開幕式上以「北羅德西亞」的舊國名入場，閉幕時則以「尚比亞」的新國名看板進場，在當時蔚為話題。國內雖有多達72種不同的民族，但與其他非洲國家不同，自從獨立以來一直保持著和平，沒有內戰問題。

支撐該國經濟的是世界產量數一數二的銅礦，佔出口總額約四分之三。二十世紀初在北部地區發現銅礦，直至今日，該地區仍被稱為銅帶省（Copperbelt）。此地區擁有許多礦山都市。

被開採出來的礦產，通過鄰國的坦尚尼亞，以長達約兩千公里的坦尚尼亞鐵路輸出。中國提供了資金和勞動力來建設這條鐵路，並於1975年完工。日本的十元硬幣也使用了這種銅礦。除了銅礦以外，也生產鈷和鎳等金屬。

馬拉威

全名：馬拉威共和國
Malawi

位處非洲大陸地溝地帶的細長內陸國

面積：11．8萬㎢　首都：里朗威
人口：2030．9萬　貨幣：馬拉威克瓦查
語言：齊切瓦語（國語）、英語（官方語言）、尼昂家語等
宗教：新教33．5%、天主教17．2%、其他基督教26．6%、伊斯蘭教13．8%
鄰國：尚比亞、坦尚尼亞、莫三比克

東非大裂谷的南端形成了馬拉維湖，呈現有如睜開眼睛般的細長狀，馬拉威則位於馬拉維湖西岸，東西最窄處約九十公里，最寬處有一百六十公里，南北則有約九百公里，領土非常細長。馬拉威湖被列入世界遺產，其面積約為臺灣的三倍，約佔該國國土的20%。國土大部分地區位於海拔約一千公尺的高原上，氣候屬於溫帶，南部低窪地區為熱帶氣候。

主要的產業為農業，除了生產自給的玉米外，也盛產出口用的菸草。礦產資源量不高，菸草的出口佔輸出總額的一半以上。

由於國內缺乏明確的產業基礎，2003年，當時的總統引入了日本大分縣的「一村一產物運動」，向日本輸出了荷荷芭油等產品。該國沒有發生過內戰或對外戰爭，因此日本派遣了許多海外協力青年團至馬拉威。

在南非共和國實行種族隔離的制度下，馬拉威仍與南非共和國保持外交關係，因此受到其他非洲國家的譴責。兩國之間的關係至今仍然牢固，許多國民為了尋求現金收入而遷移至海外。

莫三比克

織田信長最初遇見的非洲人之出身地

全名：莫三比克共和國
Mozambique

面積：79．9萬㎢　首都：馬布多
人口：3088．8萬　貨幣：梅蒂卡爾
語言：葡萄牙語（官方語言）、班圖族語
宗教：天主教27．2％、伊斯蘭教18．9％、基督教錫安主義15．6％、福音派／新教15．3％
鄰國：坦尚尼亞、馬拉威、尚比亞、辛巴威、南非、史瓦帝尼

自西元八世紀開始與阿拉伯人貿易，因此該國的名稱是以一位阿拉伯統治者的名字命名。自從1498年航海家達伽馬抵達以來，葡萄牙人開始進駐此地。西班牙傳教士聖方濟・沙勿略在前往日本前，也曾經在此地停留了近六個月。此外，義大利籍傳教士范禮安在會見織田信長時，帶了一位這個地方的居民一同前往。織田信長雖然對這位居民的黝黑膚色感到驚訝，仍相當喜歡他，賜予「彌助」之名，並給予武士的身分，成為其家臣。1586年，天正遣歐使節團在等待轉運船的歸途中，在此逗留了六個月。

雖然透過武力鬥爭取得獨立，但在獨立後因南非共和國的介入而陷入內戰，持續著混亂的局勢。致力於「槍換成鋤頭」計畫，內容是回收內戰時使用的武器，用來交換生活物資，日本NGO組織也積極參與其中。由於從南非共和國獲得了廉價的電力供給，煉鋁業蓬勃發展，被稱為是「莫三比克的奇蹟」，並帶動經濟成長。但即使如此，貧窮率仍居高不下。

海岸線長達兩百五十公里，擁有美麗的海岸以及珊瑚礁，還能與鯨鯊和魟魚共游，也建設了高級飯店，觀光業已成為重要產業。

辛巴威

經歷世界最嚴重的超級通膨

全名：辛巴威共和國

Zimbabwe

面積：39・1萬㎢　首都：哈拉雷
人口：1483萬　貨幣：辛巴威幣
語言：英語（官方語言）、紹納語、北恩德貝萊語
宗教：新教74・8%、無宗教10・5%
鄰國：尚比亞、莫三比克、南非、波札那

國名在當地語言為「石頭建成的大屋」之意，源自於西元十三～十四世紀繁榮的王國大辛巴威遺址，以其美麗的圓錐形石造建築而聞名。

國土面積約39・1萬平方公里，大小與日本相當接近，大部分地區是高原，北部為溫帶，南部為乾燥氣候。首都哈拉雷的平均氣溫為攝氏18・1度。曾經由白人農民進行大規模、高產量的農業，是有「非洲穀倉」之稱的農業國家。礦業和製造業也得到均衡的發展，礦產資源除了有世界第三名的白金之外，也出產用於製造日本土鍋的葉長石。

然而，1992年，在通過接受白人農民的土地並分配給黑人農民的法案後，少了擁有專業知識的白人農民，農業生產一落千丈。由於總統干預剛果內戰以及高壓的領導方式，歐美各國對該國實施了經濟制裁。加上乾旱的影響，糧食危機爆發，經濟也陷入大混亂。甚至發行了一百兆辛巴威幣，被稱為世界上最嚴重的超級通貨膨脹。

在與尚比亞的國境間有世界三大瀑布之一的維多利亞瀑布。高低落差達108公尺，寬約1700公尺，水煙高達150公尺以上，經常能看見彩虹。

波札那

未被開發的大自然與高品質的鑽石

全名：波札那共和國
Botswana

面積：58．2萬㎢　首都：嘉伯隆里
人口：235．1萬　貨幣：普拉
語言：札那語（國語）、英語（官方語言）、卡蘭加語
宗教：基督教79．1％、無宗教15．2％
鄰國：尚比亞、納米比亞、辛巴威、南非

自獨立以來，波札那未曾發生軍事政變以及內戰，政治局勢非常穩定。有多個政黨存在，實行民主政治。約六分之一的國土仍保持原始狀態，被指定為自然保護區，大象的棲息數為世界第一。在北部，則有世界上最大的內陸三角洲奧卡凡哥沼澤，有各種大型動物棲息，展開生態旅遊活動。

因氣候乾燥，水資源對波札那來說相當重要，雖曾試著從該地區引水進行灌溉，但出於對自然保護的考慮而中止。在東北部有馬卡迪卡迪鹽沼，是世界上最大的鹽湖之一，乾季時大地會呈現一片雪白的景象。治安良好，吸引了來自世界各地的觀光客與研究人員。

1967年發現了鑽石。以世界第三名的產量為傲，而且品質優良。其出口額約佔國家出口總額的九成，也因此經濟急速發展，人均GDP高，現在被分類為「中所得國家」，被稱為是「非洲的優等生」。但並非所有國民皆能享受到此利益，且人們擔心鑽石的儲量並非無限也是隱憂之一。

納米比亞

國土大半是「什麼也沒有的土地」

全名：納米比亞共和國
Namibia

面積：82・4萬㎢　首都：溫荷克
人口：267・8萬　貨幣：納米比亞元
語言：英語（官方語言）、南非語、德語等
宗教：基督教97・5%
鄰國：安哥拉、尚比亞、波札那、南非

在納米比亞，沿著海岸有南北綿延一千三百公里的納米比沙漠。河川乘載的砂石隨著本哥拉洋流搬運，被西風吹回陸地而形成，被稱為世界上最古老的沙漠，已被列為世界遺產。在海岸低窪處的東邊有陡峭的山崖，東方則是喀拉哈里沙漠。

納米比亞在當地的語言意為「什麼也沒有的土地」（國名的由來眾說紛紜）。人口密度極低，每平方公里僅有三人，是非洲最低。因氣候乾燥、光害少，擁有美麗的星空，有一些地方被指定為「星空保護區」。

第二次世界大戰後被南非合併。雖然國際社會不予以承認，但南非仍持續統治該地區，並在1966年開始種族隔離政策。獨立運動隨之而來，並在1990年正式獲得獨立。

在東北部可以看到一片狹長突出的領土，稱為卡普里維地帶，長約四百五十公里。這是在德國殖民地時期，德國為了確保通往贊比西河的路徑而佔領的領土。

南非共和國

朝向實現多種族共存的彩虹之國

簡稱：南非
South Africa

面積：121．9萬㎢　首都：普利托利亞
人口：5697．9萬　貨幣：南非鍰
語言：南非語、英語等11種官方語言
宗教：基督教86%
鄰國：納米比亞、波札那、辛巴威、莫三比克、史瓦帝尼、賴索托

南非是位於非洲大陸最南端的國家，鄰近海岸處有海拔一千兩百公尺的高原，平原稀少。東部為溫帶海洋型氣候，西部為乾燥氣候。開普敦周邊的海岸地區為地中海型氣候，盛產紅酒，著名的旅遊景點桌山也在此區。

開普敦的博爾德斯海灘棲息著非洲企鵝。該地區北部的克蘭威廉，以此地區特有的「博士茶（Rooibos Tea）」聞名，這是一種僅在該地區自然生長的草本植物茶。

十七世紀中葉成為荷蘭殖民地，十九世紀前半成為英國殖民地。因為發現鑽石，殖民的波耳人（居住於南非的荷蘭後裔）與英國之間的對立衝突加劇，進而發展成為波耳戰爭。

1910年，以作為英國自治區的南非聯邦獲得了自治權，並實施了白人優先的種族隔離政策。1948年，制定了種族隔離法（南非語：Apartheid）。對此，ANC（非洲民族議會）採取了武裝抗爭，並且贏得了國際輿論的支持，最終在1991年撤除法令。1994年，南非舉行了首次全種族參與的總統大選，率領ANC的尼爾森・曼德拉當選為總統。

豐富的資源以及最糟糕的吉尼指數

曼德拉以尊重所有人種的「彩虹之國」為建設宣言，新政府優待非洲民族並給予非洲裔企業援助，推行初等教育並改善社會保障之政策。結果，非洲裔的企業管理階層比例達到約四成，也開始出現非洲裔的富裕階層。但是，歐洲裔與非洲裔之間的平均收入差距高達五倍，非洲裔的失業率也高達30％以上，用來判斷所得分配平均度的「吉尼指數」幾乎是世界上最糟糕的，特別是大城市的治安問題也日益嚴重。

支撐經濟的是各種豐富的礦產資源。除了鑽石以外，黃金、鉻、白金、錳以及釩等礦物的生產量皆為世界第一，埋藏量也居於世界前列。位於國土中央位置的金伯利，在十九世紀中期開始進行鑽石露天開採，結果開鑿出了直徑約五百公尺、最深處約兩百公尺的世界最大人工挖掘洞穴。該國的鑽石必須深入地下挖掘，許多移民從周邊各國湧入開採礦山，當地居民視其為搶奪工作機會的對象，導致排外情緒日益嚴重。

體育對民族團結也做出了貢獻。最受歡迎的運動為橄欖球，具有世界頂尖的實力。在1994年民主化後的隔年，成為世界盃橄欖球賽的主辦國，並成功奪下首屆冠軍。2007年以及2019年也在世界盃中創下佳績。此外，南非更在2010年成為史上第一個舉辦世界盃足球賽的非洲國家。

史瓦帝尼

全名：史瓦帝尼王國
Eswatini

面積：1．7萬㎢　首都：洛班巴
人口：116萬　貨幣：史瓦帝尼里蘭吉尼
語言：英語（官方語言）、史瓦帝語（官方語言）
宗教：基督教90%
鄰國：南非、莫三比克

國王掌握著極大權力

國名來自於佔該國八成人口的史瓦帝民族。2018年，以獨立五十週年為契機，國王將原本的英語國名「史瓦濟蘭（Swaziland）」更改為史瓦帝語的「史瓦帝尼（Eswatini）」。王國在十九世紀建國，隨後成為英國的保護領地。獨立後，國王廢止了憲法，因該國王既掌握立法權也擁有行政權，雖然設有議會，但作用僅是提供建議給國王，國王的權力非常龐大。政府的要職也主要由王室成員擔任。

國土的大部分地區屬於溫帶氣候，海拔較低的東部地區則為熱帶氣候，降雨量不多。東部低窪地區的主要出口產品為蔗糖，是白人在開墾時代大量栽培的作物。中部地區則有原住民種植的柑橘類產品，產量不斷增加中。

工業人口約佔總人口的四分之一，這是因為南非共和國的企業在種族隔離時期，為了逃避國際經濟制裁而進駐該國的緣故。許多勞工前往南非共和國的礦區工作，經濟方面相當仰賴南非。值得一提的是，在非洲，它是臺灣唯一的邦交國。

賴索托

國土被南非包圍，位處山中的國中之國

全名：賴索托王國
Lesotho

面積：3萬㎢ 首都：馬賽魯
人口：214・2萬 貨幣：落蒂
語言：索托語（官方語言）、英語（官方語言）
宗教：基督教91%
鄰國：南非

四面都被南非包圍的內陸國家，國土全境位於龍山山脈上，海拔超過一千四百公尺；在東邊，有非洲南部的最高峰塔巴納恩特萊尼亞納山（海拔3482公尺）。國土的東北部到西南部，橘河流經山間而刻下深谷，因此能看見高低落差達192公尺的馬萊楚尼亞內瀑布，直直落下的景觀十分壯麗。西部海拔較低，地勢平緩，大部分人口居住在這個地區，同時也是首都馬賽魯的所在地。卡利登河位在國境上，對岸便是南非共和國。氣候屬於溫帶，馬賽魯的均溫為攝氏15・1度。被稱作「巴索托帽」的三角形草帽為該國的象徵，也出現在國旗上。

十六世紀索托人進入此地並建立王國。十九世紀，受到來自荷蘭的波耳人入侵，在1868年成為英國的保護領地。雖於1966年獨立，但國家一直處於混亂之中。現在，國王並無握有政治權利，只是統合國民的象徵性存在。實施民主政治，識字率高達九成，被稱為「天空中的王國」以及「非洲的瑞士」。但是，這裡沒有顯著的產業發展，許多勞工前往南非的礦區工作，經濟高度依賴於該國。

第 4 章

北美洲・中美洲

格陵蘭
經度0度
哈德遜灣
蘇必略湖
休倫湖
安大略湖
西根湖
伊利湖
大西洋
巴哈馬
古巴
多明尼加
海地
牙買加
波多黎各
聖克里斯多福
安地卡
多米尼克
聖露西亞
聖文森
巴貝多
格瑞那達
千里達
加勒比海
里斯
宏都拉斯
尼加拉瓜
哥斯大黎加
巴拿馬

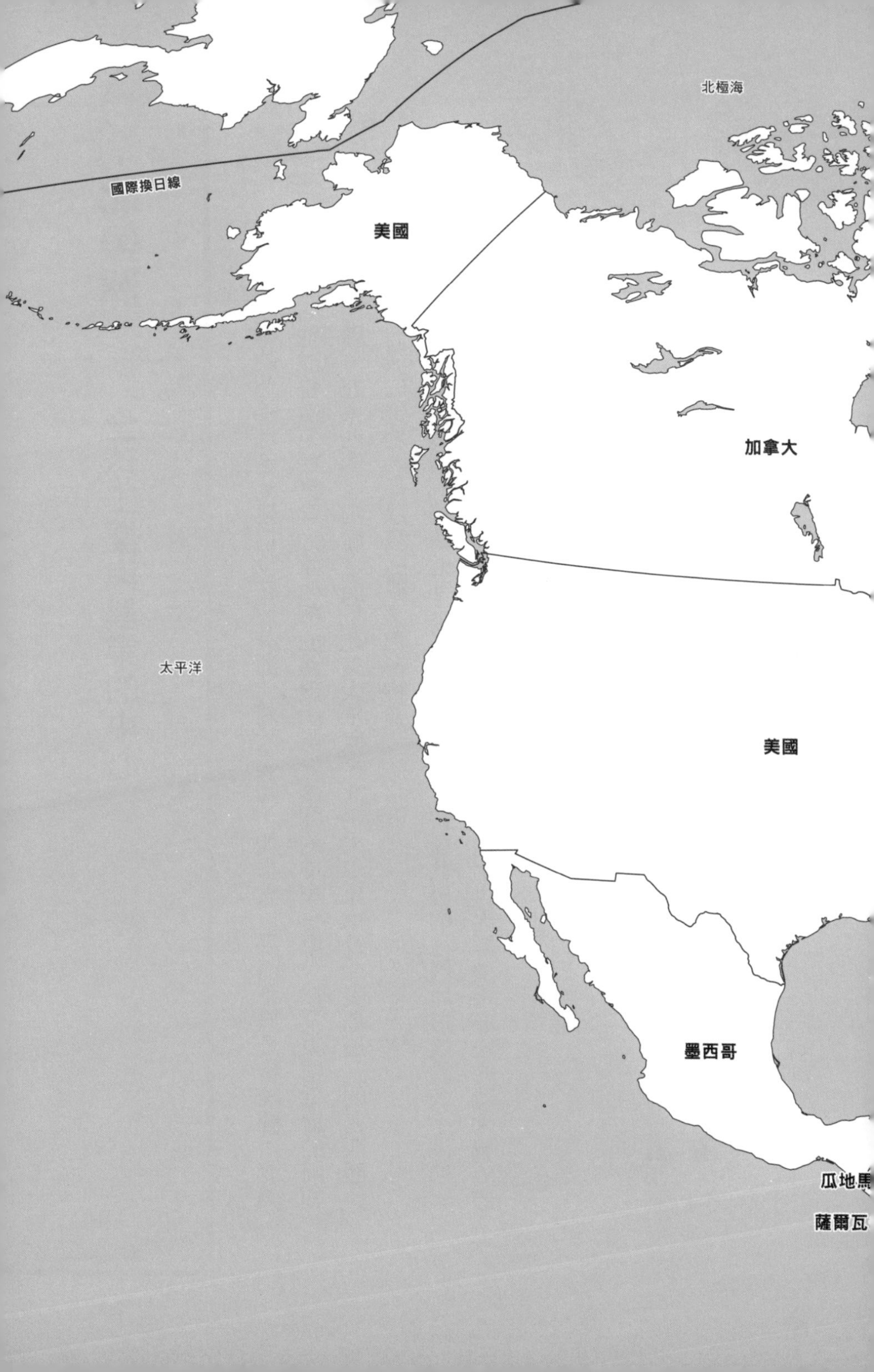
北極海
國際換日線
美國
加拿大
太平洋
美國
墨西哥
瓜地馬
薩爾瓦

北美洲

全球工業與農業的中心

本書的北美地區，是指位在北美洲北部的美國、加拿大、墨西哥以及格陵蘭。北美大陸的地形特徵包括貫穿大陸西部的洛磯山脈、廣闊的中央平原，以及東部低緩的阿帕拉契山脈。在東西兩座山脈之間是北美大平原、北美大草原以及北美洲最長的密西西比河流經而成的低地，得以發展農業和畜牧業。

此外，哈德遜灣周邊的北部地區，有許多曾經覆蓋此區的冰河所形成的大小湖泊。阿帕拉契山脈以東，平原地形延伸至大西洋岸，其中包括世界經濟中心紐約等大城，形成人口密集的精華地帶。

●東西南北的氣候與生活方式差異懸殊

以西經100度之處為界，東西部的氣候大不相同。東部為降雨量多的溫暖濕潤氣候，森林與農地佔有廣大的面積；西部除了洛磯山脈以外，為年降雨量低於五百毫米的乾燥地區。

另一方面，南北方向的差異也相當顯著。大陸北端的北極圈為極地苔原氣候，南部

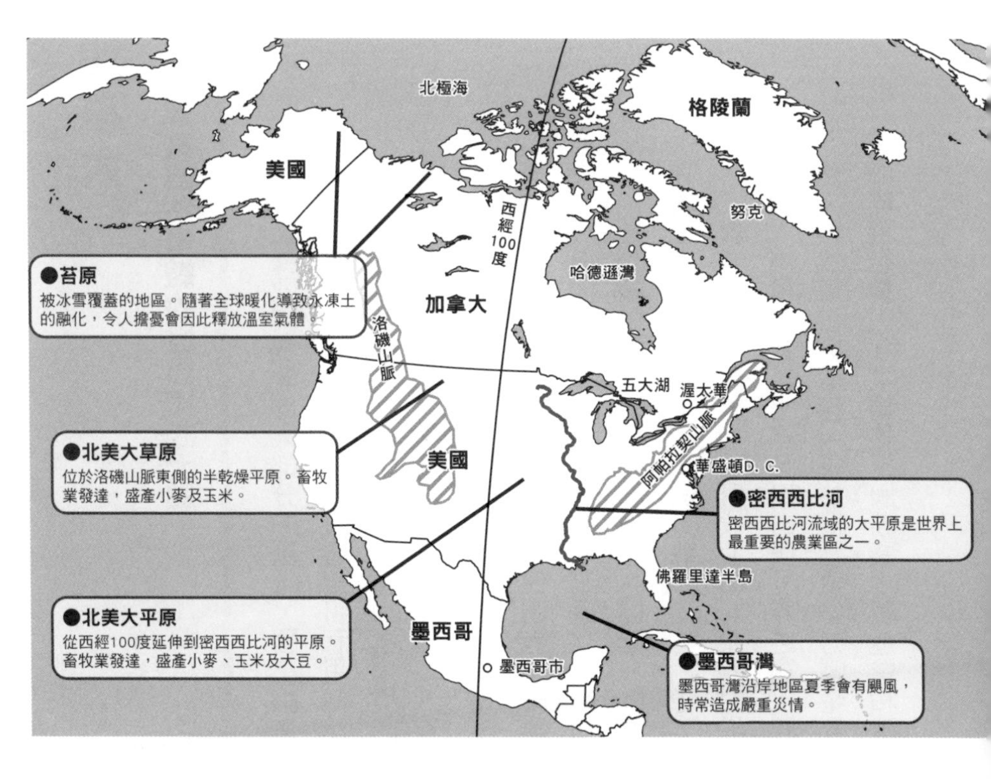

的五大湖周邊則為擁有廣闊針葉林的亞寒帶濕潤氣候。墨西哥高原雖然位於低緯度，但因位處高海拔，因此屬於溫帶氣候，但在佛羅里達半島的部分地區以及墨西哥南部則屬於熱帶氣候。在五大湖周邊冬季可能有暴風雪，墨西哥灣沿岸則有颶風，北美大平原則會有龍捲風等自然災害發生。

原住民為美洲印第安人。自從哥倫布登陸西印度群島以來，在歐洲人的殖民統治之下，如今在這個大陸上，有接受英國和法國殖民並繼承共同文化遺產的美國和加拿大，以及受到西班牙等拉丁文化影響的墨西哥等國家。

加拿大

Canada

擁有豐富自然景觀的世界第二大國

面積：998．5萬㎢　首都：渥太華
人口：3794．3萬　貨幣：加拿大元
語言：英語（官方語言）、法語（官方語言）
宗教：天主教39％、新教20．3％
鄰國：美國

佔據北美洲北部大部分的區域，國土都在北緯50度以北的寒冷地區，針葉林及凍土綿延。在加拿大，到處都可以看到可利用其汁液製作楓糖漿的楓樹，楓葉也被用來當作加拿大國旗的圖案。此外，棲息在加拿大境內各地湖泊以及周邊地區的河狸，被指定為國家的標誌代表性動物。

居民主要以英國及法國的歐洲裔為主，法裔居民多集中在魁北克省，獨立運動成了政治上的問題。少數民族的原住民則包括印地安人與因努伊特人（屬於愛斯基摩人的一支），而因努伊特人在1999年建立了努納福特地區。

最受國民歡迎的運動是冰上曲棍球，自1920年安特衛普奧運以來，加拿大在奧運會上總共已經獲得十三面金牌。

農業和畜牧業為美國農牧地區向北方的延伸，小麥等穀物生產與畜牧業皆採取機械化的大規模經營。水產品出口居世界之冠，同時也擁有豐富的能源資源，例如原油、油砂、天然氣和煤炭等，成為世界頂尖的礦產資源國。近年來，加拿大正積極從仰賴能源的經濟結構，逐步轉移至服務業、製造業和建築業等產業。

美國

領導世界政治經濟的超級大國

全名：美利堅合眾國
U.S.A.

面積：983・4萬㎢　首都：華盛頓D.C.
人口：3億3499・8萬　貨幣：美元
語言：主要為英語（並無制定官方語言）
宗教：新教46・5%、天主教20・8%
鄰國：加拿大、墨西哥

美國本土位於北美洲的中央區域，北鄰加拿大，南接墨西哥，東瀕大西洋，西臨太平洋。阿拉斯加位於加拿大的西北部，夏威夷則位於太平洋上的玻里尼西亞的北端。

十七世紀起，來自西班牙、法國與英國等歐洲國家的大量移民湧入大西洋沿岸，侵佔美洲印第安人（美國原住民）的土地，開啟了殖民地的建設。隨著時間的推移，現在美國東部的十三個殖民地在經濟上變得強大，並在1776年宣布獨立。

來自西非的非洲人後裔，被強行移居至此，在棉花田之中當奴隸。儘管1865年廢除了奴隸制度，但即使是現在仍留有種族差別的意識。

因此，美國的人口構成複雜且多樣，不只是試圖將眾多民族融合為一個共同文化的「大熔爐」，而是朝著尊重彼此傳統並實現民族共存的多元文化社會之目標邁進。這種多元性也是美國活力的來源之一，被視為「美國夢」的一部分。近年來，特別是西班牙裔的人口增加十分顯著。

世界首屈一指的農業大國

產業結構方面，第一級產業雖僅佔有1．4%（2018年資訊），卻仍是世界頂尖的農業大國；農畜產物方面，以玉米和大豆的生產量、牛肉與起司的外銷量為世界第一（2019年資訊），對於全球的糧食供給有著極大的影響力。

這是因為美國擁有廣大的農地，以高度機械化的大規模經營下，生產效率高，並且採用了「適時適所」的耕作方式，種植適合當地自然環境的作物。

在美國，農產物的流通、新種子的開發、農業機械的開發等各式各樣的農業相關產業相當興盛。世界最大的穀物企業家樂氏公司，創建了一個分銷系統，從內陸地區收集並儲存糧食，在銷售時期運輸，然後從港口輸出。除了家樂氏之外，還有許多世界級的穀物企業，被稱為穀物巨頭。

領導世界的高科技產業與航太產業

美國的工業也是世界上規模最大，領先世界的尖端技術工業以及航太產業獲得了發展。特別是自1970年以來，被稱為太陽帶（Sunbelt）的北緯37度以南地區聚集了許多企業。

自西海岸的中部延伸至南部的加州，是全美最人口稠密的一州。其中的矽谷作為名門大學的研究開發基地，聚集了許多半導體工廠以及高科技企業。蘋果與谷歌等公司總部皆設立於此。這裡聚集了來自世界各地的優秀人才，支撐著產業發展。美國開發的資訊技術，例如運行電腦、智慧型手機和網路的基本軟體，已成為全球的標準。

南部的德州及佛羅里達州也是全美頂尖的工業區域，包括NASA（美國航太總署）的設施在內，聚集了許多航太相關企業。近年來，成為商業太空飛行以及火箭發射的基地，太空探索技術公司（Space X）及藍色起源（Blue Origin）等公司在此建設了發射場和開發基地。

頁岩革命下成為世界最大的能源產出國

2000年代後期，美國出現了技術面的革新，使得以前位在地底深處無法挖掘的頁岩層，也可以生產天然氣和石油。這導致國內天然氣生產急速增加，進口量減少，國內價格也開始下降。這被稱為二十一世紀能源領域的最大變革——頁岩革命，大大影響了世界的能源與政治情勢。現在，美國已成為世界最大的天然氣和原油生產國（2020年資訊）。

墨西哥——遺留古代文明遺跡的高原之國

面積：196.4萬㎢　首都：墨西哥市
人口：1億3020.7萬　貨幣：披索
語言：西班牙語（官方語言）
宗教：天主教82.7%
鄰國：美國、瓜地馬拉、貝里斯

位於北美大陸的南部，國土大半部分為高原與山地，首都墨西哥市即位在海拔2309公尺的高地。約西元三世紀時，墨西哥的原住民創造了馬雅文明，東部猶加敦州的奇琴伊察，在西元七～十三世紀時繁榮發展。這裡是馬雅文明最大的城市之一，遺跡中有金字塔等建築，發現了如建築技術和天文台等高度文明的痕跡。十四世紀開始興盛的阿茲提克王國，在1521年被西班牙人科爾特斯征服，成為西班牙的殖民地。雖於1821年獨立，但在1846～48年因領土問題與美國交戰，戰敗後失去了約一半的國土，包括現在的德州及加州等地。

從墨西哥到美國的非法移民約有166萬人（2021年資訊），並且逐年增加中；此外，墨西哥是向美國走私毒品的最大中轉國，因此非法移民問題、經濟以及貿易政策等對美關係成為重大議題。

農牧業方面，玉米、小麥、棉花和咖啡等作物種植以及牛、羊等畜牧業興盛。作為世界領先的礦業國之一，除了墨西哥灣沿岸的石油外，銀礦的生產佔全球約兩成（2016年資訊），銅礦等地下資源也相當豐富。近年來，工業也有所發展。

格陵蘭

Greenland

漂浮於北極圈的世界最大島

面積：216.6萬㎢　首府：努克
人口：5.8萬　貨幣：丹麥克朗
語言：格陵蘭語（官方語言）
宗教：福音路德教派

加拿大東北部的格陵蘭島為丹麥的自治領地，北臨北極海，南濱大西洋，是世界上最大的島嶼。因為大部分地區位於北極圈內，全島約有80％覆蓋著冰河。根據地圖種類的不同，有時格陵蘭看起來比澳洲還要大，這是因為繪製地圖時的歪斜失真所致，這個話題經常用於傳達地球儀的重要性。

格陵蘭此一名稱，源於西元十世紀左右出生於挪威的冰島維京人「紅鬍子」艾瑞克。他在發現了一個鄰近歐洲大陸島嶼並將其命名為「冰島」後，結果沒有人前往這個新島嶼定居，因此當他再次發現另一個巨大島嶼時，便取名為意思是「綠色之島」的「格陵蘭」。第二次世界大戰後，當地人民為要求近代化而發起市民運動，1979年成立了自治政府。

居民多為原住民因努伊特族，並集中於西海岸。由於峽灣地形眾多，陸上交通的建設困難，因此都市間主要交通方式以直昇機與飛機為主。

夏季融雪中含有大量營養成分，是周邊海洋魚類的寶庫。特別是貝類與蝦類的漁獲量很多，也有出口至日本。近年來，島上埋藏的石油以及礦產資源的開發備受矚目。

中美洲

連接南北美大陸的地峽

接著要來介紹南北美洲大陸地峽地帶的國家。所謂「地峽」，是指連接兩大片陸地最狹窄的地方，儘管狹窄，但由於連接了北美洲和南美洲，擔任著雙方交流的重要角色。另一方面，隔著太平洋與大西洋，若要透過船隻跨越美洲大陸，只能繞過南美洲大陸的南端。巴拿馬運河於1914年完工，立下了連結太平洋與大西洋的大功。特別是對於擁有大西洋和太平洋兩岸領土的美國來說，其意義尤其重大。因此，美國對此區一直特別關注。

動盪的大地與古代文化

北美板塊、加勒比板塊、科科斯板塊以及南美板塊，中美洲在這四座板塊的複雜運動中形成了。這裡的火山數量多，地震頻繁，同時降雨量也非常大，還會受到颶風侵襲。這些特色與日本十分相似。

這些天然條件帶來了災害，也帶來了豐富的資源。肥沃的火山土適合種植咖啡等作物，也擁有被稱為是「世上最美湖泊」的阿蒂特蘭湖（位於瓜地馬拉）等風光明媚的景

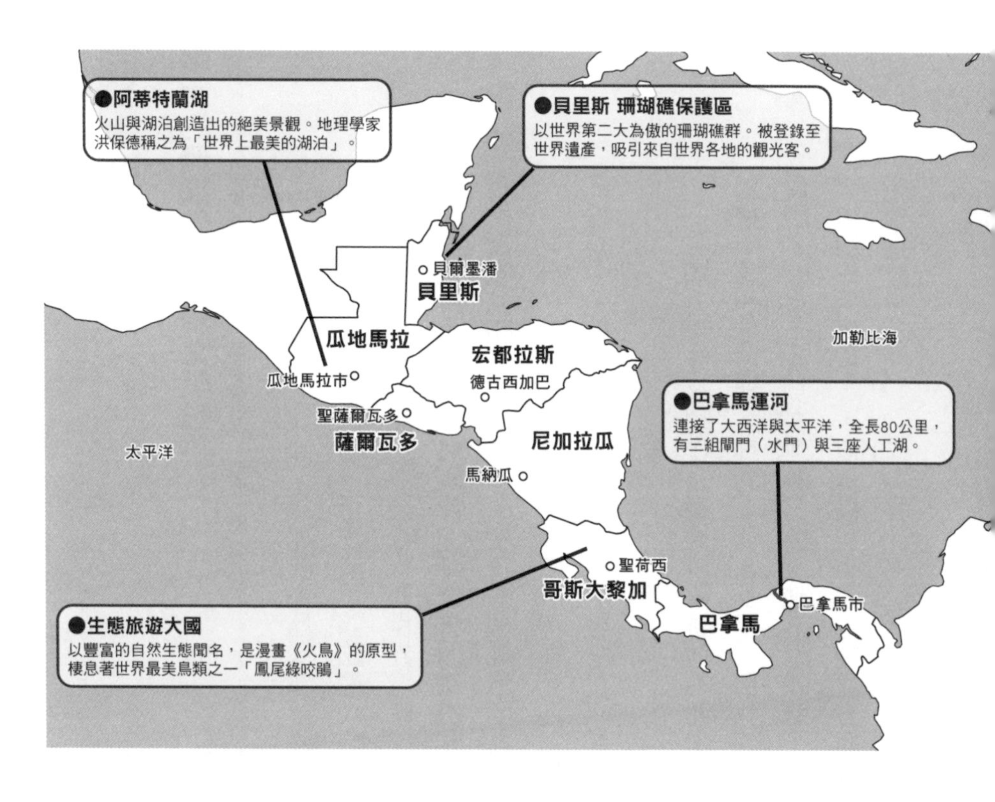

觀。古城安地瓜曾因大地震而受到毀滅性的影響，在半廢棄的狀態下留有殘存的美麗街坊，現已被列入世界遺產。該地區擁有豐富的生物物種，哥斯大黎加是生態旅遊的熱門地點。

在哥倫布抵達美洲之前，此地便已發展出高度的文明。在瓜地馬拉、宏都拉斯和薩爾瓦多的高地都有馬雅文明的遺跡出土。基里瓜遺跡群與霍亞德賽倫馬雅遺址等皆被登錄至世界遺產。

貝里斯 Belize

廣大的珊瑚礁與馬雅文明遺跡

面積：2．3萬㎢ 首都：貝爾墨潘
人口：40．6萬 貨幣：貝里斯元
語言：英語（官方語言）、西班牙語、克里奧語（英語系）等
宗教：天主教40．1％、新教31．5％
鄰國：墨西哥、瓜地馬拉

位於中美洲東北部、猶加敦半島根部位置的貝里斯，其國土由大陸地區和沿海的島嶼組成。面向加勒比海，這也成了該國最大的觀光資源。擁有世界第二大的珊瑚礁群，僅次於澳洲的大堡礁，並被登錄為世界遺產。來自美國等世界各地的觀光客造訪此地，以追尋這片美麗的自然資源。雖然曾因為過度開發而一度被列入瀕危世界遺產名單，但在逐漸限制開發許可之下，現在已被排除至名單外。

此外，該國的魅力可不僅限於海洋。內陸地區的叢林裡，有二十多個馬雅文明遺址沉睡其中。馬雅文明從西元前兩千年左右一直延續到十六世紀，貝里斯也曾是馬雅文明的中心。

美國人喜愛該國作為觀光渡假勝地的理由之一，是因為他們可以使用英語。貝里斯曾是英國的殖民地，直到1981年才獨立。即使在獨立後，現在也仍是大英國協的成員國，國家元首為查爾斯三世。雖出產砂糖、葡萄柚、高級木材桃花心木等產品，還有來自海洋的龍蝦等，但規模並不大。經濟方面雖非富裕國家，但政治局勢穩定，治安也相對良好。

瓜地馬拉

馬雅文明的末代子孫居住於此

全名：瓜地馬拉共和國
Guatemala

面積：10．9萬㎢　首都：瓜地馬拉市
人口：1742．3萬　貨幣：格查爾
語言：西班牙語（官方語言）、21種馬雅族語
宗教：天主教41．7%、福音派38．8%
鄰國：墨西哥、宏都拉斯、貝里斯、薩爾瓦多

居民之中大約有四成是與馬雅文明相關的原住民，他們使用二十一種馬雅文明的語言，並守護著各自的文化。馬雅文明雖然在中美洲各地建立了城市國家，但被登錄為世界文化遺產的蒂卡爾國家公園，一致被認為是古馬雅文明最大的都市。蒂卡爾是一個複合型世界遺產，擁有豐富的生態系統，符合世界遺產登記標準。據說生活在這片森林中的「鳳尾綠咬鵑」是這個國家的象徵，也是手塚治虫的漫畫《火鳥》之原型。

蒂卡爾位於低地，首都瓜地馬拉市則在高原。高原對於殖民者而言是利於居住的場所。同樣位於高原地帶的舊首都安地瓜，是西班牙人所建立的城市，仍留有殖民時期的建築物遺跡，已被登錄至世界遺產。

位處於地震等自然災害發生頻繁的地帶，也因此創造了美麗的景觀。被地理學家亞歷山大・洪保德稱為是「世界上最美湖泊」的阿蒂特蘭湖，是約莫在八萬四千年前火山噴發下形成的火口湖。由火山帶來的肥沃土壤種植出高品質的咖啡等作物。

經濟方面雖屬於中等水平，但貧富差距極大，治安狀況也不甚良好。日本透過地區警察計畫等對其提供國際協助。

宏都拉斯

世界上治安最差的國家之一

全名：宏都拉斯共和國
Honduras

面積：11．2萬㎢　首都：德古西加巴
人口：934．6萬　貨幣：倫皮拉
語言：西班牙語（官方語言）、加里富納語、英語等
宗教：天主教46％、新教41％
鄰國：瓜地馬拉、薩爾瓦多、尼加拉瓜

擁有科潘的馬雅遺跡、雷奧普拉塔諾生物圈保護區兩座世界遺產，以及加勒比海的海灘，從低地的熱帶雨林到高原的常春氣候等多樣性孕育出了豐富飲食文化——宏都拉斯是一個充滿魅力的國度。

但是，現在該國卻被稱為是世界上最危險的國家之一。2009年發生軍事政變導致政治混亂，治安惡化，加上颶風等自然災害頻發，經濟也混亂不堪，國家前途正面臨嚴峻的現實考驗。

該國的主要產業為咖啡與香蕉。由於肥沃的火山土適合生產高品質的咖啡，咖啡的產量在世界上名列前茅，香蕉的生產也是世界頂尖。十九世紀末，美國資本家在此地開始進行開墾，香蕉的種植急速發展，該國因此被稱為「香蕉共和國」。

「香蕉共和國」一詞源於美國的巨大資本在當地建立了種植園，並以其資金力量支配該國政治。為了改善這種經濟結構，正努力推動發展觀光業等其他產業。

薩爾瓦多

中美洲人口密度最高的國家

全名：薩爾瓦多共和國
El Salvador

面積：2．1萬㎢　首都：聖薩爾瓦多
人口：652．8萬　貨幣：美元、比特幣
語言：西班牙語（官方語言）
宗教：天主教50％、新教36％、無宗教12％
鄰國：瓜地馬拉、宏都拉斯

面朝太平洋的薩爾瓦多，是中美洲七國中唯一不靠加勒比海的國家，面積也是中美七國最小的。國名在西班牙語中為「救世主」之意，但是該國的救世主似乎未曾現身。雖然在1841年自瓜地馬拉獨立，但少數富裕階層一直掌控著國家，也發生過好幾次軍事政變，1979年以後，內戰開始白熱化。直到1992年聯合國維和部隊派出監督團，才漸漸恢復穩定。

該國的人口密度高，是由於自古以來便開墾咖啡和棉花等經濟作物。因國土面積小，生產量並未躋身世界前十，但咖啡仍為該國主要的出口產品。因為是典型的單一經濟體國家，這也成為了政治和經濟不穩定的因素之一。為了克服這個問題，正積極推動工業發展。第二次世界大戰後，日本企業最初進駐的海外國家便是薩爾瓦多。日商吳羽紡織的平生三郎先生與當地的企業家合併並開設了紡織工廠，從事紡織事業的跨國公司就此誕生，之後成長為中美洲的主要企業之一。為了表彰這項功績，聖薩爾瓦多市設立了平生三郎公園。

薩爾瓦多是全球第一個將比特幣作為法定貨幣的國家。

尼加拉瓜

全名：尼加拉瓜共和國
Nicaragua

面積：13萬㎢　首都：馬納瓜
人口：624．4萬　貨幣：科多巴
語言：西班牙語（官方語言）、英語、米斯基托語
宗教：天主教50%、福音派33．2%
鄰國：宏都拉斯、哥斯大黎加

歷經大震災而爆發的革命

因為處於環太平洋海板塊位置，中美洲各國時常發生大地震及火山爆發。1972年在尼加拉瓜首都馬納瓜及其周邊地區發生的大地震，造成約一萬人死亡、兩萬人受傷，受災人數高達三十萬人。以人為災害來說，這場災難可與日本1995年的阪神大地震相提並論。

針對此地震，當時世界各國雖向尼加拉瓜提供援助，但援助物資並未送進受災戶手中，而是被當時在位的蘇慕薩總統及其同夥非法侵佔。以此為契機，1979年爆發了桑迪諾人民革命，總統流亡，革命組織掌握了政權。之後，蘇聯支持革命政權，而美國支援反革命軍，使得該國成為美蘇代理戰爭的戰場。

冷戰結束後，該國開始進行新的國家建設，觀光業是支撐新國家建設的產業之一。其中一個觀光熱點便是萊昂古城遺址。雖然是美洲大陸中最古老的西班牙殖民城市，但在1609年的火山爆發中遭到遺棄。直到1960年，這座城市才在火山灰之下重見天日，並於2000年被登錄為世界遺產。與地震和火山的共存，或許正是該國的宿命。

哥斯大黎加

沒有軍隊的中美洲樂園

全名：哥斯大黎加共和國
Costa Rica

面積：5．1萬㎢　首都：聖荷西
人口：515．1萬　貨幣：哥斯大黎加克朗
語言：西班牙語（官方語言）
宗教：天主教71．8%、福音派與五旬節派12．3%
鄰國：尼加拉瓜、巴拿馬

哥斯大黎加在西班牙語中為「富饒的海岸」之意。正如其名，該國以擁有豐富的生態系聞名。森林中有被認為是漫畫《火鳥》原型的鳳尾綠咬鵑棲息，海岸一帶則是海龜的主要棲息地。世界遺產科科島曾經是電影《侏羅紀公園》的拍攝地點。

在這樣豐饒的自然生態之下，國家一直維持著和平局勢。該國是中美洲實行民主主義最久的國家，經濟也相當穩定，被喻為中美洲的樂園。在1949年制訂的憲法中，該國廢除了軍隊。在這之後，未曾經歷過像鄰近各國時常發生的軍事政變，而是透過民主選舉的方式進行政權交替。雖然這是一個沒有軍隊的國家，但在首都聖荷西郊區設有聯合國和平大學，或許是有這個國際機構的存在，保衛了哥斯大黎加的安全。

在日本的議會，有一種稱為「哥斯大黎加方式」的競選方式。這是指在眾議院的單一選區中，同一政黨的候選人進行協商，其中一人競選小選區選舉，另一人則競選比例代表，並在下次大選時輪流交替。在哥斯大黎加，為了防止政治腐敗，也為了避免總統與國會議員再次參選，因此可能會有「輪流參選」的情況，但實際上與日本的「哥斯大黎加方式」之運作方式有所差異。

巴拿馬

重要性不言而喻的運河之國

全名：巴拿馬共和國
Panama

面積：7・5㎢　首都：巴拿馬市
人口：392・9萬　貨幣：巴波亞
語言：西班牙語（官方語言）、英語、原住民語
宗教：天主教48・6%、福音派30・2%
鄰國：哥斯大黎加、哥倫比亞

說到巴拿馬，一定會聯想到「運河」。巴拿馬運河全長約八十公里，是連結加勒比海與太平洋的閘門式運河。有了這條運河，船隻可以在不繞過南美洲南端的情況下，將美洲大陸的西海岸和東海岸連接起來。

巴拿馬運河的開發，最初由開鑿蘇伊士運河的法國人勒塞普開始，但由於施工上的困難和瘧疾的流行，工程被迫中斷，直到1903年，美國買下了運河建設的所有權。最終，由美國於1914年完工。

原本巴拿馬為哥倫比亞的一部分，但在美國的策動下於1903年獨立。當時，巴拿馬運河地帶的主權被歸屬給美國。直到1999年12月31日完全歸還為止，實質上一直處於美國的控制之下。即使到了現在，貨幣也是以美元為基礎。

由於運河的存在，該國相當富裕，並也以方便的船舶註冊國而聞名，從外國船舶獲得的收入不少。另外，由於被視為一個避稅天堂，金融業也十分繁榮。因此，巴拿馬是中美洲唯一的高所得國家。

加勒比海

舊殖民國影響下的島嶼多元文化

加勒比海位於墨西哥灣的南部，將中美洲各國的東岸以及南美大陸北岸包圍，是與大西洋相鄰的海域。此地區也被稱為西印度群島，這是因為哥倫布最初到達此地時，誤以為自己到達了「印度」，這也是美國原住民被稱為「印地安人」的原因。

來自世界各地的移民

北美洲受到英國的影響，南美洲則受到西班牙和葡萄牙的影響，但加勒比地區則有所不同。在使用動力船之前，海上的風向和海流在海上交通中起著決定性的作用。從歐洲前往新大陸的時候，首先抵達的便是此地區。自哥倫布到達以來，英國、荷蘭和法國等國家相繼而來。每個島嶼都有不同的統治者，因此創造出多樣的文化。

殖民者在這個地方建立了許多種植園，促成了此地區的多元文化。自十七世紀至十九世紀，來自非洲的黑人被作為奴隸引入。廢除奴隸制度後，許多印度人、中國人等作為契約勞工來到這裡。因此，來自歐洲、非洲、亞洲和美洲等各國人種移居此地，使這個地區的文化十分多元。

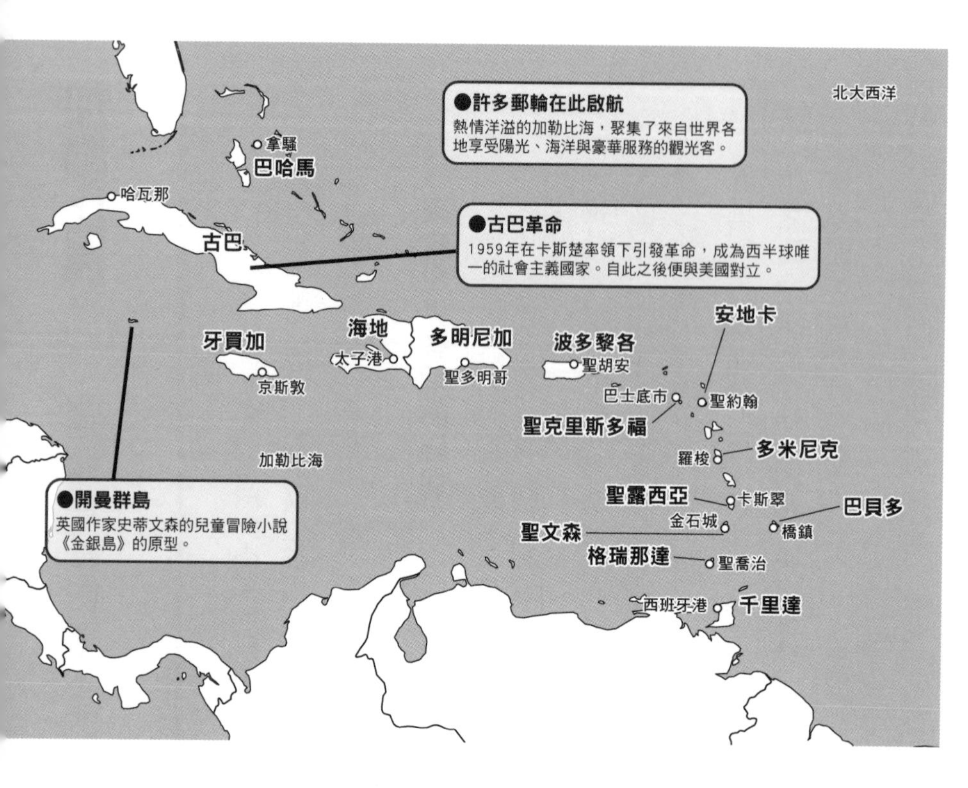

這個地區的典型農產品是蔗糖。現在因為生產環境的改變，糖的生產已大幅減少，但用於釀造萊姆酒的糖至今仍是該地區的特產。

另外，雖然生產量不多，但這裡生產了最高品質的海島棉。

為何加勒比海是避稅天堂？

說到加勒比海，你會先想到什麼呢？很多人會毫不猶豫地回答《神鬼奇航》這部電影吧？電影中所描繪的海盜們，或許就代表著追求夢想與浪漫的人們。即便是現在，這裡也隱藏著許多「寶藏」，因為這裡有許多避稅天堂。

由於小島國很難培育出強大的產

業，通常它們會降低公司稅和所得稅，以吸引外國企業進駐。因此，歐美的跨國企業和富裕階層開始將資產轉移至此。由於沒有稅金，幾乎沒有社會福利，因此也沒有冗長的法律規範，或許是與海盜活躍的時代有些類似也說不定。

巴哈馬
Bahamas

加勒比海首屈一指的渡假島嶼

面積：1．4萬km²　首都：拿騷
人口：35．3萬　貨幣：巴哈馬元
語言：英語（官方語言）、克里奧語（海地移民）
宗教：新教69．9％、天主教12％、其他基督教13％

距離美國佛羅里達半島約八百公里，位於加勒比海上的島國。雖是以約莫七百座島嶼以及珊瑚礁所組成的，但其中幾乎都是無人島，有人居住的島嶼不超過三十座。為海洋性的穩定氣候，海岸上有潔白的沙灘與椰子樹生長。如今，它已成為世界一流的渡假勝地。

對於觀光客而言，該國的魅力可不只在於海灘。因為它是一個著名的避稅天堂，所以購物當然是免稅。博弈是合法的，治安也很良好，對於歐美遊客來說是絕佳的渡假地點。許多遊客會選擇乘坐郵輪前來，是因為大部分郵輪都是巴哈馬籍。日本最大的郵輪「飛鳥號II」以前便是巴哈馬船籍的「水晶和諧號（Crystal Harmony）」。巴哈馬也是世界級的郵輪母港。

此島國的居民中有80％為黑人。據說哥倫布最初到達的是巴哈馬的聖薩爾瓦多島。當時雖然有原住民居住，但因為強迫勞動與疾病之故幾乎滅絕了。此後，自非洲被運來的奴隸及其後代成為巴哈馬的主要人口。

古巴

全名：古巴共和國
Cuba

靠近佛羅里達半島的社會主義國家

面積：11・1萬km²　首都：哈瓦那
人口：1103・2萬　貨幣：古巴披索
語言：西班牙語（官方語言）
宗教：基督教58・9%、民間信仰17・6%

古巴在佛羅里達半島以南約166公里處。2013年時有一位64歲女性成功泳渡此海峽，而成為轟動一時的新聞。儘管古巴和美國的實際距離非常接近，但在社會和經濟層面上，兩國之間的差距卻十分「遙遠」。

自哥倫布在1492年抵達以來，古巴長達約四百年受到西班牙的統治。進入十九世紀，當世界各地的殖民地紛紛發起獨立運動，古巴也發生了兩次獨立戰爭。1898年美西戰爭爆發後，西班牙放棄了古巴，並在美國的幫助下實現了獨立。然而，1959年古巴革命爆發後，古巴與美國斷交。在菲德爾・卡斯楚的帶領之下，進行了土地改革和外國企業的國有化，並提出實現平等社會的口號。同時也實行教育及醫療改革，國民生活水平也隨之提升。但與此同時，個人自由受到限制，許多知識分子逃亡美國。因此，佛羅里達州的邁阿密市又被稱作「北哈瓦那」。

2008年，革命領導人菲德爾・卡斯楚引退，其胞弟勞爾・卡斯楚也於2021年退休，革命世代就此退出了政治舞台。革命世代的最後一項任務是改善與美國之間的關係，在2015年與美國恢復邦交，兩國之間的未來發展備受矚目。

牙買加

Jamaica

世界最高級咖啡：藍山咖啡的出產國

面積：1・1萬㎢　首都：京斯敦
人口：281・7萬　貨幣：牙買加元
語言：英語（官方語言）、牙買加方言（英語系克里奧語）
宗教：新教64・8％、無宗教21・3％

位於古巴南方的島國，1962年獨立，是在此區域的英國殖民地中最早獨立的國家。雖然只是一個小國，但在加勒比海地區中是最知名的國家之一，原因有三：

首先是咖啡。生產量雖不多，但以生產最高級的咖啡豆「藍山咖啡」而聞名。風味上的絕佳平衡感，使得日本的咖啡愛好者為之傾倒。

其次是音樂。雷鬼音樂於1960年代在這片土地上誕生，2018年被登錄為聯合國教科文組織的無形文化遺產。日本樂團湘南乃風等為數眾多的音樂家都受其影響。

最後是體育運動。在田徑運動中，尤塞恩・博爾特（Usain Bolt）被喻為是人類史上最快的短跑選手。在一百公尺和兩百公尺競賽中，他連續三屆在北京、倫敦和里約奧運上獲得金牌。另外，在1988年的卡加利冬季奧運，牙買加國家雪車隊是第一次參與冬季奧運的熱帶國家。

牙買加為加勒比聯邦（加勒比海地區以英語為母語的國家）的中心。西印度群島大學莫納分校是由加勒比聯邦共同支持組建的自治性區域大學，並與日本埼玉縣的獨協大學簽訂了學術協議。

海地

世界第一個由黑人建立的國家

全名：海地共和國
Haiti

面積：2・8萬㎢　首都：太子港
人口：1119・8萬　貨幣：古德
語言：法語（官方語言）、海地語（法語系克里奧語・官方語言）
宗教：新教／基督復臨安息日會／耶和華見證人51・8%、天主教35・4%
鄰國：多明尼加共和國

海地共和國為伊斯帕尼奧拉島西部的領土。2010年1月，一場七級地震襲擊了首都太子港。此地震造成了31萬人以上死亡，是當代世界上傷亡規模最大的災難。

同年十月，又因颶風等自然災害引發大規模的洪水，導致衛生狀況惡化，霍亂流行，造成一萬人以上死亡。地震與颶風雖皆為自然災害，但造成如此大規模破壞卻是人為問題。首都因為受災而使政府陷入癱瘓，但事實上從以前開始政局便相當混亂，也因此成為世界上最貧窮的國家之一。

伊斯帕尼奧拉島原本是西班牙的殖民地，1660年代成為法國的殖民地。法國在這裡開始殖民開墾，原住民被消滅，作為勞動力的黑人也從非洲被帶往此地。

1804年，以法國大革命為契機，當地乘機發動了海地革命，建立了一個黑人國家。但是，在那之後政局不穩定，成為全球最不發達的國家之一。順帶一提，日本首位奪下大滿貫冠軍的網球選手大坂直美，她的父親就是來自海地。

多明尼加

加勒比海的棒球大國

全名：多明尼加共和國
Dominican Republic

面積：4・9萬km²　首都：聖多明哥
人口：1059・7萬　貨幣：多明尼加披索
語言：西班牙語（官方語言）、安地列斯克里奧語（官方語言）
宗教：天主教44・3%、福音派13%
鄰國：海地

多明尼加共和國佔據了伊斯帕尼奧拉島東側三分之二的土地。一聽到這個國名，大家第一個聯想到的就是棒球吧？棒球是從美國傳入的，但儼然已成為多明尼加的國民運動。雖然國內沒有職業聯盟，卻派遣許多球員到美國大聯盟效力。另外，日本職棒的中央聯盟廣島東洋鯉魚隊為了培育與挖掘選手，也在多明尼加設立了一個球員培訓學院。

伊斯帕尼奧拉島是歐洲人在南北美洲最早定居的地方之一，成為了西班牙人的殖民地。1821年雖然從西班牙獨立，但被併入海地，且歷經美國軍事統治等困難重重的歷史，現在已成為政局比較穩定的國家。穩定的政局也影響了森林管理，與海地的邊界在衛星圖像上清晰可見。

第二次世界大戰後，日本鼓勵國人移民到多明尼加，但因為評估工作沒做好，讓移民過去的日本人吃了很多苦頭。這些移民者感覺受到欺騙，他們的後裔在2000年針對此移民計劃提出移民訴訟。雖然法官認定政府有責任，但因時效問題而拒絕國家賠償，不過，最終日本政府仍支付了一筆補助費用而終結此案。

波多黎各

隸屬美國管轄的自治邦

全名：波多黎各自由邦
Puerto Rico

面積：0．9萬㎢　首府：聖胡安
人口：314．3萬　貨幣：美元
語言：西班牙語、英語
宗教：天主教85％、新教與其他15％

加勒比海上仍然有一些未獨立的島嶼。這些島嶼的共通點是面積小、人口稀少，以及沒有特殊產業。但在這些島嶼中，波多黎各是個例外，是最早被西班牙殖民的島嶼之一。最初進行金礦開採，但後來成為了少見的定居型農業殖民地。

1898年美西戰爭爆發，波多黎各被割讓給美國，從那時起即成為美國的領土，因此有許多美國企業進駐。居民包括西班牙裔的白人、黑人以及原住民，與原住民混血的現象相當普遍。但是語言上主要為西班牙語，英語並不常用。

居民雖持有美國國籍，但不需繳納美國的聯邦所得稅。然而，他們沒有選舉總統的權利，在參議院也沒有議席，只能向眾議院派出一名沒有投票權的代表。

波多黎各的意思是「豐饒美麗的海港」，但現實卻不是如此。國內的貧富差距相當大，許多居民生活在貧困之中。該州的財政狀況也相當吃緊，2017年向聯邦法院提出破產申請，其債務高達七百億美元。

聖克里斯多福

加勒比海最古老的渡假勝地

全名：聖克里斯多福及尼維斯聯邦
St. Kitts and Nevis

面積：261㎢　首都：巴士底市
人口：5・4萬　貨幣：東加勒比元
語言：英語（官方語言）
宗教：新教75・6%

位於小安地列斯群島，由聖克里斯多福島與尼維斯島所組成的小島國，人口只有大約五萬。1983年自英國獨立。國家全名聖克里斯多福及尼維斯聯邦（Federation of Saint Christopher and Nevis），可簡稱為聖克里斯多福（St. Kitts and Nevis）。

這片土地雖然是哥倫布發現的，但最初的定居者是英國人。之後雖然法國人也在此殖民，但在1783年後確立了英國的統治權。大多數居民是黑人奴隸的後裔，目前已逐漸混血化。

曾經以蔗糖栽培作為經濟中心，至今已幾乎停止生產，目前的核心產業為觀光業。除了美麗的海灘與珊瑚礁外，聖克里斯多福島的世界遺產硫磺山要塞國家公園為西印度群島最大的古蹟。尼維斯島上則有溫泉，並且有歷史悠久的溫泉渡假村，1778年建造了一家渡假飯店，是加勒比海地區最早建立的渡假飯店之一。

該國也是所謂的「避稅天堂」之一。這裡沒有所得稅與遺產稅，因此，據說不少歐美資產家會「購買」該國的國籍。

安地卡

全名：安地卡及巴布達
Antigua and Barbuda

面積：443㎢　首都：聖約翰
人口：9.9萬　貨幣：東加勒比元
語言：英語（官方語言）
宗教：新教68.3%

颶風重創後的國家重生

這個小島國由安地卡島、巴布達島以及無人的雷東達島所組成，在1981年從英國獨立。

加勒比海地區時常會受到颶風侵襲。2017年9月，該國遭到颶風艾瑪襲擊，導致約有一千六百人居住的巴布達島幾乎被水淹沒。不幸中的大幸是，大多數人所居住的安地卡島受害程度較小。

哥倫布發現巴布達島後，經過西班牙和法國殖民，成為了英國的殖民地。在十七世紀末期，開始了蔗糖的種植產業。

該島的主要產業曾經是糖業與棉花種植，但自1960年以來，糖業的地位逐漸式微。棉花產業的規模雖小，卻是被稱為「夢幻棉花」的海島棉產地。這種高級棉花也有外銷至日本。

現在的經濟中心為觀光業，同時也是航行加勒比海的郵輪停泊港之一。

多米尼克 —— Dominica

加勒比的植物園

面積：751㎢　首都：羅梭
人口：7．5萬　貨幣：東加勒比元
語言：英語（官方語言）、安地列斯克里奧語
宗教：天主教52．7%、新教29．7%

多米尼克位於小安地列斯群島上，由火山島組合而成。儘管經常受到地震和颶風等自然災害的侵襲，卻也因此創造了多樣的生態環境，生物種類相當豐富。其中最具代表性的地點便是三峰山國家公園。該公園於1997年被列入世界遺產，公園內有許多火山特有的地形、溫泉、熱帶雨林以及高透明度的湖泊等迷人景致，擁有許多充滿魅力的景點。

此外，該國的多樣性不只展現在自然環境上。居民雖以非洲裔的黑人為主，但也是在加勒比海地區中少數留有原住民的國家。由於自英國殖民地獨立，因此使用英語為官方語言，但因長時間受到法國的統治，以法語為基礎的克里奧語也被廣泛使用。

經濟的中心是農業、小型製造業和觀光業。雖然從前以香蕉為生產核心，現在也試圖透過種植柑橘類與熱帶水果等進行多元化發展。另一方面，以農業為基礎的香皂產業也在擴張中。因為是一個火山島，沙灘較少，與鄰近的島嶼相比，觀光業發展較為緩慢，但近年來已成為主要產業。特別是以豐富的自然為背景的生態旅遊蓬勃發展，令人期待。

聖露西亞——國名以女性命名的島國

St. Lucia

面積：616㎢　首都：卡斯翠
人口：16・7萬　貨幣：東加勒比元
語言：英語（官方語言）、安地列斯克里奧語
宗教：天主教61・5%、新教25・5%

聖露西亞也是位於小安地列斯群島上的火山島。最先定居於此的是法國人，後來法國與英國相互競爭土地所有權，在1814年成為英國殖民地。官方語言雖為英文，但以法文為根基的克里奧語也被廣泛使用。該國於1979年獨立。

農業為傳統的主要產業，主要生產香蕉和椰子。然而，香蕉的數量因國際市場的價格波動與颶風的影響之下銳減。該國也致力於發展旅遊業，以小皮通山與大皮通山為中心的皮通山保護區，在2004年被列入世界遺產。由於是火山島，這裡也有溫泉，法國統治時期所建設的溫泉設施，在二十世紀初期經過重建。

1979年獲得諾貝爾經濟學獎的阿瑟・劉易斯（Arthur Lewis），以及1992年的諾貝爾文學獎得主德里克・沃爾科特（Derek Walcott）皆來自聖露西亞。劉易斯是在高中畢業後遠赴英國求學，之後，也為祖國的西印度群島大學之擴建傾注心力。沃爾科特則是在西印度群島大學求學，後來分別在美國和英國的大學擔任教授。

聖文森

全名：聖文森及格瑞那丁
St. Vincent & the Grenadines

面積：389㎢　首都：金石城
人口：10．1萬　貨幣：東加勒比元
語言：英語（官方語言）、安地列斯克里奧語
宗教：新教75％

電影神鬼奇航的取景地

電影《神鬼奇航》和迪士尼樂園的同名遊樂設施大受歡迎，電影第一集《鬼盜船魔咒》便是以聖文森為取景地。聖文森的全名是「聖文森及格瑞那丁」，聖文森島是一座火山島，格瑞那丁則為珊瑚礁島，完美詮釋了加勒比海的形象。大自然即是該國最重要的資產。

此島最初也是由法國人開始定居。由於引進非洲奴隸殖民開墾之故，黑人佔了居民的大多數，但自奴隸制度廢除以來，也有許多印度裔移民繼承了殖民開墾的勞動力，因此島上約有5％為印度裔居民。

與其他加勒比海各國相同，主要的產業為觀光業。特別是一種名叫葛粉的澱粉類作物產量為世界第一，儘管受到颶風和火山爆發等自然災害的影響，生產仍然穩定。

2021年4月，聖文森島北部的蘇弗里耶爾火山噴發。這是大約四十年來該火山的首次大規模噴發，造成約兩萬人被迫撤離。島嶼北部的居民乘船離開島嶼，轉移到島嶼南部避難。日本也在此次災害中提供了緊急救援物資。

格瑞那達

Grenada

受到美國軍事介入的小國

面積：344㎢　首都：聖喬治
人口：11．4萬　貨幣：東加勒比元
語言：英語（官方語言）、安地列斯克里奧語
宗教：新教49．2%、天主教36%

該國是由本島格瑞那達島和其他小島組成的國家。1967年成為英國自治區，在1974年獨立。之後，1979年發動了一場無流血軍事政變，成立了人民革命政府。1983年10月，一場親蘇聯派系政變導致總理被謀殺，隨後美軍及六個中美洲國家入侵了格瑞那達。之後，聯合國召開緊急安理會，提交了一項譴責美國入侵的決議案。這項決議雖然在美國持有否決權的情況下予以駁回，但在之後的大會上被通過。然而，美國並沒有遵守這項決議。在戰事方面，由美軍為首的多國籍軍隊擁有壓倒性優勢，戰爭在數日內便結束，人民革命政府解體，建立了親美政權，並一直存在至今。

在經濟上屬於中高所得國家，主要產業為農業與觀光業。生產肉豆蔻、香蕉與可可豆。國旗上所描繪的圖案，正是生產量領先世界的肉豆蔻，因此這裡被稱為「香料之島」。觀光業在美國入侵以前便有所成長，在美國佔領後迅速發展。由於美國軍隊的介入，治安方面得到了改善。現在，格瑞那達可以說是加勒比海各國中治安最好的國家，對於發展觀光業也有良好的影響。

巴貝多

Barbados

加勒比海各國之中的優等生

面積：430㎢　首都：橋鎮
人口：30・2萬　貨幣：巴貝多元
語言：英語（官方語言）、巴詹克里奧語（英語系克里奧語）
宗教：新教66・4％、無宗教20・6％

位於小安地列斯群島最東邊的國家，島嶼全體為珊瑚礁。儘管在1500年左右由西班牙人最先抵達該島，但將此島作為殖民地開發的卻是英國。英國在這片土地上殖民開墾，原住民已經被西班牙人滅絕，所以黑人奴隸被引入，他們的後代子孫現在便是該國主要的居民。

1939年設立了自治議會，1961年時獲得廣泛的自治權，1966年達成獨立。首都橋鎮留有英國式的街道樣貌，已被列入世界遺產，因此該國也被稱作「小英格蘭」。

人均國民所得超過一萬五千美元，是加勒比海地區最富裕的國家。教育也相當普及，識字率幾乎達到百分之百。

主要產業為農業與觀光業。農業方面以砂糖生產為核心，另外也以葡萄柚的原產地而聞名。美麗的海灘、寧靜的街坊、鐘乳石洞以及政治的穩定成為了該國觀光業的基石。然而，由於全球金融危機導致經濟情況惡化，正在努力重振經濟。

千里達

全名：千里達及托巴哥共和國
Trinidad and Tobago

擁有石油與天然氣資源的國家

面積：5128㎢　首都：西班牙港
人口：122．1萬　貨幣：千里達及托巴哥元
語言：英語（官方語言）、印度語、法語、西班牙語、中文
宗教：新教32．1％、天主教21．6％、印度教18．2％

位於小安地列斯群島南端，與隔海相望的南美洲大陸僅距離十公里。該國的經濟實力是西印度群島中最為雄厚的，這是因為該國擁有豐富的石油與天然氣資源。千里達的石油產業歷史悠久，最早於1857年便開始進行挖掘，比美國的探勘還早了兩年。擁有一百多年的歷史。近年來，石油產業雖停滯不前，天然氣的重要性卻日益增加。今後，非能源產業的發展至關重要。

與其他加勒比海各國相同，此地首先被西班牙發現並殖民，之後相繼被英國、法國和荷蘭所統治，最終成為英國的殖民地，並在1962年獨立。

自從成為英國的殖民地後，該國一直以甘蔗種植為經濟支柱。最初作為勞動力的是黑人奴隸，但之後作為契約勞動者的印度人也陸續流入。現在構成該國的人口約為印度裔與非洲裔黑人各半。

千里達嘉年華（J'ouvert）被稱為世界三大嘉年華會之一，每年都會吸引許多觀光客前往。

加勒比海非獨立地區

不獨立是有原因的

在加勒比海域上，有到現在仍未獨立的島嶼。讓我們來一窺究竟吧！

首先是英屬領地。如安吉拉、蒙哲臘、土克凱可群島以及開曼群島等，各自擁有一定程度的自治權。在火山島蒙哲臘，自1995年以來，火山噴發頻繁，核心都市普利茅斯被大量火山灰覆蓋並遭到遺棄。開曼群島被認為是史蒂文生的小說《金銀島》的原型，以稅務天堂而聞名。

法屬領地則為聖馬丁島、聖巴瑟米、瓜地洛普和馬丁尼克等島嶼，是法國的海外省與海外地區。這些地區可以派遣國會代表進駐法國國會，擁有與傳統殖民地不同的特殊地位。

荷蘭的領土包括阿魯巴、古拉索、聖馬丁、聖佑達修斯、波奈島與沙巴島。前三個地區與荷蘭本土具有對等關係，是構成荷蘭王國的成員國，擁有高度自治權；後三個地區因規模較小，已被編入為荷蘭本國的一部分。

美國除了前述的波多黎各之外，還擁有美屬維京群島等地。居民雖擁有美國的公民權，卻沒有總統與聯邦國會議員的選舉權。

第 5 章

南美洲

法屬幾內亞
蓋亞那
蘇利南
大西洋
巴西
拉圭
烏拉圭
福克蘭群島
經度0度

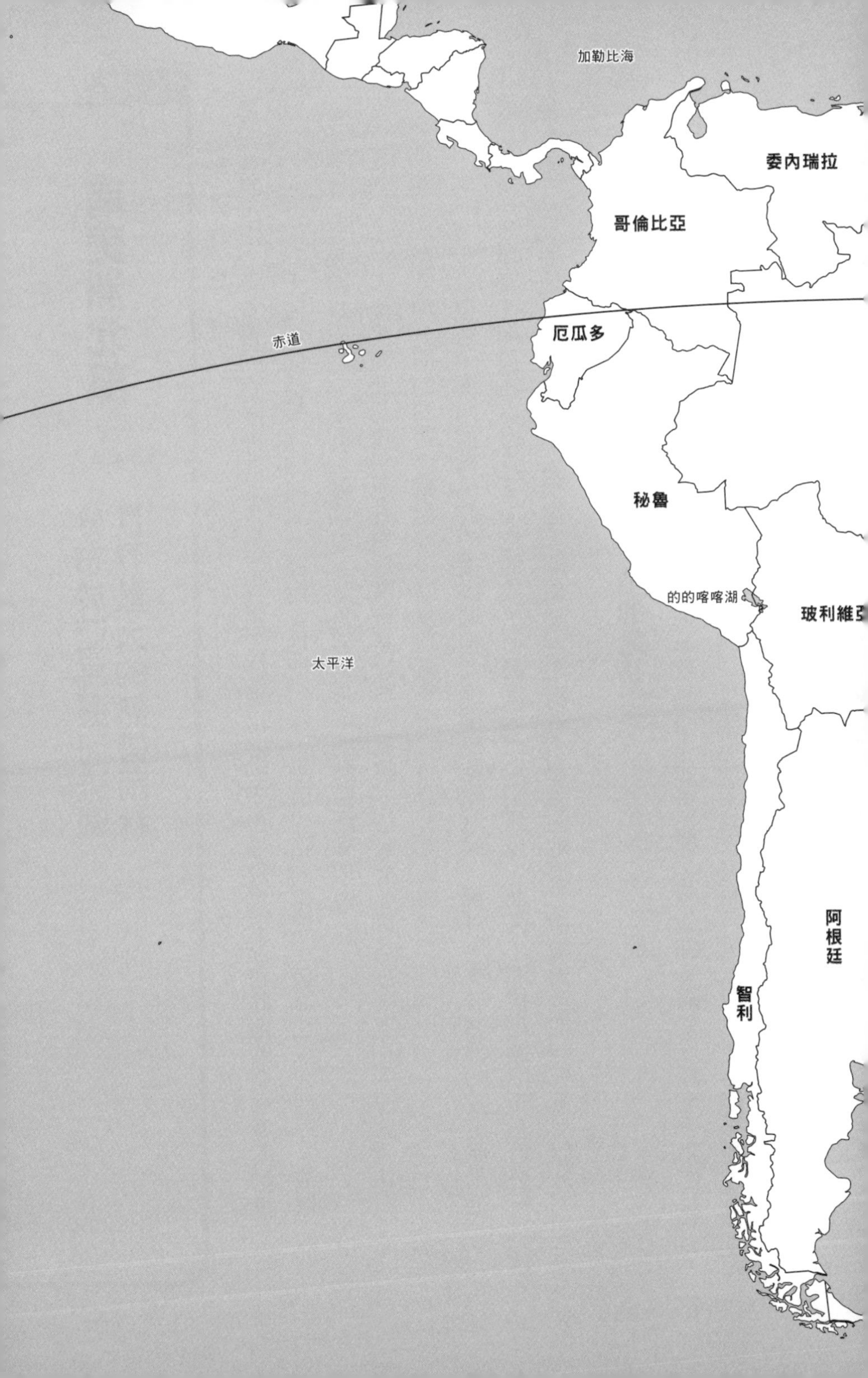
加勒比海
委內瑞拉
哥倫比亞
赤道
厄瓜多
秘魯
的的喀喀湖
玻利維
太平洋
阿根廷
智利

南美洲北部

分布於亞馬遜河流域，世界最大的熱帶雨林

本書的南美洲北部，是指赤道與赤道以北的南美洲國家。位在此區的亞馬遜河是世界上流域面積最大的河流，源自安地斯山脈，沿著赤道向東流，最終注入大西洋。流域橫跨以巴西為主的七個國家，是世界上最大的熱帶雨林地區。

南美洲北部幾乎所有的地區皆屬於熱帶氣候，包括全年高溫的熱帶雨林氣候、雨季和乾季分明的熱帶草原氣候，以及高溫多雨的熱帶季風氣候。

但是，面向加勒比海的委內瑞拉北部卻是乾燥氣候，另外，由於西部的安地斯山脈縱貫，即便在赤道正下方也形成了涼爽舒適的高山氣候。此外，海拔超過四千五百公尺的地區更能看到永久積雪。即便在赤道附近，複雜的地形也產生出多樣的天氣型態。

各國的官方語言為殖民地的痕跡

若看南美洲全體，由於許多地區曾為西班牙殖民地，因此許多國家以西班牙語作為官方語言。在北部，厄瓜多和哥倫比亞以西班牙語為官方語言，巴西使用葡萄牙語，蓋亞那使用英語，蘇利南則使用荷蘭語，反映了殖民地之間的主權競爭。

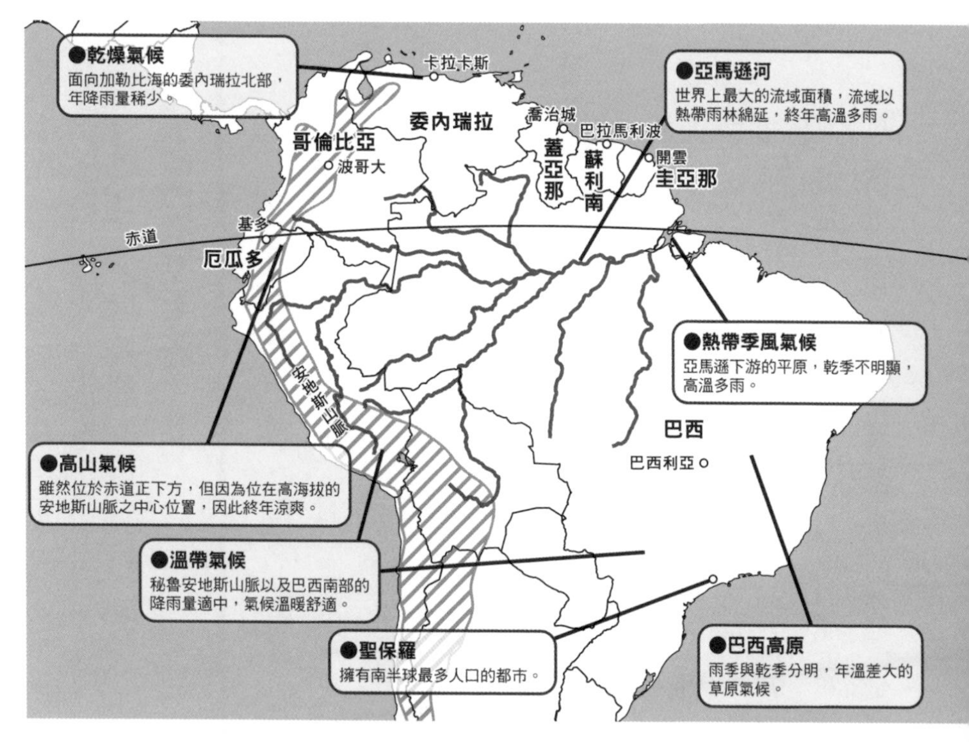

此外，南美洲北部是一個石油豐富的地區。委內瑞拉的原油蘊含量超過了石油大國沙烏地阿拉伯，位居世界第一，出產量也是領先世界。其他如厄瓜多和哥倫比亞的原油輸出量也位居頂尖。從２０２０年開始，圭亞那也開始了石油生產。

南美洲北部的各國，相當重視與中南美洲鄰近各國之間的關係，並朝向與鄰近國家的友好關係前進。然而，委內瑞拉與蓋亞那在經濟關係上有密切往來的同時，仍有尚未解決的領土問題，蓋亞那與蘇利南之間也存在著邊界問題。

哥倫比亞

全名：哥倫比亞共和國
Colombia

混血兒眾多的咖啡生產國

面積：113．9萬㎢　首都：波哥大
人口：5035．6萬　貨幣：披索
語言：西班牙語（官方語言）、原住民語
宗教：天主教79%、新教14%
鄰國：巴拿馬、委內瑞拉、巴西、秘魯、厄瓜多

南美洲的國家之中，原住民、歐洲裔、非裔等混血比例相當高。哥倫比亞的混血人口比例佔了將近75%，是一個混血居民眾多的國家。在混血人口之中，又以原住民和歐裔混血的麥士蒂索人（Mestizo）最多，佔了總人口將近六成，而歐洲裔和非洲裔混血的穆拉托人（Mulatto）佔了總人口的14%，最後是原住民和非洲裔混血的桑博人（Zambo），佔了近3%。

儘管南美洲整體上存在原住民、歐洲裔、非洲裔等區別，但在混血人口眾多的哥倫比亞共和國，區分人種與民族的意義並不大。政治方面，在國內兩大政黨對立的背景之下，左翼的游擊隊組織與哥倫比亞政府之間的內戰已持續了五十年以上。雖然治安一直不穩定，但在２０１６年以後已朝向和平發展。

支撐該國經濟的是原油與煤炭等能源，出口額佔比相當高。此外，咖啡豆的生產位居世界第三，僅次於巴西和越南（２０１９年資訊）。如果只計算對日本的出口額，咖啡豆是最主要的出口商品，占總出口額近四成（２０１６年資訊）。哥倫比亞雖位於赤道附近，但因為位在晝夜溫差大的高地，是適合種植咖啡豆的高原之國。

委內瑞拉

全名：委內瑞拉玻利瓦共和國
Venezuela

原油埋藏量為世界第一

面積：91・2萬㎢　首都：卡拉卡斯
人口：2906・9萬　貨幣：玻利瓦爾
語言：西班牙語（官方語言）、31種原住民語（官方語言）
宗教：天主教96％、新教2％
鄰國：蓋亞那、巴西、哥倫比亞

超過八成的國民為歐洲裔和原住民的混血或純歐洲裔。原油的蘊藏量為世界第一，特別是橫跨國土中央地區的奧利諾科河流域，其蘊藏量非常豐富（以重質原油為主）。石油工業已實現國有化，出口主要是原油（佔八成以上）和石油製品，對於石油的依賴程度相當高。擁有嚴峻的貧富差距問題，二十一世紀初開始，由於國家經濟管理不善和腐敗導致國家經濟崩潰，導致物價上漲、失業率提高和外流人口增加。

1999年的查維茲總統上任後，在外交策略上從親美轉向反美。憑藉豐富的石油資源展開多角化外交。為了與古巴以及玻利維亞等國共同實現整合中南美洲的目標，創立了「南美洲國家聯盟」，並強化與伊朗、俄羅斯等反美國家的合作關係。

在經濟和金融方面，加強中國及土耳其的關係，並於2019年在北韓開設了大使館，因此被認為是左派國家。雖然作為反美先鋒時常批判美國，但對於委內瑞拉來說，美國是其主要石油出口市場，在進口總額中美國仍位居第一。雖然在2019年與美國斷交，但在經濟方面仍有緊密的聯繫，今後與美國的關係仍備受矚目。

蓋亞那——試圖以石油擺脫貧困的國家

全名：蓋亞那共和國
Guyana

面積：21．5萬㎢　首都：喬治城
人口：78．8萬　貨幣：蓋亞那元
語言：英語（官方語言）、蓋亞那克里奧語
宗教：新教34．8％、印度教24．8％、天主教7．1％
鄰國：蘇利南、巴西、委內瑞拉

蓋亞那擁有長期被英國殖民的歷史，是在南美洲唯一以英語作為官方語言的國家。1831年成為英屬領地，1834年廢除奴隸制度後，引入大量來自許多同為英國殖民地的印度勞工。1966年加盟大英國協成為獨立國家。國民有四成為印度裔，非洲裔佔三成，混血約佔兩成，原住民為一成。因此除了英語之外，也使用印度語、烏爾都語、蓋亞那克里奧語以及原住民語等語言。

國土面積約有八成以上被森林覆蓋，包括位於中央的熱帶雨林。主要產業為糖、米、萊姆酒等農業，漁業為蝦類，礦業為鋁土礦。從2020年開始生產石油。雖然在此之前被視為貧窮國家，但隨著石油的開採和生產，大幅改善了貿易赤字，經濟發展急速好轉。

與鄰國的委內瑞拉的經濟關係緊密，但仍存在著佔其國土三分之二的艾瑟奎波地區的領土爭端問題。在成為英國殖民地之前，該地區由荷蘭西印度公司統治，1740年建立了稱為紐阿姆斯特丹的美麗港口城鎮。

蘇利南

官方語言為荷蘭語的多種族國家

全名：蘇利南共和國
Suriname

面積：16．4萬㎢　首都：巴拉馬利波
人口：61．5萬　貨幣：蘇利南元
語言：荷蘭語（官方語言）、英語、蘇利南語
宗教：新教23．6％、印度教22．3％、天主教21．6％、伊斯蘭教13．8％
鄰國：法屬圭亞那、巴西、蓋亞那

從十六世紀到十七世紀，英國和荷蘭一直在這片土地上爭奪領土主權，在1667年與新阿姆斯特丹（現在的紐約市）交換，成為荷蘭的殖民地。1975年完成獨立，但在獨立後仍與荷蘭有著深厚的關係，是南美洲唯一使用荷蘭語為官方語言的國家。

近年來，試圖強化與以巴西為首的周邊各國，以及與印度、中國、印尼和歐盟之間的關係，朝向多元發展的外交政策。在蓋亞那與法屬圭亞那的包圍之下，與兩國存在著國界問題。出口額約有五成以上來自黃金、鋁土礦等礦產。

殖民地時期從非洲輸送許多奴隸至此，奴隸解放運動後，為了彌補農地勞動力不足的問題，引入了許多來自印度與印尼的移民人口。因此，印度裔的居民佔了人口近三成，克里奧人（在此地出生長大的歐洲裔與非洲裔混血）佔近兩成人口，非洲裔的馬龍人（作為奴隸被運送至此，逃脫後對奴隸解放運動有所貢獻之人的後裔）和印尼裔也佔了一成以上，具有多元的種族結構。

雖然基督教徒佔了人口近四成，但印度裔多信仰印度教，印尼裔則多信仰伊斯蘭教，宗教信仰也十分多樣。

圭亞那

南美唯一的非獨立地區

全名：法屬圭亞那
Guyane

面積：84萬㎢　首府：開雲
人口：29・9萬　貨幣：歐元
語言：法語（官方語言）
鄰國：巴西、蘇利南

法屬圭亞那是南美洲大陸唯一的非獨立地區。1794年開始成為法國的流放地，開始將囚犯運送至此，1852年開始了以囚犯為主的殖民活動。1938年結束作為流放地的角色，1946年，法屬圭亞那從法國的殖民地轉變為與法國本土地位相同的海外省。

從南部的圭亞那高地向北部緩緩傾斜，北部地勢平坦。除了法語之外，也使用當地的克里奧爾法語。居民以歐洲裔和非洲裔居多，但也有許多在當地出生的克里奧爾人，他們已經融入了歐洲式的生活方式。

1960年代後期建立了法國國家太空研究中心的火箭發射基地。最初使用法國開發的鑽石系列運載火箭與人造衛星發射上空，但後來使用歐洲太空總署（ESA）的亞利安火箭。

與鄰國蘇利南和巴西皆存在國界上的爭議。內陸地區是熱帶雨林，沿海地區與河流沿岸種植了稻米、玉米、咖啡和甘蔗等作物。漁業方面是蝦類。礦產資源則有自十九世紀中葉發現的黃金和鋁土礦等資源。

巴西

全名：巴西聯邦共和國
Brazil

日籍人士眾多，經濟發展備受矚目

面積：８５１・６萬㎢　首都：巴西利亞
人口：2億１３４５萬　貨幣：雷阿爾
語言：葡萄牙語（官方語言）、原住民語
宗教：天主教65％、新教22・２％
鄰國：法屬圭亞那、蘇利南、蓋亞那、委內瑞拉、哥倫比亞、玻利維亞、秘魯、巴拉圭、阿根廷、烏拉圭

國土面積為南美洲最大，是世界第五大的國家。北部有南美最長的亞馬遜河流經，覆蓋著葡萄牙語裡稱為「Selva」的亞馬遜雨林。橫跨玻利維亞和巴拉圭的潘塔納爾濕地是世界最大的濕地。南部是佔據國土面積近六成的巴西高原，大部分地區屬於氣候宜人的溫帶氣候，因此人口多集中於此。

從１９０８年開始，日本移民開始湧入。移民多數在咖啡園從事勞動工作，也有用積蓄購買土地的農業自營者。１９５０年代開始，隨著工業化的發展，許多工業技術人員開始移居至此。進入１９７０年代，大規模的移民活動停止。日裔人口估計有一百五十萬人至兩百萬人左右，經過了幾個世代，已朝向混血化邁進。

以豐富的地下資源為基礎，在１９９０年代起經濟急速成長，與俄羅斯、印度、中國和南非共和國等一同被稱為金磚國家（ＢＲＩＣｓ）。雖是南美中經濟規模最大的國家，但受到２００７年世界金融危機的影響，經濟停滯不前。現在，利用豐富的水資源進行水力發電，佔總發電量的六成以上，是世界上水力發電比例最高的國家之一。

● 華麗的里約狂歡節

巴西的嘉年華會原本為天主教會的慶典，在禁止食肉的齋戒日之前舉辦。十七世紀起，葡萄牙移民將嘉年華引入巴西，在二十世紀前半開始舉行森巴舞蹈與扮裝比賽，逐漸發展成里約狂歡節。森巴舞則是起源於非洲帶來的奴隸，從當地流傳而來的非洲民族音樂。

對於歐洲（葡萄牙）後裔與非洲後裔來說，生活在異國的鄉愁加上被歐洲人掠奪土地的苦悶，生活在這片土地的人們，將這些情緒在嘉年華中爆發出來，可以說是多元文化、歷史背景以及各種情感的融合，造就了如此華麗絢爛的節慶文化。

巴西的代表性料理是以炭火燒烤的巴西烤牛肉（Churrasco）。巴西的牛隻飼養數、牛肉生產量以及出口量皆在世界上名列前茅。國內的牛肉消費量也很大，吃牛肉儼然成為一種文化。順道一提，同樣的烤牛肉料理，在阿根廷稱為「阿薩多」（Asado）。

在巴西最受歡迎的運動為足球。在這個經濟差距極大的國家裡，許多孩子以成為足球運動員為目標，希望能藉此擺脫貧困。

厄瓜多

赤道之下，搖擺不定的外交關係

全名：厄瓜多共和國
Ecuador

面積：28．4萬㎢　首都：基多
人口：1709．3萬　貨幣：美元
語言：西班牙語（官方語言）、原住民語（克丘亞語、舒阿爾語等）
宗教：天主教74％、福音派10．4％
鄰國：哥倫比亞、秘魯

位於赤道正下方的國家，國名的由來為西班牙語的「赤道」。國土的中央地帶聳立著安地斯山脈，首都基多幾乎位在赤道正下方，海拔達兩千八百公尺，是世界海拔第二高的首都，年均溫約為攝氏14度，氣候溫和宜人。

厄瓜多的面積相當於臺灣的7．8倍，分為山區、海岸區、熱帶雨林區和加拉巴哥群島等四個地區，加拉帕戈斯群島是達爾文得到進化論思想的重要地點，具有豐富的獨特物種。在這樣多樣的自然環境中，居民種植稻米與果樹，畜牧業也十分發達，香蕉、咖啡豆和可可豆是主要農產品。石油和蝦子也是相當重要的出口品。

在政治和經濟不穩定的情況下，自2000年起，貨幣全面改為美元。然而，受到原油價格和美元貶值導致的財政惡化影響，該國取消了與美國等國家的自由貿易協定（FTA），並加強了與委內瑞拉等左派政權之間的關係。

2017年，該國從左派外交政策大幅轉向，試圖改善與美國之間的關係。厄瓜多宣布有意加入經濟合作暨發展組織（OCED）的意願外，同時強調重視與中南美洲國家的關係，退出了旨在推動整合南美洲的南美國家聯盟，推動自由主義政策。

南美洲南部

廣大的草原地帶與世界最長的山脈

本書的南美洲南部，是指自赤道以南的南美洲大陸各國。西部有安地斯山脈，橫跨秘魯、玻利維亞、智利和阿根廷。從中央延伸到東部地區的區域，則是被稱為大廈谷（Gran Chaco）的平原和濕地，範圍包括玻利維亞、巴拉圭和阿根廷。另外，還有一片被稱為彭巴草原的地帶，以阿根廷為中心廣泛分佈。

西部的安地斯山脈地區為苔原氣候與高原氣候，海岸地區則是以乾燥的沙漠氣候呈帶狀方式朝南北延伸。智利南部屬於溫帶氣候，但因南美大陸的南端非常接近南極，因此屬於寒帶。另一方面，內陸地區從北往南為溫帶至乾燥帶，繼續朝向南極方向則是溫帶至寒帶。東部為宜居的溫帶氣候，都市多集中於此。

原住民與歐洲移民的混合

在安地斯山脈貫穿的秘魯和玻利維亞，原住民的比例較高；位在平原的烏拉圭和阿根廷則以歐洲移民佔多數。這是因為當西班牙征服南美洲時，難以進軍至高地，而平原地區原本就少有原住民，歐洲移民移入並開拓了這片土地的緣故。在智利和巴拉圭，以

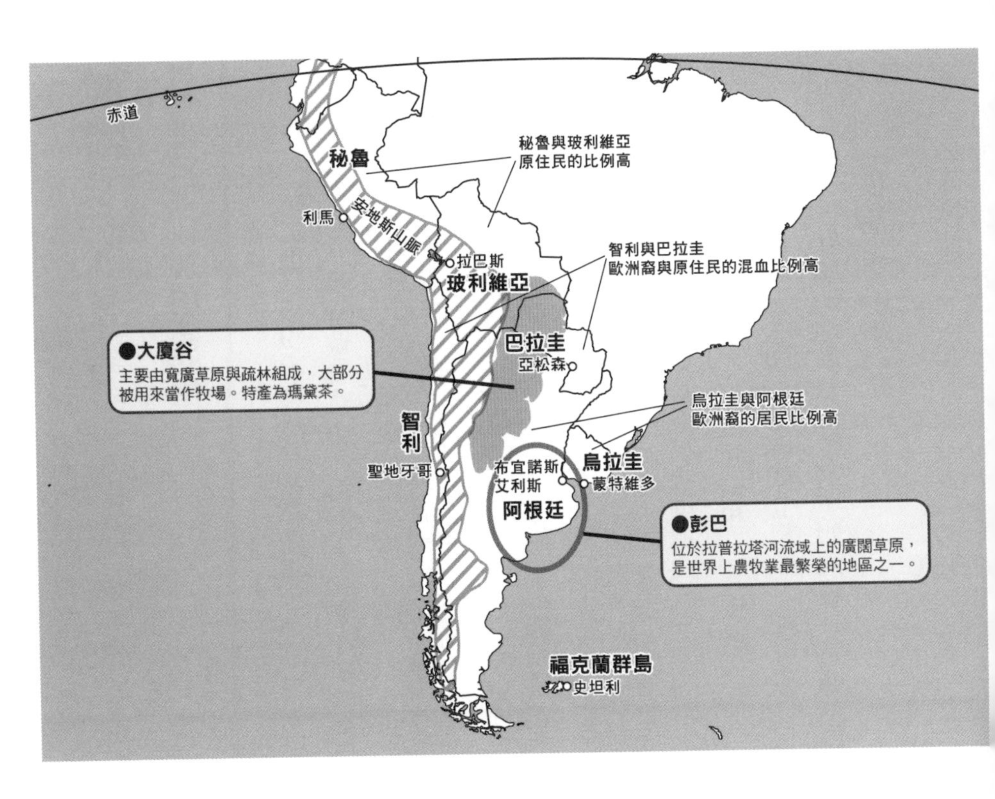

高比例的歐洲與原住民混血為特徵。

南美洲南部的國家重視與中南美洲各國的關係，許多國家都在以自由貿易為目標的南方共同市場（註）之中擔任核心角色。

註：南方共同市場為巴西、阿根廷、烏拉圭、委內瑞拉（2017年被終止成員國資格）和巴拉圭等五國的區域性貿易協定，成立宗旨為促進自由貿易及資本、勞動、商品的自由流通。

秘魯

日籍總統與印加帝國的遺跡

全名：秘魯共和國
Peru

面積：１２８・５萬㎢　首都：利馬
人口：３２２０・１萬　貨幣：索爾
語言：西班牙語（官方語言）、克丘亞語（官方語言）、艾瑪拉語（官方語言）
宗教：天主教60％、福音派11・１％
鄰國：厄瓜多、哥倫比亞、巴西、玻利維亞、智利

在１９９０年的秘魯總統選舉中，日本裔的藤森當選成為總統，掌權直到２０００年。在藤森政權之下，雖努力反恐和提升經濟以穩定國政，但仍未解決貧富差距的問題。外交方面，重視與南美洲各國之間的關係，是安地斯共同體（ＣＡＮ）的創始成員，致力於以安地斯地區為中心的綜合性經濟發展。

秘魯擁有許多知名觀光景點而享譽世界。在臺灣也很有人氣的納斯卡線以及馬丘比丘皆被登錄為世界遺產。納斯卡線據說是在西元前２００～西元８００年間的納斯卡文明所繪製。馬丘比丘為十五世紀中旬之印加帝國時期建造的城市遺址。它位於海拔兩千四百公尺處，至今仍能看見灌溉設施完善的梯田遺跡。

位於玻利維亞與秘魯國境內的「的的喀喀湖」為世界上海拔最高的湖泊（海拔三千八百公尺），長度兩百公里、寬度最大為八十公里，是足以讓大型船隻航行的廣闊湖泊。此地區在印加帝國成立以來，便有原住民居住於此。

該國的地下資源豐富，如銅礦、鉛礦、鋅礦、水銀和銀礦等產量皆傲視全球，原油也是主要的出口產品。

玻利維亞

全名：玻利維亞多民族國
Bolivia

面積：109．9萬㎢　首都：拉巴斯
人口：1175．9萬　貨幣：玻利瓦諾
語言：西班牙語（官方語言）、36種原住民的語言（官方語言）
宗教：天主教70％、福音派14．5％
鄰國：秘魯、巴西、巴拉圭、阿根廷、智利

國名更改為「多民族」的理由

玻利維亞是一個內陸高山國家，北部的低地雖然屬於熱帶氣候，但安地斯山脈的高原地區則是年均溫變化少的溫和高山氣候。首都拉巴斯的海拔三千六百公尺，是世界最高的首都，年均溫僅攝氏9度，且全年氣溫變化不大。西部地區則是一系列海拔六千公尺等級的火山群。

進入2000年代後，天然氣出口計畫引發了爭議，以原住民與貧困階級居多的山岳地帶西部住民，與要求強化地方自治且擁有豐富資源的東部居民之間產生了對立。2006年，史上首位原住民出身的總統莫拉萊斯當選之後，施行了一系列政策，包括擴大原住民權利、地方分權、抑制貧富差距的農地改革與土地利用限制，以及天然資源的國有化等，並於2009年頒布了新憲法。為了讓各族群達成共識，國名從「玻利維亞共和國」變更為「玻利維亞多民族國」。外交方面，以強化鄰近各國與美國之間的關係為基本，但莫拉萊斯總統也加強了與左派國家如委內瑞拉和古巴的關係。

主要產業為工業與農業，以世界屈指可數的鋰儲藏量為傲，目前正以開發礦產國有公司為目標，同時也計畫將天然氣國有化，以提升國家經濟實力。

巴拉圭

供電百分之百來自再生能源

全名：巴拉圭共和國
Paraguay

面積：40．7萬㎢　首都：亞松森
人口：727．3萬　貨幣：瓜拉尼
語言：西班牙語（官方語言）、瓜拉尼語
宗教：天主教89．6%、新教6．2%
鄰國：玻利維亞、巴西、阿根廷

位於南美大陸中央的內陸國家，拉普拉塔河的支流巴拉圭河從北向南貫穿整個國家，西部有被稱為大廈谷的平原，南部是廣闊的濕地。

另外，東部與巴西接壤的國界地區有著以豐沛水量為傲的巴拉那河。巴拉那河匯入巴拉圭河後流向阿根廷，在阿根廷與烏拉圭的國界處匯入烏拉圭，形成拉普拉塔河。

在巴拉那河上，有巴西與巴拉圭共同管理的伊泰普水壩（1991年完工）。其發電量位居世界前列，發電的電力則與巴西平均分配。在巴拉圭，水力發電不但可以滿足國內的電力需求，剩餘的電力還能出口至巴西。電力輸出佔全國出口額的四分之一，成為國家主要的經濟來源。

在外交方面重視與中南美各國的關係，為1995年創立的南方共同市場創始會員國之一。經濟上雖然仰賴巴西與阿根廷，但近年來自中國的進口產品急劇增加，在進口額方面以中國居冠。值得一提的是，巴拉圭是南美洲唯一與臺灣維持邦交關係的國家。

農牧業為主要產業，尤其以大豆的產量聞名世界。

阿根廷

廣大的穀倉地帶，歐洲語系居民眾多

全名：阿根廷共和國
Argentina

面積：278萬㎢　首都：布宜諾斯艾利斯
人口：4586・5萬　貨幣：披索
語言：西班牙語（官方語言）、義大利語、英語
宗教：天主教62・9%、福音派15・3%
鄰國：智利、玻利維亞、巴拉圭、巴西、烏拉圭

在南美洲之中，國土僅次於巴西，擁有被稱為彭巴草原的廣大穀倉地區，是農牧業非常發達的國家。穀物如玉米與大豆，水果如葡萄、檸檬與萊姆，以及馬匹與牛隻的飼育數量都居於世界領先地位。這些農牧業產品在出口產品中扮演著重要角色，支撐著阿根廷的經濟。

在彭巴草原從事放牧業的高楚人（Gauchos，意思類似於美國的牛仔），為阿根廷畜牧業的經濟支柱。人們經常可以看到高楚人穿著樸素的衣服騎馬在牧場上奔跑，曾經被視為落後的象徵，因此在十九世紀後半受到欺壓。阿根廷的牛肉生產與飼養數量在全球皆是領先地位，牛肉的消費量在世界上也偏高。將牛肉只以鹽巴調味後燒烤的「Asado（烤牛肉）」以及裹粉油炸的「Milanesa（炸肉排）」，都是阿根廷的國民美食。

外交方面，強化南方共同市場以及與歐美各國與鄰國的關係，重視美國和中國間的平衡。阿根廷的居民中，超過八成為歐洲裔，加上歐洲裔與原住民的混血，佔總人口的95%以上。歐洲裔之中，不只是西班牙裔，義大利裔也相當多，因此義大利是阿根廷的最大援助國家。

智利

礦業興盛的南北狹長國家

全名：智利共和國
Chile

面積：75．6萬㎢　首都：聖地牙哥
人口：1830．8萬　貨幣：智利披索
語言：西班牙語（官方語言）、原住民語（馬普切語等）
宗教：天主教66．7％、福音派與新教16．4％
鄰國：秘魯、玻利維亞、阿根廷

位在南美大陸西南部、南北延伸約四千三百公里的細長國家。國家如此細長的原因，是受到安地斯山脈南北走勢的影響。由於山脈愈高、需要橫越山嶺的物資運輸以及人際交流便愈發困難，因此不同的文化也沿著山脈傳播。雖然在歷史上歷經領土的擴大與分割，但擁有南北狹長國土的智利，展現了人們沿著山脈進行交流的典型案例。

北部為亞熱帶地區，沿著流經海岸的秘魯寒流，形成了降雨量稀少的海岸沙漠（阿他加馬沙漠）。中央地區為夏季乾燥的地中海型氣候，愈往南移動，氣溫愈低，形成了西岸海洋型氣候，在最南部則為寒帶氣候。中部地區是葡萄和蘋果等果樹為主的農牧業地區，南部則擁有大片森林，並且可見到峽灣地形。智利擁有許多太平洋上的島嶼，包括以摩艾石像聞名的復活節島，雖然國土細長，但若包含島嶼部分在內，在東西向來說也是相當寬廣的國家。

主要產業為礦業，銅礦產量為世界頂尖，鉬、鋰、銀礦等礦產也十分豐富，礦物資源的出口佔總出口額的一半以上。1980年代開始轉向開放經濟並持續成長，因此被稱為中南美洲的優等生。

烏拉圭

全名：烏拉圭東方共和國
Uruguay

以「世界最窮總統」聞名的國家

面積：17・6萬㎢　首都：蒙特維多
人口：339・8萬　貨幣：烏拉圭披索
語言：西班牙語（官方語言）
宗教：天主教47・1%
鄰國：巴西、阿根廷

歐洲裔居民約佔九成的烏拉圭，是被巴西與阿根廷等大國包圍的國家。十七世紀以來便是西班牙和葡萄牙的兵家必爭之地，在十八世紀後期成為西班牙的殖民地。十九世紀初，來自巴西的葡萄牙軍隊入侵並將其併入巴西，但於1828年完成獨立。

在這樣的歷史背景下，外交方面重視與鄰近各國之間的關係，特別是與巴西及阿根廷有著緊密的經濟關係，並極力保持平衡。官方語言為西班牙語。正式國名中的「東方」一詞，是因為該國位於烏拉圭河東岸的地理位置。

2010年當選的總統荷西・穆西卡（2015年卸任），將大約九成的薪資捐贈給慈善事業，自己過著簡樸的生活，因此被稱為「世界上最貧窮的總統」，同時也批判了追求經濟富足的社會觀念。

烏拉圭的產業以農牧業為主，國土有七成以上為牧草地，生產牛肉與羊毛。國民人均所得為南美的前段班，這個有著貧窮總統的國家在經濟上相對富裕。近年來，因為經濟上與中國關係深厚，中國在貿易額和援助國中處於領先地位。

福克蘭群島

英國與阿根廷的所有權之爭

別稱：馬爾維納斯群島
Falkland Islands

面積：1．2萬km²　首府：史坦利
人口：0．3萬　貨幣：福克蘭群島鎊
語言：英語（官方語言）
宗教：基督教57．1%

福克蘭群島為英國使用的名稱，阿根廷則將其命名為「馬爾維納斯群島」。位於阿根廷海域地區，由東福克蘭群島以及西福克蘭群島以及約兩百個小島組成。居民多為英國裔，因為氣候涼冷多雨，樹木生長不易，牧羊和漁業成了產業的重心。

十八世紀後期，英國（東福克蘭群島）與法國（西福克蘭群島）各自將其納入殖民地，之後便被西班牙佔領。1816年，自西班牙獨立的阿根廷也聲稱擁有這些島嶼，但英國予以否認，並在1833年派遣英國軍隊登陸，驅逐了阿根廷人。從那時起，雖然英國控制了該地區，但阿根廷仍持續主張擁有領土權。

1982年6月，阿根廷以武力佔領福克蘭群島，導致與英國之間爆發了「福克蘭戰爭」。同年六月，阿根廷投降，雙方停戰。英國與阿根廷雖然在1990年恢復了邦交關係，但阿根廷主張將這些群島納入新設立的省份，領土問題尚未解決。阿根廷主張擁有這些島嶼的原因除了歷史背景外，還因為該地區及其附近海域擁有豐富的油田。

第 6 章

大洋洲

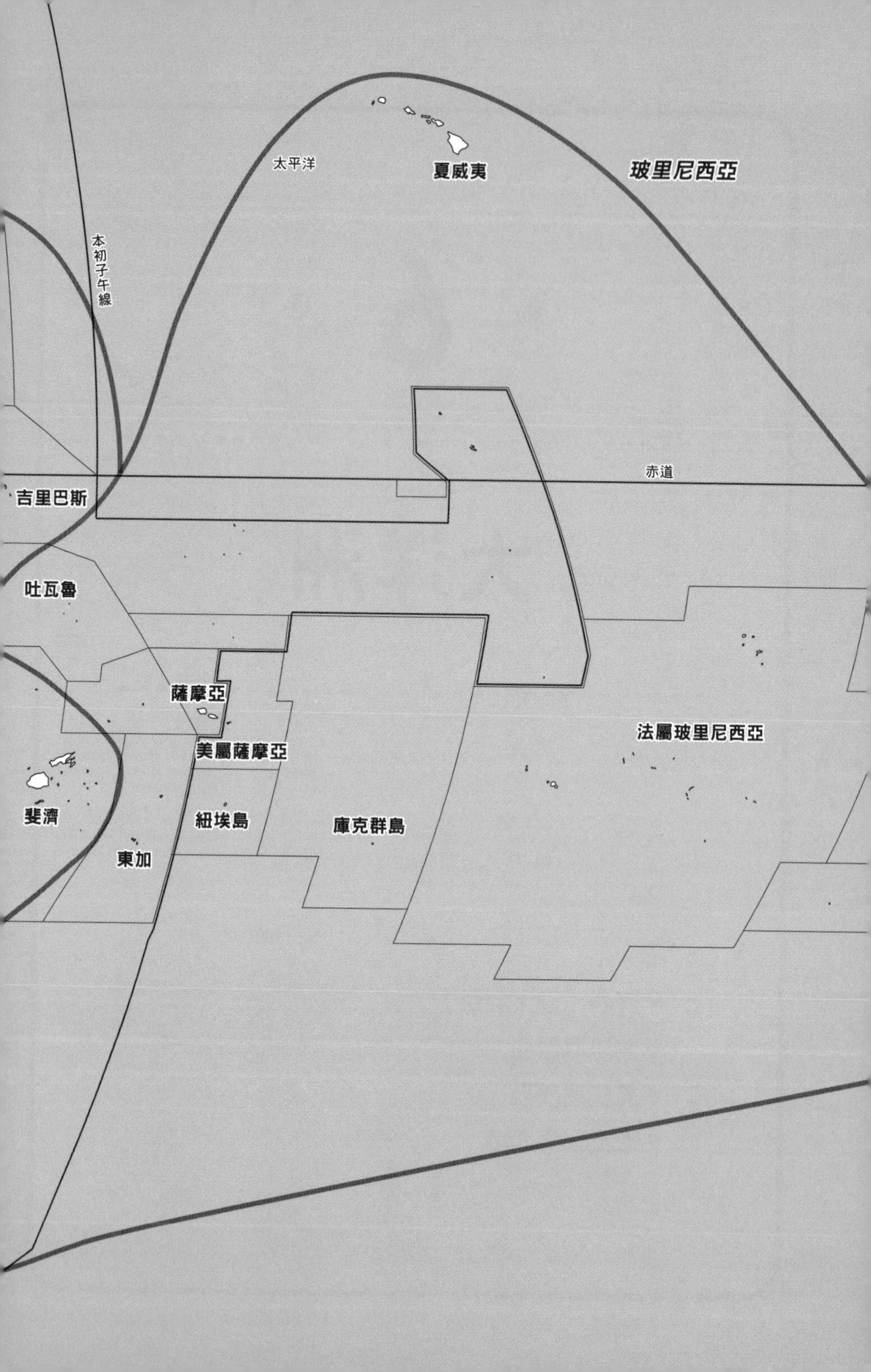

太平洋
夏威夷
玻里尼西亞
本初子午線
赤道
吉里巴斯
吐瓦魯
薩摩亞
美屬薩摩亞
法屬玻里尼西亞
斐濟
紐埃島
庫克群島
東加

密克羅尼西亞
關島
帛琉
密克羅尼西亞聯邦
西里伯斯海
諾魯
巴布亞紐幾內亞
索羅門群島
阿拉弗拉海
印度洋
美拉尼西亞
新喀里多尼亞
澳洲
塔斯曼海
紐西蘭

澳洲（澳大利亞）

從白人至上主義轉換到多元文化主義

全名：澳大利亞聯邦
Australia

面積：774．1萬㎢　首都：坎培拉
人口：2581萬　貨幣：澳元
語言：英語（官方語言）
宗教：新教23．1%、天主教22．6%、無宗教30．1%

大洋洲東西長約一萬四千公里，南北長約一萬公里，擁有廣大的土地，包括澳洲大陸和南太平洋的許多太平洋島嶼。在大洋洲的範圍內，陸地面積約佔6%，其中有九成的陸地面積是澳洲。

根據文化共通性來看，大洋洲可分為玻里尼西亞、密克羅尼西亞、美拉尼西亞以及澳洲大陸等四個區域。澳洲為世界最小的大陸。如果以麥卡托投影法（Mercator Pprojection）繪製的世界地圖來看，格陵蘭島看起來比澳洲更大，但事實上，澳洲的面積是格陵蘭的三倍以上。

●擁有豐富的地下資源而礦產興盛

澳洲的國土有三分之二為乾燥地帶，特別是內陸地區是廣大的沙漠地帶。在這樣的氣候條件下，難以發展農業，因此產生以地下水與灌溉方式進行畜牧業的地區。

然而，在許多被認為是不毛地帶的地方，發現了許多地下資源，因此曾被稱為是「幸運之國（Lucky Country）」。澳洲是全球最大的鋁土礦以及鐵礦石生產國（201

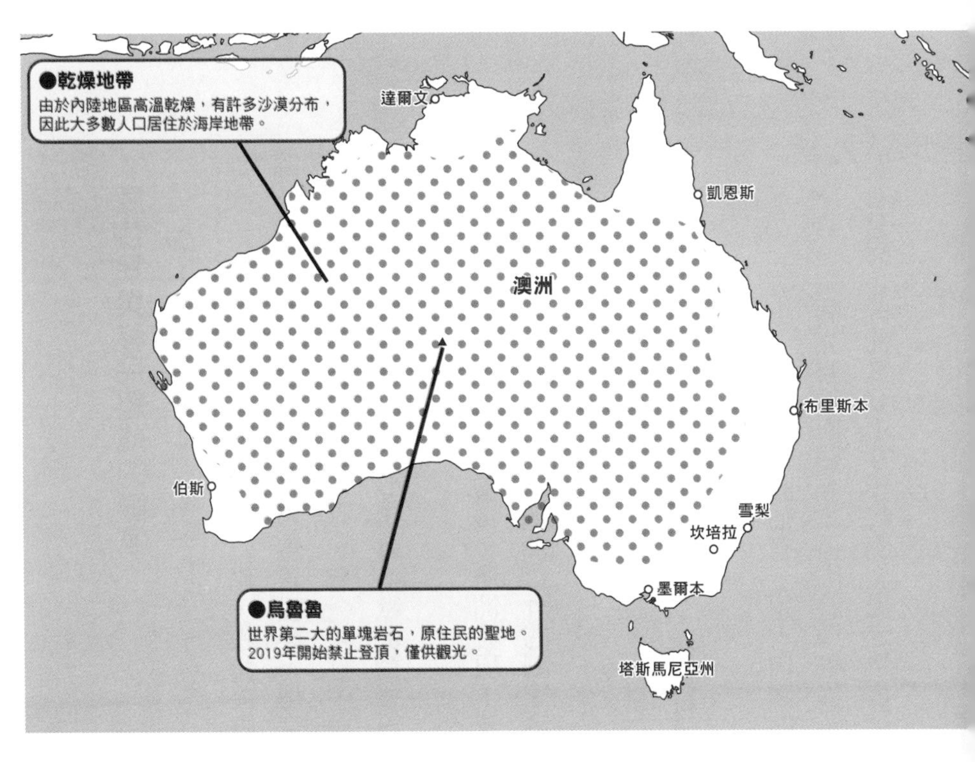

7年資訊），此外，煤炭、天然氣和鈾等天然資源，以及金、鉛、鈦、鋰等礦產資源在世界上也是數一數二。

澳洲與日本之間有著緊密的連結，向日本出口煤炭、天然氣、鐵礦石、牛肉等產品，並進口日本汽車等商品。從貿易額來看，日本是澳洲最重要的貿易夥伴之一，約佔有一成的比例。

成立於1970年代的太平洋島國論壇（PIF，原名「南太平洋論壇」）是一個由大洋洲各國構成的國際組織，旨在討論大洋洲各國之政治、經濟、安全等共同關注事項。

原住民與移民組成的國家

1770年，英國探險家庫克（Cook）自雪梨登陸，宣佈英國對該地的所有權，之後英國移民開始擴展農地和牧場，也將英國的囚犯流放至此。1790年雖然引進了綿羊，但內陸地區的乾旱氣候導致農業不穩定。在此期間，在1851年開始的淘金熱吸引了來自世界各地的淘金者，有一大批中國人移民到澳洲，英裔澳洲人埋怨中國移民導致工資水平下降，政府為了優待歐洲裔移民，於1901年實施了移民限制法，並開始採取白澳政策。

然而，第二次世界大戰後，澳洲發現了豐富的礦物資源，僅靠歐洲勞工已無法應付勞動力需求，同時也需要從歐洲以外的國家籌集開發資金。在白澳政策與經濟發展互相矛盾的情況下，為了重視經濟發展，於1975年成立了反種族歧視法，在1978年將多元文化納入國家政策。也就是說，從排斥異文化的白人至上主義，大幅轉向為尊重異文化的多元文化主義。從那時起，來自世界各地的移民潮持續不斷，直到2016年，外籍居民佔總人口的三成。

另一方面，澳洲也保護佔有一定人口數的原住民（澳洲土著）的權利。烏魯魯（艾爾斯岩）以觀光勝地而聞名，但由於烏魯魯是原住民文化的起源聖地，遊客前來攀爬被視為禁忌，因此2019年起明文規定禁止登頂。

玻里尼西亞

夏威夷、紐西蘭、復活節島連結而成的廣大地區

玻里尼西亞是位於太平洋中南部的區域，從北回歸線以北（北緯23度26分、夏至時太陽會在正上方）開始，往南直到越過南回歸線約南緯47度附近，再來是從東經１８０度的吐瓦魯到西經１００度附近的夏威夷群島，以及紐西蘭和復活節島所連結而成的「玻里尼西亞大三角」。南北從熱帶跨越到溫帶，東西若以經度計算，約莫有六小時的時差（因跨越國際換日線，實際上依各國標準時間設定不同而相當複雜）。

分離的島嶼擁有共通的文化與語言

如同玻里尼西亞在希臘語中為「許多島嶼」之意，此區存在著眾多島嶼。玻里尼西亞人的祖先是在西元前至西元後初期從亞洲遠渡至大溪地周邊的馬克薩斯群島，再從那裡遷徙至夏威夷、復活節島與紐西蘭等地。據說紐西蘭原住民毛利人的祖先，是在九～十世紀左右來到此地。

從馬克薩斯群島遷徙至各地的人們構成了玻里尼西亞，因此該地區的人們無論是身形特徵、文化或語言，都具有相當高的同質性。

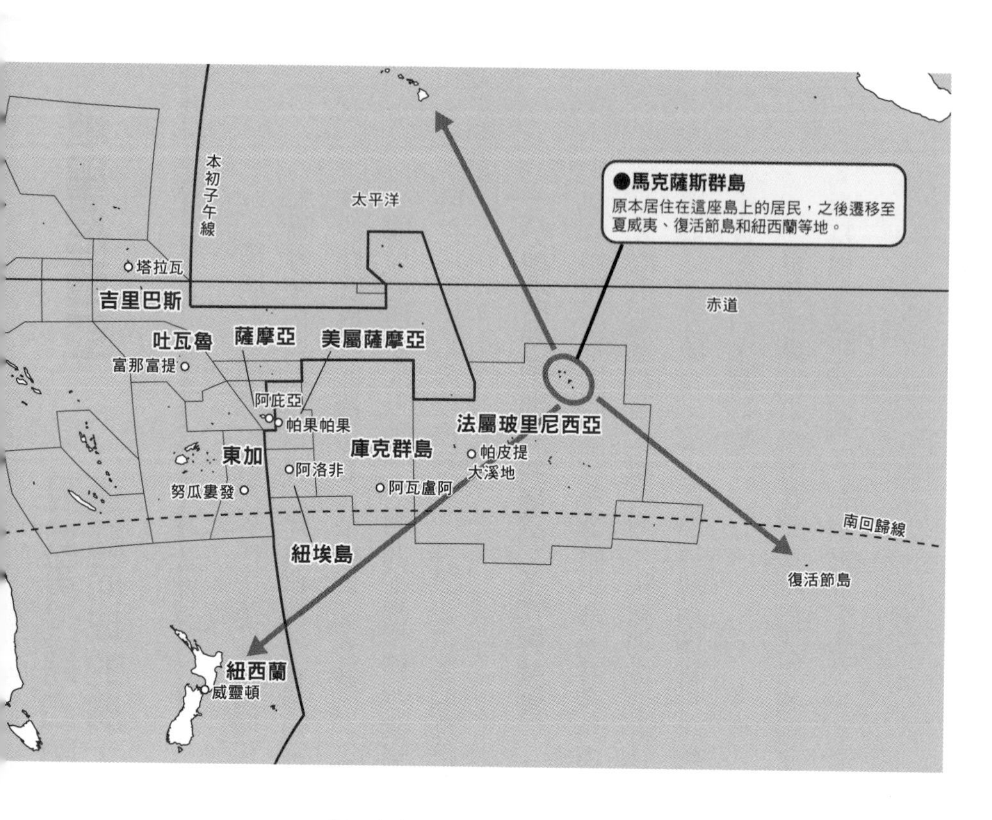

另一方面，也有另一派認為玻里尼西亞的祖先是從亞洲經由美拉尼西亞和密克羅尼西亞而來，因此密克羅尼西亞和美拉尼西亞的文化差異也不明顯。

十九世紀時，玻里尼西亞成為法國、德國、英國以及美國等地的殖民地和保護國。現在紐西蘭與吐瓦魯等國雖已獨立，但仍有許多島嶼和群島屬於美國、英國、澳洲、紐西蘭和法國等國家的領土。

紐西蘭

New Zealand

致力於環境保育的自然資源豐富之國

面積：26・9萬㎢　首都：威靈頓
人口：499・1萬　貨幣：紐西蘭元
語言：英語（官方語言）、毛利語（官方語言）、手語（官方語言）、薩摩亞語
宗教：基督教37・3%、無宗教48・6%

與澳洲一樣曾是英國的殖民地，有許多來自英國的移民，歐洲裔居民約佔總人口的七成。官方語言是英語以及原住民的毛利語，2006年更加入了手語。毛利人約佔總人口的15%，形成以歐洲裔和毛利人為基礎的多元文化國家。紐西蘭在1893年即透過公民普選，率先承認了女性的參政權，政治上也是具有多樣化的世界先驅。

儘管紐西蘭位於高緯度地區，但氣候溫暖，屬於溫帶氣候，國土面積約為臺灣的七倍。除了北島和南島兩座主要島嶼，還由眾多島嶼組成，是一個海洋國家，沿海地區棲息著紐西蘭特有的黃眼企鵝。南島有南阿爾卑斯山脈，是坐擁群山之國，棲息著不會飛的奇異鳥以及南秧雞等動物。雖為溫帶氣候，但也能看見冰河，在夏天時可以看見遊客穿著短袖服裝去造訪冰河美景。

已開墾的森林牧場與牧草地約佔國土的四成，飼養著羊群以及牛隻、鹿等動物，其數量約為人口的六倍。此外，約三成的國土被規劃為國家公園或森林保護區，對於自然保護以及環境保育不遺餘力。自然保護活動與觀光旅遊相結合，使紐西蘭成為一個享有豐富自然資源的國家，吸引國內外遊客前來觀光。

庫克群島 Cook Islands

與紐西蘭、日本關係深厚的國家

面積：236萬㎢　首都：阿瓦盧阿
人口：1.8萬　貨幣：紐西蘭元
語言：庫克群島毛利語、英語（官方語言）
宗教：新教62.8%、天主教17%

由十五個島嶼組成的國家，分別為六個珊瑚礁島形成的北庫克群島，以及由九座島嶼和五座火山島形成的南庫克群島，南北庫克群島相距約一千公里。

國名以英國探險家庫克為名，但在他1773年抵達這些島嶼之前，早在1595年，西班牙人便已經發現這裡。據調查，原住民毛利人大約在西元五世紀時定居此地。歷經英國的保護領地、紐西蘭的管轄地，在1973年與紐西蘭發布共同宣言，確立了主權國家的身分，在2010年的共同宣言中獲准作為主權獨立國家進行外交。外交方面，主要與紐西蘭之間的自由聯盟關係為基礎，加入在1971年設立的太平洋島國論壇，積極推動區域間的合作。

主要產業為農漁業、觀光業和珍珠養殖業，擁有美麗的海洋作為觀光資源，高度依賴觀光產業。銷往日本的水產品和珍珠約佔出口總額的六成。食品和工業產品等雖有近八成銷往紐西蘭，但也會銷往日本。從日本的角度來看，雖然這些貿易額只是微不足道的一小部分，但從庫克群島的角度來說，這是一筆十分可觀的數量，因此可說是與日本的關係非常深厚。

紐埃 Niue

世界最大的珊瑚礁島

面積：260㎢　首都：阿洛非
人口：2000　貨幣：紐西蘭元
語言：紐埃語（官方語言）、英語（官方語言）
宗教：新教63.1%、天主教8.4%

位於紐西蘭東北約兩千四百公里處，是由世界最大的珊瑚礁組成的橢圓形島嶼，與台北市的面積大致相同。一般來說，由珊瑚礁構成的島嶼高度較低，但紐埃島卻是一個海拔約六十公尺的台地，由懸崖峭壁組成，看起來彷彿是獨立在海上的石頭，因此被稱為「玻里尼西亞的岩石」。因為是由珊瑚礁構成，土地多為石灰岩，水會直接滲透至地下，因此無法形成湖泊，也因為地下的溶岩水蝕作用，形成了眾多的洞穴。

1901年成為紐西蘭屬地，在1974年獲得內政的自治權，轉而與紐西蘭成為自由聯盟的關係。即便是現在，國防與外交也是由紐西蘭負責，與紐西蘭持續維持此自由聯盟的關係，並加入太平洋島國論壇，努力推進與十六國和兩個地區之間的區域性共同合作。

此外，紐埃也加入了世界衛生組織等國際機構，並開始與歐盟、印度與中國等國家建立外交關係，2015年時，日本也承認了紐埃島為獨立國家。然而，由於人口稀少且有許多人移居至紐西蘭，導致其經濟發展遲緩。主要產業雖為農漁業，但也開始發展觀光業。

吐瓦魯

Tuvalu

只與和平愛好國建交的國家

面積：26㎢　首都：富那富提
人口：1．1萬　貨幣：澳元
語言：吐瓦魯語（官方語言）、英語、吉里巴斯語
宗教：新教92．4%

玻里尼西亞人居住的埃利斯群島位於南太平洋上近赤道位置，與密克羅尼西亞的吉爾伯特群島（現今的吉里巴斯），在十九世紀末成為英國的保護領地，1915年以後被納入殖民地。然而，由於玻里尼西亞人和密克羅尼西亞人有著不同的文化，出於文化差異的理由，於1975年分裂而成立了「吐瓦魯」，並於1978年獨立。

國名「吐瓦魯」意指「八個島嶼的結合」。由九座環礁形成，最高地點海拔僅5．6公尺，近年來不斷升高的海平面持續威脅著居民的生存環境，居住地可能會被海水淹沒，深受地球暖化問題所苦。

農漁業為主要產業，產量可自給自足，但缺乏天然資源。因此徵收外籍漁船的入漁費成為國家財政的重要收入來源。由於珊瑚礁地形不適合農耕，雖然有種植芋頭與香蕉等作物，但在大潮期間常會受到浸水和鹽害。

外交政策是「與愛好和平的國家建交」，與澳洲、紐西蘭以及周邊的島嶼國家建立了友好關係，也是臺灣的邦交國。吐瓦魯沒有軍隊，也沒有政黨，因此推選首相人選時會形成派系之爭。

東加

全名：東加王國
Tonga

朝向民主化前進的王室政權國家

面積：747㎢　首都：努瓜婁發
人口：10．6萬　貨幣：潘加
語言：東加語（官方語言）、英語
宗教：新教64．1%、天主教14．2%

散落在南北約一千公里，東西約五百公里的海域上，是由四個主要群島與一百六十九個小島組成的國家。四座島之中，最南端的東加塔布島居住著約該國的七成人口，也是首都的所在地。東加塔布島是由隆起的珊瑚礁形成的島嶼，在國內也有火山島。

雖然在1900年在成為英國的保護領地，但並未成為殖民地，為玻里尼西亞中唯一保留王室政權的國家。保留王室政權的原因可以追溯到十九世紀中葉，當時篤信基督教的國王統一了全國，並與英國保持良好關係。從2010年開始，首相改由議會選舉產生，取代了以前由國王指派的方法。此外，由貴族議員和平民議員組成的議會，也逐漸增加了平民議員的席位數，正緩步朝向民主化邁進。然而，國王對於內政仍相當具有影響力。儘管與英國、澳大利亞和紐西蘭等大英國協之間保持著密切關係，但同時也加入了太平洋島國論壇，加強與太平洋各國之間的聯繫。

在東加，有一種吃飯時與他人分享食物的習俗，據說這種習俗導致了該國成為世界上肥胖率最高的國家之一（肥胖人口超過總人口的八成）。

薩摩亞

與紐西蘭有緊密的連結

全名：薩摩亞獨立國
Samoa

面積：2831㎢　首都：阿庇亞
人口：20．5萬　貨幣：薩摩亞塔拉
語言：薩摩亞語（官方語言）
宗教：新教54．9％、天主教18．8％

薩摩亞群島由兩座以西經171度為界的火山島為主島，是一個由九座島嶼組成的國家。屬於熱帶氣候，十一月至四月為雨季，五月至十一月則是舒適宜人的乾季。

1889年成為美國、德國和英國的共同保護地，1899年德國接管西薩摩亞，美國則佔領了東薩摩亞。1919年，德國依照凡爾賽條約把西薩摩亞讓給紐西蘭委任統治，後來成為聯合國信託統治地，在1962年以「西薩摩亞獨立國」獨立，1997年改名為「薩摩亞獨立國」。東薩摩亞則持續作為美國的託管地區，因此形成了兩個薩摩亞，一個是獨立國家，另一個是美國領土。

重視與紐西蘭、澳洲以及南太平洋各島國之間的關係，尤其與紐西蘭之間的互動相當密切。雖然沒有軍隊，但依據友好條約，紐西蘭將在有需要時提供支援。對外貿易方面高度依賴紐西蘭，尤其是食品的進口。主要產業為農漁業與觀光業，鮪魚與鰹魚等魚類是主要的出口商品。

薩摩亞的議員選舉方式十分獨特。保留了傳統的方式，以「瑪泰（村落的酋長）」系統為基礎，議會中幾乎所有席次都是由瑪泰擔任，只有瑪泰享有被選舉權。

美屬薩摩亞

南太平洋的軍事基地

別稱：東薩摩亞
American Samoa

面積：224㎢ 首府：帕果帕果
人口：4.6萬 貨幣：美元
語言：薩摩亞語（官方語言）、英語
宗教：基督教96.3%

佔據薩摩亞群島的東部地區，在薩摩亞獨立國的東南、紐埃的北方、庫克群島以西的位置，由最大島圖圖伊拉島、馬努阿群島以及羅斯環礁等組成，政府所在地帕果帕果位在圖圖伊拉島。與薩摩亞獨立國之間隔著換日線，因此薩摩亞群島的東西兩部分的日期是不同的。

據說在西元前約一千年左右，薩摩亞群島便開始有人類居住。十九世紀後半，薩摩亞群島成為歐美的兵家必爭之地。1889年美國與德國之間陷入了緊張狀態，結果一場颱風造成兩國船隻沉沒而免於開戰。之後，薩摩亞群島便分為東西兩部分，東薩摩亞歸美國所有，西邊則歸德國所有。美國在此設置石油補給站以作為南太平洋的軍事基地，並成為太平洋戰爭中的戰略據點。

傳統上，被稱為「艾加伊（Aiga）」的親族集團是生活的基礎，「瑪泰」則是握有強大權利的年長者。主要產業為農漁業，在美國本土消費的鮪魚罐頭大約有兩成來自這裡。由於是美國領土，美式足球在這裡非常盛行。薩摩亞語雖然是官方語言，但也進行英語雙語教育。

法屬玻里尼西亞

French Polynesia

以大溪地為主的廣大法國領地

面積：4167㎢　首府：帕皮提
人口：29．7萬　貨幣：太平洋法郎
語言：法語（官方語言）、大溪地語
宗教：新教54％、天主教30％

位於庫克群島以東位置的法屬玻里尼西亞，由社會群島和馬克薩斯群島等約一百二十座島嶼組成。其中，旅遊勝地大溪地位於社會群島，從日本到大溪地的政府所在地帕皮提有直飛航班。

從東南亞沿岸遷徙而來的人們，從西元九世紀左右開始，將馬克薩斯群島和蘇西埃特群島作為中心，逐漸擴展到整個玻里尼西亞地區。因此，從歷史上來說，此地可稱之為玻里尼西亞文化的核心。法國在1824年最先佔領了馬克薩斯群島，並逐漸將領地擴大。支撐經濟的主要來源為觀光業與法國政府的援助。由兩座火山島相連而成的大溪地島，因畫家高更筆下所描繪的景色人物而聞名。而波拉波拉島則擁有環繞火山島的美麗潟湖與堡礁（甜甜圈形狀的珊瑚礁陸地），吸引著來自世界各地的遊客。

然而，在這樣美麗的自然景觀背後，位在社會群島以南的甘比爾群島，其中的穆魯羅阿環礁卻在1963年被法國指定為核子實驗基地，在1966年到1996年進行了地下核爆炸等實驗。曾經人們在此以農漁業為生，但自從被當作核子實驗基地後，便成為了無人島。

美拉尼西亞

澳洲東北部的群島

美拉尼西亞是指位於澳洲東北部、經線180度以西、赤道以南的太平洋地區。美拉尼西亞一詞意為「黑色的島嶼」。與玻里尼西亞和密克羅尼西亞的名稱相同，「美拉尼西亞」這個名稱據說也是在十九世紀中葉時，由法國航海家開始使用，其起源與居民的膚色有關。然而，由於島嶼之間的交流，人們的膚色也呈現出多樣性。

因為位於環太平洋火山帶，因此火山島較多，有些島嶼有海拔較高的山脈。擁有豐富的礦物資源，新喀里多尼亞為世界知名的鎳生產地。雖然氣候帶位於熱帶，但美拉尼西亞西部的新幾內亞島為高地，屬於溫帶氣候。新幾內亞的東半部巴布亞紐幾內亞屬於大洋洲，但西半部屬於印尼，因此在地理上被歸類為亞洲。但是，新幾內亞島的文化與原住民生活並沒有東西部的區分，因此新幾內亞島通常被歸類為美拉尼西亞。

1970年代初期成立的太平洋島國論壇，成立的宗旨是共同商討太平洋島嶼國家和地區的政治、經濟、安全等區域內的共同關心事項。太平洋島國論壇的本部即設置在美拉尼西亞之中的斐濟首都蘇瓦。

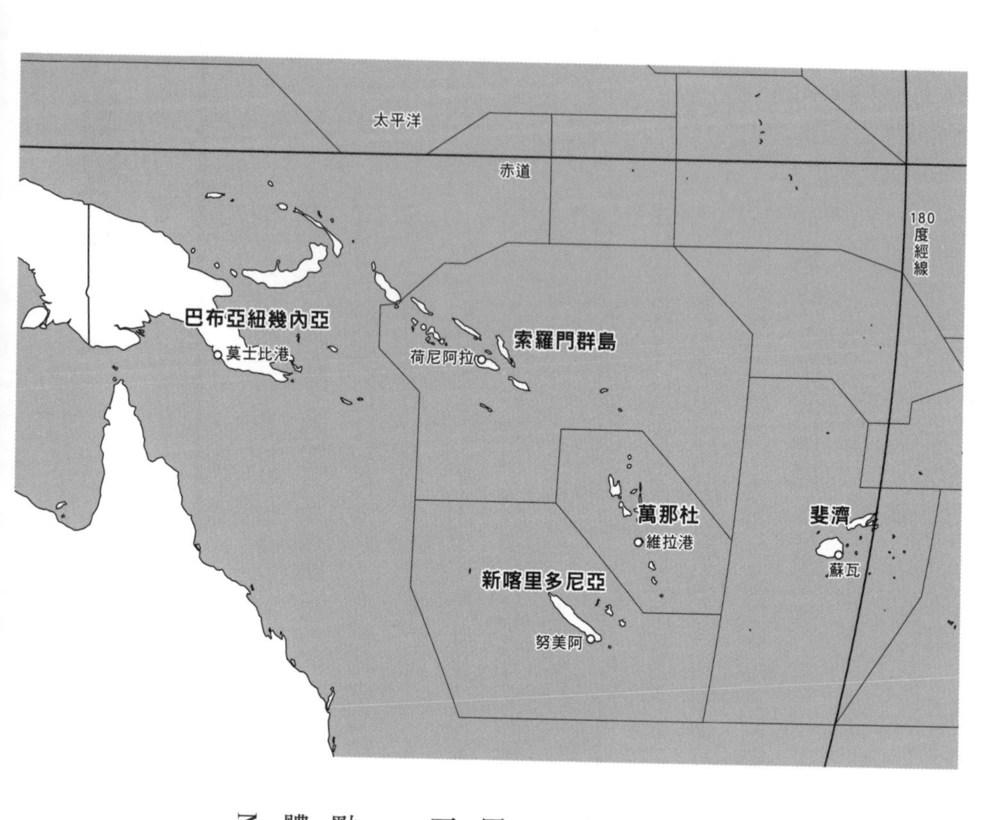

●傳統互相扶持的社會

在美拉尼西亞，栽培地瓜、芋頭等根莖類作物的農耕文化已根深蒂固。在這種農耕文化的背景之下，發展出一套互相幫助與分享的社會倫理，被稱為「one-talk」，字面上是指「我們說同一種話」，意為同族者使用同一方言，有分享食物及用品等相互幫助之義務

另外，美拉尼西亞還有另一個特點，社會上會組織由數百人組成的團體，並由一個稱為大人物（Big Man）的酋長帶領。

巴布亞紐幾內亞（巴紐）

世界面積第二大的島嶼

全名：巴布亞紐幾內亞獨立國
Papua New Guinea (PNG)

面積：46・3萬㎢　首都：莫士比港
人口：740萬　貨幣：基那
語言：托克皮辛語（皮辛英語・官方語言）、英語（官方語言）、莫圖語（官方語言）
宗教：新教64・3％、天主教26％　鄰國：印度尼西亞

巴布亞紐幾內亞由新幾內亞島的東半部和俾斯麥群島等一萬多個島嶼組成。新幾內亞島是世界第二大的島嶼，僅次於格陵蘭島。1828年，荷蘭佔領了新幾內亞島的西半部，1884年，德國佔領了新幾內亞島的東北部，英國則將東南部列為保護領地。隨後，新幾內亞島被國際聯盟（第二次世界大戰後為聯合國）指定為澳洲的託管地，1963年西半部被編入印尼，東半部則在1975年獨立。

國土大部分為熱帶氣候，新幾內亞島南部面朝巴布亞灣的海灣省年降雨量可達八千毫米，從那裡的海岸沿著東南部前進至首都莫士比港，年降雨量則減少至一千毫米。內陸地區是高山地帶，俾斯麥山脈呈東西向走勢，境內最高峰威廉山標高四千五百公尺。雖然制定英語等語言為官方語言，但據說國內也使用多達八百種的民族語言。香草莢、芋頭、椰子、棕櫚油的生產量多，同時也出產天然氣與石油、金礦與銅礦等地下資源。

前宗主國澳洲無論在進出口都是最大的貿易夥伴。外交方面，與澳洲是對等關係，與國境接壤的印尼之間也十分友好，並重視在太平洋島國論壇的核心地位。

斐濟

斐濟裔居民與印度裔居民並存

全名：斐濟共和國
Fiji

面積：1．8萬㎢　首都：蘇瓦
人口：94萬　貨幣：斐濟元
語言：英語（官方語言）、斐濟語（官方語言）、印度語（官方語言）
宗教：新教45％、印度教27．9％、天主教9．1％

位於南太平洋的中心位置，由332個大大小小的島嶼組成，其中斐濟裔居民大約佔六成，印度裔居民約佔四成。斐濟裔居民多信奉基督教，而印度裔居民多信仰印度教。這樣的組成結構主要源於1874年成為英國殖民地後，大量印度人作為甘蔗園的勞工而移民到此地。

雖然於1970年獨立，但當政府從原本優待斐濟裔居民的政策，轉變為與追求經濟主導的印度裔居民和解的政權時，引發了斐濟裔居民的不滿，並多次發動軍事政變。

外交方面，儘管重視澳洲、紐西蘭以及南太平洋各國之間的關係，但自從2006年發動軍事政變後，與澳洲及紐西蘭間的關係變得緊張，國內民主化的進程也停滯不前，導致2009年被暫停大英國協的資格（2014年再次加入）。取而代之的是，斐濟開始重視與中國、俄羅斯和東南亞國家協會（ASEAN）之間的關係。

原料為甘蔗的砂糖是重要出口產品，支撐了斐濟的經濟，但由於設備老化等問題層出不窮，正面臨著挑戰。目前，以美麗的海洋作為寶貴資源的觀光業也成為經濟基礎。

索羅門

太平洋戰爭的激戰地

全名：索羅門群島
Solomon Islands

面積：2・9萬㎢　首都：荷尼阿拉
人口：69・1萬　貨幣：索羅門群島元
語言：英語（官方語言）、斐濟語（通用語）
宗教：新教73・4％、天主教19・6％

位於巴布亞紐幾內亞東方，由瓜達康納爾島、馬萊塔島、聖伊莎貝爾島等大大小小約992座島嶼組成的國家。全境屬於熱帶氣候，但四月至十一月在東南貿易風吹拂之下，氣候涼爽宜人。

英國在1893年佔領了南索羅門群島，1900年又佔領了原屬於德國的北索羅門群島。1942年雖被日本佔領，在經過傷亡人數約兩萬人的一番激戰之後，1943年由美國接管。1950年開始回歸英國的統治，在1978年獨立。

1990年末開始，在瓜達康納爾島上的原住民以及來自馬萊塔島的移民之間對立加劇，兩座島嶼各自陷入武裝戰備狀態。2000年雖簽訂了和平協定，但對立仍舊持續。2003年，為了恢復當地法律與秩序，由澳大利亞、紐西蘭、斐濟和巴布亞紐幾內亞四國組成的軍隊進駐，平定了各地方軍閥，使該國重新回歸平靜。

主要產品為椰子核（椰子果實的乾燥胚乳，可當作糖果、人造奶油、肥皂等原料）、木材以及鰹魚等產品。

萬那杜

全名：萬那杜共和國

Vanuatu

英法兩國共同統治帶來的影響

面積：1．2萬㎢　首都：維拉港
人口：30．3萬　貨幣：瓦圖
語言：比斯拉馬語（官方語言）、英語（官方語言）、法語（官方語言）
宗教：新教70％

由面朝珊瑚海的聖靈島、馬拉庫拉島以及新赫布里底群島等約八十座島嶼構成的國家。屬於熱帶氣候，北部的年降雨量超過四千毫米，南部的年降雨量約兩千兩百毫米。

1906年成為英國與法國的共同領地。但是由於兩國的統治方式大相徑庭，英語和法語系的島民之間發生了衝突。從1960年開始，各島的獨立運動四起。1980年，法語系居民較多的聖靈島發布獨立宣言，但新赫布里底群島已做為萬那杜共和國獨立，並成為大英國協會員國，因此聖靈島的獨立受到壓制。九成以上的居民是美拉尼西亞人，但英語系居民與法語系居民為世仇，英語系政黨與法語系政黨間也不斷進行著政黨輪替。除了比斯拉馬語之外，英語和法語也是官方語言。

主要生產椰子核，經濟方面可自給自足，但都市與農村之間存在著巨大的經濟差距。另外，該國也致力於發展旅遊業，2020年脫離最低度開發國家，積極推動經濟發展。推動不結盟運動及反核主義，也沒有軍隊。外交關係多元化，強化與南太平洋各國之間的關係。

新喀里多尼亞

New Caledonia

面積：1．9萬㎢ 首府：努美阿
人口：29．4萬 貨幣：太平洋法郎
語言：法語（官方語言）、玻里尼西亞語
宗教：天主教60％、新教30％

鎳礦與觀光業備受矚目

由格朗德特爾島及洛亞蒂群島等島嶼組成，是法國在大洋洲西南部的領土。新喀里多尼亞這個名稱源自於英國的蘇格蘭（古羅馬時期名為喀里多尼亞），因其風景與之相似而得名。政府所在地位在格朗德特爾島的努美阿。

1853年法國宣布為其領地，1800年代後半起成為政治犯的流放地。從十九世紀末開始，全球對於鎳的需求量大增，當時在新喀里多尼亞島上發現了鎳，來自歐洲、日本等亞洲地區的礦工移民增加。直到第二次世界大戰爆發前，大約有五千五百名日本勞工移民到新喀里多尼亞。根據調查，新喀里多尼亞島上的鎳儲藏量，約佔全球的十分之一（2016年資訊）。

新喀里多尼亞大力發展觀光業，世界第二大的珊瑚礁——新喀里多尼亞堡礁已被列入世界遺產，島上豐富的動植物特有種以及法國文化等，都成為該地的觀光資源。

因發起獨立運動，贊成獨立派與反對派之間的議會席位數相當。除此之外，獨立與否的全民公投中，支持票和反對票也呈現勢均力敵的狀態。

密克羅尼西亞

火山島與珊瑚礁組成的群島

密克羅尼西亞大致上呈現一個平行四邊形，西北端是赤道以北的新幾內亞島，西南端是硫磺島與夏威夷群島，東邊則是180度經線和赤道交會之處。其南方是美拉尼西亞，東方是玻里尼西亞，密克羅尼西亞一詞的意思是「極小之島」，海域上大多數的島嶼都屬於熱帶雨林氣候。

1565年，西班牙的東印度公司在關島成立行政中心，英國則在十八世紀後期進駐。到了十九世紀，該地區大部分成為了德國的領土，1898年關島被美國佔領。之後，日本也在第一次世界大戰期間佔領了一些島嶼，在太平洋戰爭時，許多島嶼成為日本與同盟國軍隊的激戰地。太平洋戰爭結束後，該地區成為美國等的委任託管地。如此的歷史背景對密克羅尼西亞的生活產生了巨大影響，包括西班牙語系的地名、德國統治時期所引進的椰子種植園、在日本統治下發展起來的漁業技術，以及美國在此深植的民主主義。至今，仍有一些島嶼上會使用源自日語的詞彙。

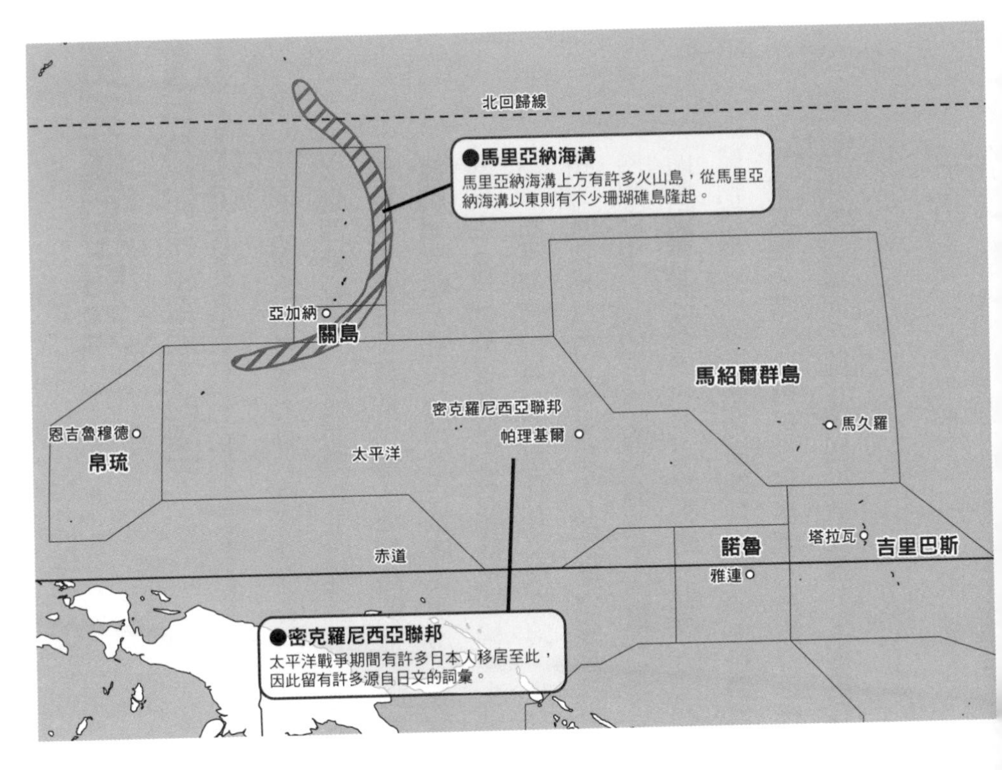

火山島與珊瑚礁島

密克羅尼西亞的島嶼大致可分為火山島與珊瑚礁島，兩者有著天壤之別。火山島主要位於馬里亞納群島以西，面積相對較大且海拔較高。馬里亞納海溝是一個從東邊太平洋板塊下沉到菲律賓海板塊形成的海溝，板塊下沉後產生的岩漿容易形成火山，因此馬里亞納海溝以東的地區，主要是隆起的珊瑚礁島（形成於海底的珊瑚礁隆起至海面上的地形）。

如此殊異的島嶼形成方式也反映在居民的生活上，火山島上的居民主要種植芋頭與山藥等根莖類作物，而珊瑚礁島的居民則高度仰賴養漁業與麵包樹的種植，形成了男女平均分工為主軸的社會組織。

密克羅尼西亞

各具特色的四州組合而成的國家

全名：密克羅尼西亞聯邦
Micronesia

面積：702㎢ 首都：帕理基爾
人口：10．2萬 貨幣：美元
語言：英語（官方語言）、八種民族語
宗教：天主教54．7%、新教41．1%

在廣大的海域上有六百座以上的島嶼，形成了語言、文化和習俗各異的四個州，從東到西依序是：以雅浦島為主的雅浦州、楚克群島組成的楚克州、首都所在地波納佩島的波納佩州以及科斯雷州。每個島嶼都有獨特的語言，官方語言雖為英語，但雅浦語、波納佩語等八種民族語言也被廣泛使用。議員根據各州的人口比例分配，雖然沒有嚴格的規定，但總統通常是由各州輪流選舉產生。

在雅浦州，傳統石幣具有象徵意義，擁有愈多石幣便意味著深受信賴。因為從雅浦州到其他州沒有直飛航班，必須經由關島轉機，也就是說必須先出國才能前往其他州。四州之中，人口最多的是楚克州（舊名為特魯克州），同時也是太平洋戰爭的激戰地區，到現在仍有一些沉沒的戰艦，也有由日本軍建造的防空洞在學校操場上留存。波納佩州是世界上降雨量最多的地區之一。科斯雷州則僅有一島組成。該國的主要產業為農漁業及觀光業，貨幣經濟與傳統的自給自足經濟並存。與美國之間的關係密切，簽訂了自由聯盟協定，除了獲得財政支援外，國防等權力也委託美國管理。

帛琉

仰賴觀光業與海外援助的國家

全名：帛琉共和國
Palau

面積：459㎢　首都：恩吉魯穆德
人口：2．2萬　貨幣：美元
語言：帛琉語（官方語言）、英語（官方語言）、菲律賓語
宗教：天主教45．3％、新教34．9％

1978年，決議自密克羅尼西亞地區的統一國家獨立，並於1981年時成立自治政府，雖然在1994年正式獨立，但簽訂了自由聯盟協定，委託美國管理國防和國安保衛權，也接受來自美國的經濟援助，許多帛琉人皆被招募為美國軍人。依據1981年所頒布的憲法，全面禁止擁有核子武器，成為與美國簽訂自由聯盟的絆腳石。帛琉群島由兩百多座島嶼組成，但長時間有人居住的島嶼不超過十個。

美麗的海洋和島嶼景觀為該國的主要資產，觀光業為該國的主要產業，來自日本、韓國和臺灣等國家的觀光客絡繹不絕。但在新冠肺炎的影響之下，觀光客人數急速減少。當地居民有約七成是帛琉人，亞洲居民人數約佔兩成，其中大約有半數的帛琉人從事公務員工作。

帛琉在第一次世界大戰後成為日本的託管地，日本的文化便就此扎根。在太平洋戰爭中，貝里琉島成為日本軍與同盟國聯軍的激戰地，之後日本天皇與皇后陛下也曾至此慰靈。當時在帛琉海底遺棄的戰鬥機現在都已成為潛水勝地，潛水者透過觀看這些遺物，彷彿親臨戰爭現場。

馬紹爾群島

實施核子與飛彈實驗的國家

全名：馬紹爾群島共和國
Marshall Islands

面積：181萬㎢　首都：馬久羅
人口：7・9萬　貨幣：美元
語言：馬紹爾語（官方語言）、英語（官方語言）
宗教：新教80・5％、天主教8・5％

位於密克羅尼西亞的中央地區，佔據澳洲與夏威夷之間約兩百萬平方公里之廣大海域的國家。包括五座島嶼與二十九座環礁，分屬於拉塔克列島（位於東方，意為日出）以及拉利克列島（位於西邊，意為日落）之兩座列島。首都馬久羅位在拉塔克列島的馬久羅環礁上，全年高溫潮濕，屬於氣溫與降雨量變化皆小的溫和氣候。

1668年是西班牙領地，之後成為德國領地，在第一次世界大戰受到日本佔領，成為日本的委託管轄殖民地。第二次世界大戰後由美國佔領，歷經託管地的殖民統治之後，與美國簽署自由聯盟協定，並於1986年獨立。外交方面，除了美國之外，維持與日本、南太平洋各國以及澳洲等國之間的友好關係。椰子核與魚類為主要出口產品，經濟上存在著貨幣經濟與自給自足經濟混合的體制。

自1946至1958年，位於國土中央地帶的比基尼環礁與埃內韋塔克環礁成為美國的核實驗場。1954年，在比基尼環礁執業的日本第五福龍丸號被水下試爆的輻射汙染，使比基尼環礁之名廣為人知。根據與美國的自由聯盟協定，將國防和國安皆委託給美國，瓜加林環礁作為導彈試驗基地租借給美國軍方使用。

諾魯

全名：諾魯共和國

Nauru

磷礦開採殆盡而瀕臨破產的國家

面積：21㎢　首都：雅連
人口：1萬　貨幣：澳元
語言：諾魯語（官方語言）、英語
宗教：新教60．4％、天主教33％

位於美拉尼西亞的邊界位置，是世界第三小的獨立國，僅次於梵蒂岡和摩納哥，大約與台北市的南港區差不多大。1888年成為德國領地，發現全島都存在磷礦（由海鳥的糞便和珊瑚石灰混合堆積而成的化石），1900年英國取得磷礦的開採權，並在1906年開始進行開採。磷礦被廣泛用作肥料，出口到世界各地。

1968年獨立後，諾魯仍仰賴磷礦的出口而獲得豐厚收益，直到1990年末，水電費與稅金皆全免，居民的生活水準更是在南太平洋地區名列前茅，甚至還有國營航空公司定期飛往日本。但是在資源枯竭之後，只以磷礦為收入來源的諾魯經濟破綻四起，習慣富裕生活的居民，因經濟崩潰而難以維生。由於島上八成的土地因磷礦開採而無法居住與耕作，居民幾乎完全依賴進口糧食。進入2000年代，開始了磷礦的二次採掘，但依賴磷礦的經濟狀況並未改變。

與澳洲、紐西蘭以及太平洋各國之間有著非常緊密的連結，特別是澳洲，負責保衛沒有軍隊的諾魯。

吉里巴斯

座落於換日線，海平面嚴重上升

全名：吉里巴斯共和國
Kiribati

面積：811㎢　首都：塔拉瓦
人口：11．3萬　貨幣：澳元
語言：吉里巴斯語（官方語言）、英語（官方語言）
宗教：天主教57．3％、吉里巴斯聯合教會31．3％

由首都所在的吉爾伯特群島、鳳凰群島、萊恩群島等三十三個環礁所組成，散布在赤道以及經度180度的中太平洋廣大海域上。所有陸地的面積加總起來與日本對馬島（位於日本長崎縣的小島）的面積差不多大。所謂環礁，是指由珊瑚礁形成的環狀島嶼，中心部分形成潟湖。從空中鳥瞰，環狀陸地的周圍是美麗的海洋，珊瑚等生物棲息其中，因此陸地的海拔普遍較低。因此，由於地球暖化導致海平面上升，部分地區的陸地已經被水淹沒，人民的居住逐漸變得困難。因所有島嶼都面臨同樣的狀況，國內缺乏避難地點，居民必須移居到澳洲和紐西蘭。

國內東西方向的島嶼相距甚遠，加上180度經線橫貫中央，如果依據國際換日線來計算日期，同一國家會產生24小時的時差。為了縮小國內的時差，換日線在吉里巴斯境內便向東延伸，到達西經150度向東之處。因此，如果從同樣經度的其他國家移動至吉里巴斯的話，即使時間相同，日期也會提前一天。

推動與澳洲和紐西蘭等太平洋各國之間的友好關係。在最低度開發國家之中，進口額遠大於出口額，是擁有大幅度貿易逆差的國家。

關島
Guam

太平洋戰略上的重要據點

面積：544㎢　政府所在地：亞加納
人口：16．9萬　貨幣：美元
語言：英語（官方語言）、查莫羅語（官方語言）
宗教：基督教94．2％（主要為天主教）

由海底火山形成的關島為密克羅尼西亞最大的島嶼，是美國位於海外的領土。從日本前往只需三個半小時的飛行時間，因此來自日本與韓國等亞洲地區尋求全年如夏的遊客如織，觀光業是主要產業。

1565年成為西班牙的殖民地。在此期間，由於當地原住民查莫羅人的習俗和文化受到嚴格限制，因此在1668年爆發了西班牙查莫羅戰爭，造成大批查莫羅人犧牲。1898年的美西戰爭中，美國取得勝利，關島成為了美國的殖民地。之後，儘管在太平洋戰爭時被日本佔領，但美國仍持續統治此地。

關島為美國在亞太地區中佔有重要戰略位置的據點，島嶼面積約三分之一為美國的軍事基地。原住民的查莫羅語以及英語皆為官方語言，人口組成為查莫羅人佔四成、移民而來的菲律賓人佔三成，其他族群為三成。

在關島，可以看到被稱為拉堤石（Latte Stone）的古代查莫羅遺跡、西班牙統治時期的城牆、太平洋戰爭的遺跡以及繼承查莫羅文化的查莫羅料理和美國文化，這些跨越四千年更迭的歷史景觀，都成為了寶貴的觀光資源。

參考文獻

編註：以下書籍皆為日文版，中文書名為暫譯。

矢野恆太紀念會編（2021）《世界國勢圖會 2021/22年版》矢野恆太紀念會
二宮書店編輯部（2021）《世界資訊要覽 2022（vol.62）》二宮書店
亞細亞開發銀行（2021）《亞洲開發史 政策・市場・技術發展的50年興衰》勁草書房
亞洲經濟研究所編（2021）《亞洲動向年報 2021》亞洲經濟研究所
和平・安全保障研究所編（2021）《年報〈亞洲的安全保障〉2021-2022》朝雲新聞社
上野和彥編（2011）《世界地誌系列2 中國》朝倉書店
友澤和夫編（2013）《世界地誌系列5 印度》朝倉書店
菊地俊夫・小田宏信編（2014）《世界地誌系列7 東南亞・大洋洲》朝倉書店
辻原康夫編（2011）《新版 快速理解世界各國》平凡社
用事件閱讀世界各國編輯委員會（2021）《2021-2022用事件閱讀世界各國243》山川出版社
《Door 理解208個國家與地區的國際地圖（全5卷）》帝國書院
小田英郎與其他4人（2010）《新版 非洲詳解事典》平凡社
大貫良夫與其他5人（2013）《新版 拉丁美洲詳解事典》平凡社
矢ヶ﨑典隆編（2007）《地理學基礎系列3「地誌學概論」》朝倉書店
北川清他與其他2人（2013）《世界的國家3 歐洲1》帝國書院
池本修一與其他5人（2013）《世界的國家4 歐洲2》帝國書院
仁平尊明與其他4人（2013）《世界的國家6 北美洲》帝國書院
有趣的地理學會編（2016）《任誰都會想繼續聽下去的地理故事大全》青春出版社
世界地理書及研究（2016）《讓人不想睡覺的有趣地理書》寶島社
松本穗高（2020）《讓旅行更有趣的地理教科書》ベレ出版
安德里亞・米爾斯（2021）《地球一周！世界各國大圖鑑》河出書房新書
熊谷圭知・片山一道編（2010）《朝倉世界地理講座 大洋洲》朝倉書店
砂崎良（井田仁康監修）（2010）《認識現今局勢的日本與世界地理》朝日新聞出版
井田仁康監修（2021）《一日一頁，365日世界一周》成美堂
高橋伸夫・井田仁康編（2012）《以有趣的方式認識世界「地理」書》三笠書房

網站

「外務省＞國家・地區」https://www.mofa.go.jp/mofaj/area
「獨立行政法人 國際協力機構 JICA」 https://www.jica.go.jp
「日本貿易振興機構 JETRO」https://www.jetro.go.jp
「The World Factbook」https://www.cia.gov/the-world-factbook/

撰稿者介紹

竹內 裕一 Takeuchi Hirokazu

1955年生。1978年畢業於立命館大學文學部地理科。1981年東京學藝大學研究所教育學研究科（碩士課程）修畢，主修社會教育。曾任千葉大學教育學系教授，現為千葉大學名譽教授。專業領域為社會科、地理教育以及經濟地理學。

【第1章 東亞・東南亞・海洋東南亞・南亞・中亞】

安藤 清 Ando Kiyoshi

1957年生。1981年東京都立大學研究所理學研究科碩士課程修畢。曾任千葉縣公立高中教職員。現為千葉大學等院校的兼任講師。

【第1章 西亞・高加索、第2章 東歐、第3章 北非】

平澤 香 Hirasawa Kaoru

1953年生。畢業於1976年3月埼玉大學教育學系。現為平成國際大學專任教授，教授師資培育、社會科教育與地理教育等科目。任日本地理學會地理教育專門委員、埼玉縣社會教育委員、加須市及白岡市文化資產保護審議會委員、國際交流團體久喜市、玫瑰公園協會會長等職。

【第2章 波羅的海三小國・北歐・西歐・南歐、第4章 北非】

荒井 正剛 Arai Masataka

1954年生。東京學藝大學特聘教授。東京學藝大學教育學系畢。東京學藝大學研究所教育學研究科社會科學教育修畢。東京都公立中學教職、東京學藝大學附屬竹早中學校教職、副校長；現為東京學藝大學教授。主要研究為世界地誌與異國文化理解之教育。

【第3章 西非・中非・南非】

秋本 弘章 Akimoto Hiroaki

1962年生。1985年畢業於筑波大學第二學群比較文化學系。埼玉縣高中、東京學藝大學附屬高級中學教職，現為獨協大學經濟學系教授。專門研究地理學與地理教育。關心中學教育在GIS（地理情報系統）上的活用。

【第3章 東非、第4章 中非・加勒比海】

井田 仁康 Ida Yoshiyasu

1958年生。筑波大學人間系系主任、教授。理學博士。曾任日本社會科教育學會會長、日本地理教育學會會長等。筑波大學第一學群自然學類畢業。筑波大學研究所地球科學研究科學位取得學分後退學。著有《迷人的紐西蘭（暫譯）》（二宮書店）、《社會科教育與地域暫譯》（NSK）等書。

【第5章 南非、第6章 大洋洲】

台灣廣廈國際出版集團
Taiwan Mansion International Group

國家圖書館出版品預行編目（CIP）資料

一日一國家，世界地圖全解讀：每天1分鐘，掌握全球212國！地理位置×歷史脈絡×國際情勢，培養國際觀最佳入門書！ / 井田仁康編著；王豫翻譯. -- 初版. -- 新北市：台灣廣廈, 2024.08
面；　公分
ISBN 978-986-130-630-8（平裝）
1.CST: 世界地理　2.CST: 地圖

716　　113008552

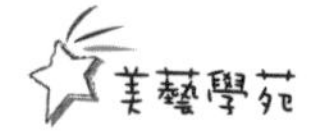

一日一國家，世界地圖全解讀

每天1分鐘，掌握全球212國！地理位置×歷史脈絡×國際情勢，培養國際觀最佳入門書！

編　著　者／井田仁康
譯　　　者／王豫

編輯中心執行副總編／蔡沐晨・**執行編輯**／周宜珊
封面設計／曾詩涵・**內頁排版**／菩薩蠻數位文化有限公司
製版・印刷・裝訂／東豪・紘億・秉成

行企研發中心總監／陳冠蒨
媒體公關組／陳柔彣
綜合業務組／何欣穎

線上學習中心總監／陳冠蒨
數位營運組／顏佑婷
企製開發組／江季珊、張哲剛

發　行　人／江媛珍
法律顧問／第一國際法律事務所 余淑杏律師・北辰著作權事務所 蕭雄淋律師
出　　　版／美藝學苑
發　　　行／台灣廣廈有聲圖書有限公司
地址：新北市235中和區中山路二段359巷7號2樓
電話：（886）2-2225-5777・傳真：（886）2-2225-8052

代理印務・全球總經銷／知遠文化事業有限公司
地址：新北市222深坑區北深路三段155巷25號5樓
電話：（886）2-2664-8800・傳真：（886）2-2664-8801
郵政劃撥／劃撥帳號：18836722
劃撥戶名：知遠文化事業有限公司（※單次購書金額未達1000元，請另付70元郵資。）

■出版日期：2024年08月

ISBN：978-986-130-630-8

YOMU DAKEDE SEKAICHIZU GA ATAMA NI HAIRU HON
by Yoshiyasu Ida

Original Japanese language edition published by Diamond, Inc.
Traditional Chinese translation rights arranged with Diamond, Inc.
through Keio Cultural Enterprise Co., Ltd., Taiwan.